# OVIDE

## *L'ART D'AIMER*

Traduction de Henry BORNECQUE
revue par Philippe HEUZÉ

**Texte annoté et questions par**

**Aude ALIZON**
*Agrégée de grammaire*

**Christine TARDIVEAU**
*Certifiée de lettres classiques*

LES BELLES LETTRES

HATIER

# Avant-propos

■ Les nouvelles épreuves du baccalauréat – définies dans le B.O. du 9 avril 2009, voir ci-après – ont inscrit au programme de Terminale une œuvre de la littérature latine sur laquelle les élèves seront interrogés à l'écrit (série L, option de spécialité) ou à l'oral (autres séries). Il s'agit, pour les sessions 2010 et 2011, de *L'Art d'aimer* d'Ovide.

■ Nous avons tenu à donner ici le texte intégral de l'œuvre mais en proposant vingt-cinq séquences d'une trentaine à une cinquantaine de vers, de façon à laisser au professeur le choix des textes qu'il souhaite étudier.

## Pour se préparer à l'épreuve

■ Sur ces vingt-cinq séquences, dix-neuf sont présentées de façon à être utilisées dans le cadre de l'entraînement à la nouvelle épreuve écrite du baccalauréat. Le texte y est bien sûr introduit par un court chapeau le mettant en contexte, mais il est également accompagné de notes d'aide à la traduction[1] et d'un questionnaire en quatre temps : une première question porte sur un fait de langue, une deuxième sur une comparaison de traduction, une troisième sur l'analyse littéraire du passage ; enfin, une quatrième question invite à traduire sous forme de version un passage de huit à dix vers.

■ Pour permettre aux élèves de faire la comparaison de traduction demandée, nous avons donné chaque fois un choix de traductions portant sur quelques vers particulièrement intéressants : celle de Henry Bornecque, revue par Philippe Heuzé (© Les Belles Lettres, 1924 et 1994), celle de Desaintange (1807), celle de Charles Héguin de Guerle (1836), celle de Charles Nisard (1838), celle de Joël Gayraud (© Mille et une nuits, un département de la Librairie Arthème Fayard, 2000), celle de Danièle Robert (© Actes Sud, 2003), et celle de Michel Grodent (© Éditions Complexe, 2005) .

## Pour travailler le commentaire

■ Six séquences sont présentées de façon plus succincte : elles sont suivies d'un questionnaire invitant à relever les principaux points à commenter dans le passage.

Bonne lecture,
Les auteurs

1. Dans la plupart des textes, nous nous sommes abstenu de donner le vocabulaire proprement dit, les élèves étant expressément invités par les textes ministériels à utiliser leur dictionnaire.

© HATIER / LES BELLES LETTRES – Paris, août 2009 – ISBN 978-2-218-93482-7

# Programme

## Baccalauréat : épreuves de langues et cultures de l'Antiquité (latin et grec), session 2010 (extraits du B.O. n° 15 du 9 avril 2009)

Trois épreuves :
– l'épreuve obligatoire et de spécialité, en série L : épreuve écrite ;
– l'épreuve facultative pour les séries L, S et ES : épreuve orale ;
– l'épreuve de contrôle du second groupe (rattrapage) en série L : épreuve orale.

L'épreuve écrite porte exclusivement sur l'œuvre mise au programme, qui sera renouvelée tous les deux ans (pour l'année 2009-2010 : *L'Art d'aimer* d'Ovide en latin, *Œdipe roi* de Sophocle en grec).
Durée : 3 heures. Coefficient : 4.

L'épreuve porte sur un extrait ou deux extraits de l'œuvre inscrite au programme de la classe terminale et renouvelée tous les deux ans. L'épreuve est divisée en deux parties. Le dictionnaire est utilisé pour chaque partie.
Le support de l'épreuve est un extrait d'une trentaine à une quarantaine de lignes ou vers (selon la nature et la difficulté du texte) accompagné d'une traduction, placée en regard du texte latin ou grec, à l'exception d'un passage consacré à la version, tiré lui aussi de l'œuvre au programme. Après une lecture attentive du texte et de sa traduction, le candidat réalise, selon l'ordre qui lui convient, les deux parties de l'épreuve :

■ **Questions (60 points) :** trois questions sont posées sur le texte ; les deux premières sont évaluées sur 15 points, la troisième sur 30 points.
– La première question porte sur un fait de langue – morphologie, syntaxe, lexique – constitutif du système linguistique grec ou latin et cherche à en évaluer l'acquisition ; elle demande au candidat d'observer, de repérer, d'analyser ou encore de procéder à des transpositions variées.
– La deuxième question porte sur une comparaison de traductions, qui nécessite la mise en œuvre de compétences linguistiques en grec, ou en latin, et en français.
– La troisième question porte sur le sens du texte et sa qualité littéraire ; elle conduit le candidat à adopter une démarche de commentaire ; elle établit nécessairement un lien entre le texte et l'œuvre au programme à laquelle il se réfère ; elle invite aussi le candidat à relier ce texte à des textes ou à des œuvres artistiques qui, au cours des siècles, en sont les prolongements. De façon complémentaire, elle évalue des compétences d'ordre linguistique et littéraire.

■ **Version (40 points) :** elle porte sur un extrait appartenant au texte (éventuellement à son contexte immédiat). Cet extrait comprend de 50 à 60 mots selon la nature du texte et les difficultés du passage.

# Sommaire

## LIVRE II



## LIVRE III



**Remarque :** seuls les textes que nous avons choisi d'étudier figurent dans ce sommaire.

# INTRODUCTION

## Le siècle d'Auguste

Ovide est né en 43 avant J.-C., soit un an après l'assassinat de César. Le contexte de l'époque est troublé par les guerres civiles qui durent depuis l'époque de Marius et Sylla.

Il convient de connaître les événements de cette période afin de mieux comprendre l'émergence de la nouvelle génération de poètes dont Ovide fait partie.

### Avant Auguste : les guerres civiles

En 70 avant J.-C., Pompée, vainqueur de Sertorius (qui avait cherché à soulever l'Espagne), des pirates de la Méditerranée et de Mithridate, est élu consul avec Crassus qui réprima la révolte des esclaves menée par Spartacus. À son retour de Bétique, César s'associe aux deux hommes et forme avec eux le premier triumvirat (alliance de trois personnalités politiques). Cet accord secret scelle un partage d'influence entre les trois hommes. César renforce cette alliance en mariant sa fille Julia à Pompée. César est élu consul en 59 avant J.-C. et fait voter des lois agraires en faveur des pauvres et des soldats de Pompée.

En 53 avant J.-C., la défaite et la mort de Crassus à la bataille contre les Parthes, et la mort de Julia, fille de César et épouse de Pompée, défont les liens du triumvirat. Pompée gère seul le consulat et s'oppose, avec l'appui des sénateurs, à ce que César brigue un deuxième consulat et fait voter des lois contre lui.

Afin de faire valoir ses prétentions, César franchit avec son armée, en janvier 49 avant J.-C., la rivière marquant la frontière entre la Gaule et l'Italie : le Rubicon. Les hostilités entre César et Pompée sont ainsi déclarées, et César est victorieux à Pharsale en 48 avant J.-C. Pompée se réfugie en Égypte où le jeune pharaon Ptolémée le fait assassiner pour être bien vu de César.

Le pouvoir de César devient alors sans limites : en 46 avant J.-C., il est nommé dictateur et consul pour dix ans. En 45 avant J.-C., il obtient le droit de porter constamment la couronne de laurier et reçoit le titre d'*Imperator*. Le titre de roi lui est néanmoins refusé. Son ambition lui vaut d'être assassiné le jour des Ides de mars, en 44 avant J.-C, par une conspiration de sénateurs.

## D'Octave à Auguste

Mais l'assassinat de César ne règle pas la crise. Octave, le fils adoptif de César, prend le nom de César et reçoit le soutien de Cicéron contre Marc Antoine. Les deux hommes s'affrontent à Modène en avril 43 avant J.-C. et Octave est victorieux. Marc Antoine retrouve une armée, celle de Lépide. Redoutant un nouveau conflit, Octave préfère s'associer aux deux hommes et former ainsi le second triumvirat (43 avant J.-C.). Les proscriptions sont déclarées, notamment celle de Cicéron. Les anciens chefs républicains, Brutus et Cassius, assassins de César, sont écrasés à la bataille de Philippes en 42 avant J.-C. Rapidement Octave et Antoine parviennent à évincer Lépide. Le partage du monde romain se fait alors entre les deux hommes lors du traité de Brindes (40 avant J.-C.) : Octave obtient l'Occident, Antoine l'Orient. Pour sceller l'accord entre les deux hommes, Antoine épouse Octavie, la sœur d'Octave.

L'accord de Brindes règle le conflit entre les deux hommes pendant quatre ans, jusqu'à ce que, amant de Cléopâtre, Antoine répudie Octavie. Octave déclare alors la guerre à la reine égyptienne et remporte la bataille d'Actium le 1er août 31 avant J.-C. Antoine et Cléopâtre s'enfuient et se suicident, laissant Octave seul maître du monde romain. Les provinces romaines et l'Italie prêtent serment de fidélité à Octave qui reçoit du sénat le titre d'Augustus en janvier 27 avant J.-C. C'est alors que commence l'empire romain. Auguste parvient, avec beaucoup d'habileté, à organiser un gouvernement monarchique sans donner l'impression d'avoir changé les anciennes institutions républicaines : le sénat garde en effet le pouvoir législatif, il est toujours élu par le peuple. Mais Auguste a en réalité le pouvoir absolu : censeur, grand pontife...

## La politique d'Auguste

Auguste continue à étendre la domination romaine et parvient à faire régner la paix. Son époque est souvent reconnue comme un âge d'or romain : son souhait était que Rome devienne la capitale artistique et intellectuelle du monde romain. Il entreprend pour cela, avec l'aide d'Agrippa, un programme d'urbanisation de la ville. De nombreux édifices sont construits (*cf. L'Art d'aimer*, Livre I, vers 67 et suivants). Mais c'est dans le domaine des lettres qu'Auguste a su trouver les plus grands appuis. Il s'entoure d'écrivains et de poètes, qui contribuent à la diffusion des idées de l'empereur (création de la bibliothèque octavienne, de la bibliothèque Palatine). Avec l'aide de Mécène, il découvre de nombreux talents à qui il offre des pensions. Il avait en effet compris que la littérature était un moyen efficace pour pacifier les esprits troublés par les agitations des années précédentes et les rallier à son désir de réforme à la fois religieuse, morale et sociale. Après les guerres civiles en effet, Auguste prône un retour à la religion des ancêtres, pour lutter contre l'influence grandissante des cultes orientaux. Il réhabilite également les anciennes valeurs, celles du mos majorum, comme la frugalitas, la pudicitia, la fides. Dans cette politique de remoralisation, une place capitale est accordée aux valeurs familiales qui sont malmenées en ce début d'empire (augmentation de l'adultère, des divorces et des avortements). Auguste fait donc voter des lois pour le mariage et la natalité (obligation de se marier sous peine de ne pas pouvoir hériter, avantages financiers et distinctions honorifiques à partir de trois enfants) et contre l'adultère (leges Juliae de adulteriis coercendis) : ces lois établissent que l'adultère est désormais un crimen, et à ce titre, passible d'une répression publique. Mais cette politique ne remporte pas le succès escompté.

## La littérature à l'époque d'Auguste

### *Une nouvelle génération de poètes*

Au début du règne d'Auguste, les crises sociale et politique sont très graves : César a été assassiné, les guerres civiles ont abouti à des massacres et à des proscriptions. Le peuple est en plein désarroi, ce qui se ressent également chez les poètes. Cette génération se désintéresse totalement de la politique et refuse le sentiment patriotique. Le choix de l'expression des sentiments personnels s'accompagne du choix d'un nouveau rythme. Pour un Romain en effet, l'élégie, et plus généralement la poésie érotique, se caractérisent d'abord par leur rythme. L'hexamètre dactylique, vers de l'épopée, vers héroïque par excellence, fait place au distique élégiaque, formé d'un hexamètre dactylique (composé de six pieds) suivi d'un pentamètre (composé de cinq pieds). Le caractère irrégulier, inachevé de cet ensemble s'accorde avec le contenu du poème élégiaque. Il y a de la part du poète un refus du sublime, un refus de l'éloquence.

Arma gravi numero violentaque bella parabam
Edere, materia conveniente modis.
Par erat inferior versus – risisse Cupido
Dicitur atque unum surripuisse pedem.
Quis tibi, saeve puer, dedit hoc in carmina juris ?
Pieridum vates, non tua turba sumus.

J'allais chanter, sur le rythme héroïque, les armes, la fureur des combats ; au sujet convenait le mètre ; le second vers du poème était égal au premier. On dit que Cupidon se mit à rire et qu'il y retrancha furtivement un pied. « Cruel enfant, qui t'a donné ce droit sur la poésie ? Chantres inspirés des Piérides, nous ne sommes pas de ta bande. »

Ovide, *Les Amours*, Livre I, 1, vers 1-6 (traduction de H. Bornecque, revue par H. Le Bonniec, © Les Belles Lettres, 1995).

Venit odoratos Elegia nexa capillos,
Et, puto, pes illi longior alter erat.
Forma decens, vestis tenuissima, vultus amantis,
Et pedibus vitium causa decoris erat.

Je vis venir à moi l'Élégie, les cheveux peignés et parfumés ; si je ne me trompe, un des ses pieds était plus long que l'autre. Sa beauté était gracieuse, sa robe très légère, son expression celle d'une amante ; le défaut même de ses pieds était chez elle une beauté.

Ovide, *Les Amours*, Livre III, 1, vers 7-10 (traduction de H. Bornecque, revue par H. Le Bonniec, © Les Belles Lettres, 1995).

Les thèmes de la poésie érotique s'opposent par conséquent à ceux de la poésie héroïque : l'amour et la paix occupent une place fondamentale. Ces nouveaux poètes revendiquent la paupertas (refus de la richesse et de la réussite sociale) et l'inertia (refus de l'engagement politique et militaire). Le service militaire (militia) est remplacé par la militia Veneris ou amoris (service de l'amour). Ces notions, autrefois considérées comme immorales, sont défendues par les poètes élégiaques. Laissant de côté la vie politique et l'avancement social, le poète se consacre tout entier à l'amour et utilise pour l'exprimer le langage de la servitude. Le poète, en effet, ne cache pas ses souffrances, l'amour est une aliénation de la liberté. La domina est parfois cruelle, se refusant à son amant. La conquête de l'aimée emprunte alors au vocabulaire militaire.

### *Virgile, Tibulle et Properce*

La poésie se développe au siècle d'Auguste et atteint alors son apogée, avant tout avec Virgile. Très jeune, le poète entreprend la rédaction des *Bucoliques* qui mettent en scène des bergers qui rivalisent entre eux dans l'improvisation poétique. Virgile s'inspire dans cette œuvre du poète grec Théocrite. Aussitôt après, il rédige les *Géorgiques*, poème didactique chantant la beauté et l'utilité de la nature. Cette œuvre est considérée comme une des plus belles de la littérature latine. À partir de 30 avant J.-C., Virgile commence la rédaction de l'*Énéide*, épopée en douze chants, racontant les aventures du troyen Énée. Cette œuvre est le chef-d'œuvre de la poésie épique, poème national qui chante les beautés du peuple romain. Cette poésie nationale contraste avec la poésie lyrique, qui se développe parallèlement et que préfèrent les poètes élégiaques. C'est une poésie qui s'inspire des poètes alexandrins et qui sert à l'expression des sentiments personnels, tendres, mêlés d'allusions mythologiques. Tibulle (48-19 avant J.-C.) en fait plutôt le lieu de la plainte. Ce poète parle de son amour pour Délia, n'aspire qu'à un bonheur tranquille et familial, loin de la carrière militaire. Properce (46-15 avant J.-C.) consacre lui aussi ses élégies à parler de sa maîtresse Cynthie. Malgré le caractère de cette dernière, il ne peut s'empêcher de l'aimer, même au-delà de la mort. Properce fait partie du cercle de Mécène, qui réussit à le convaincre d'écrire des élégies d'inspiration nationale. Ovide fait également partie de cette génération nouvelle de poètes. On peut constater qu'excepté l'historien Tite-Live, seuls des poètes ont brillé à cette époque.

# Ovide : sa vie

## Enfance et formation

La vie d'Ovide nous est bien connue, non seulement par les auteurs tardifs qui lui ont consacré des biographies (saint Jérôme par exemple), mais aussi par Ovide lui-même, qui, dans ses œuvres, livre aux lecteurs un grand nombre d'informations sur sa vie. La dernière élégie du livre IV des *Tristes* est même une petite autobiographie :

Ille ego qui fuerim, tenerorum lusor amorum,
Quem legis, ut noris, accipe posteritas.

Ce poète que tu lis, et qui chanta les tendres amours,
si tu veux le connaître, ô postérité, voici son histoire.

Ovide, *Tristes*, Livre IV, 10, vers 1-2 (traduction de C. Nisard).

Ovide naît en 43 avant J.-C. à Sulmone, sur les bords de l'Adriatique, dans une vieille famille de la noblesse équestre. Comme il convient pour un jeune homme de son rang, Ovide se forme à la rhétorique et est envoyé à Rome pour y fréquenter les célèbres rhéteurs de son époque. Pour parfaire son éducation, il fait un voyage en Grèce (avec le poète Aemilius Macer, ami de Virgile) et en Sicile. À son retour de voyage, il commence une carrière politique, davantage pour faire plaisir à ses parents que par réel goût.

Cepimus et tenerae primos aetatis honores,
Eque viris quondam pars tribus una fui.
Curia restabat : clavi mensura coacta est ;
Majus erat nostris viribus illud onus.
Nec patiens corpus, nec mens fuit apta labori,
Sollicitaeque fugax ambitionis eram.

J'entrai alors dans les charges qui convenaient à mon âge : je fus créé triumvir. Restait la dignité sénatoriale, mais je me contentai de l'angusticlave ; ce fardeau excédait la mesure de mes forces, mon corps et mon esprit redoutaient trop la fatigue, les soucis de l'ambition m'inspiraient trop d'effroi.

Ovide, *Tristes*, Livre IV, 10, vers 33-38 (traduction de C. Nisard).

Cette carrière ne convient pas à Ovide, qui nourrit de plus grandes ambitions.

Quid mihi Livor edax, ignavos obicis annos,
Ingeniique vocas carmen inertis opus ;
Non me more patrum, dum strenua sustinet aetas,
Praemia militiae pulverulenta sequi,
Nec me verbosas leges ediscere nec me

Ingrato vocem prostituisse foro ?
Mortale est, quod quaeris, opus. Mihi fama perennis
Quaeritur, in toto semper ut orbe canar.

Pourquoi, mordante Envie, me reprocher ma vie oisive et appeler mes vers l'œuvre d'un esprit paresseux ? Pourquoi me blâmer de n'avoir pas suivi la coutume de mes ancêtres, et, dans l'âge de la vigueur, cueillir à la guerre des lauriers poudreux ? de ne pas apprendre par cœur le verbiage des lois ou de ne pas prostituer mon éloquence dans les luttes incertaines du forum ? Périssables sont ces occupations que tu me proposes. Moi, c'est une gloire immortelle que je vise ; je veux que, dans le monde entier, tous les siècles me vantent.

Ovide, *Les Amours*, Livre I, 15, vers 1-8 (traduction de H. Bornecque, revue par H. Le Bonniec, © Les Belles Lettres, 1995).

Très tôt donc, et malgré les réticences de son père, il abandonne la carrière sénatoriale pour se consacrer à la poésie vers laquelle il a toujours été attiré.

At mihi jam puero caelestia sacra placebant,
Inque suum furtim Musa trahebat opus.
Saepe pater dixit « studium quid inutile temptas ?
Maeonides nullas ipse reliquit opes. »

Mais moi, n'étant encore qu'un enfant, je trouvais des charmes dans l'étude des sacrés mystères, et les Muses m'initièrent en secret à leur culte.
Mon père me disait souvent : « Pourquoi t'ouvrir une carrière stérile ?
Homère lui-même est mort dans l'indigence. »

Ovide, *Tristes*, Livre IV, 10, vers 19-22 (traduction de C. Nisard).

Très jeune, Ovide est passionné par la poésie et écoute avec admiration les recitationes que donnent les poètes de son temps, qu'il place au rang des dieux.

Temporis illius colui fovique poetas,
Quotque aderant vates, rebar adesse deos.

J'ai connu, j'ai aimé les poètes mes contemporains ;
je croyais voir autant de dieux dans ces mortels inspirés.

Ovide, *Tristes*, Livre IV, 10, vers 41-42 (traduction de C. Nisard).

Lui-même donne sa première recitatio à l'âge où sa « barbe n'avait été qu'une ou deux fois rasée » et fréquente assidûment le cercle littéraire des poètes : Macer, Properce, Ponticus, Bassus, Horace, Virgile et Tibulle (à la mort duquel il consacre la neuvième élégie du livre III des *Amours*).

## Le poète à succès

Ce sont ses écrits « érotiques » (c'est-à-dire sa poésie amoureuse) qui apportent le succès à Ovide : il commence la rédaction des cinq livres des *Amours* alors qu'il n'a que dix-huit ans et travaille également sur une tragédie, *Médée* (aujourd'hui perdue). Les recitationes qu'il donne en lisant des extraits de ces deux œuvres le font rapidement connaître dans la société mondaine. Ce jeune poète brillant est fort apprécié de ses contemporains : par sa poésie légère et enlevée, il devient l'enfant chéri de cette Rome élégante et raffinée qui goûte enfin le plaisir des divertissements après de longues années de guerres civiles.

Ovide se marie à cette époque mais cette première union est un échec, tout comme son second mariage quelques années plus tard.

Paene mihi puero nec digna nec utilis uxor est data,
quae tempus perbreve nupta fuit.
Illi successit, quamvis sine crimine conjunx,
non tamen in nostro firma futura toro.

Je n'étais presque qu'un enfant, lorsqu'on me maria à une femme indigne de moi et inhabile à ses nouveaux devoirs. Notre union ne fut pas de longue durée. Une seconde la suivit qui fut irréprochable, il est vrai ; mais cette seconde épouse ne devait pas longtemps partager mon lit.

Ovide, *Tristes*, Livre IV, 10, vers 69-72 (traduction de C. Nisard).

À l'âge de cinquante ans, Ovide est au sommet : ses œuvres lui ont procuré la gloire à laquelle il aspirait depuis sa jeunesse ; il souligne lui-même le caractère exceptionnel de pouvoir jouir de son vivant de « cette célébrité que la renommée ne dispense qu'après la mort ». Succès littéraire donc, mais aussi succès social puisqu'en épousant en troisièmes noces une femme de la prestigieuse gens Fabia et amie de Marcia, la cousine d'Auguste, Ovide accède à l'aristocratie romaine.

## L'exil

Mais en 8 après J.-C., alors qu'Ovide était en train d'achever *Les Métamorphoses* et de faire œuvre de poète national en rédigeant *Les Fastes*, Auguste prononce à son encontre une sentence d'exil et fait interdire ses œuvres dans toutes les bibliothèques. Il s'agit en réalité d'un éloignement davantage que d'un véritable exil car Ovide conserve ses propriétés ainsi que sa citoyenneté romaine. Ovide quitte donc Rome pour Tomes (actuellement Constanza, en Roumanie), pour des raisons que le poète évoque à plusieurs reprises dans les *Tristes* et les *Pontiques*, mais toujours à mots couverts.

… maris Euxini positos ad laeua Tomitas
Quaerere me laesi principis ira jubet.
Causa meae cunctis nimium quoque nota ruinae
Indicio non est testificanda meo.

> … il me fallut, pour obéir à l'arrêt du prince offensé, me rendre à Tomes, sur la rive gauche du Pont-Euxin. La cause de ma perte n'est, hélas ! que trop connue de tous, et mes explications seraient superflues.
>
> Ovide, *Tristes*, Livre IV, 10, vers 97-100 (traduction de C. Nisard).

Si les causes de cet exil étaient bien connues de tous à l'époque d'Ovide, elles restent assez obscures pour le lecteur moderne et, aujourd'hui encore, prêtent à diverses interprétations : la raison la plus officielle serait la publication de *L'Art d'aimer*, dont l'immoralité rendait encore plus cuisant l'échec de la politique de remoralisation de la société entreprise par Auguste. Aux yeux de beaucoup, cette raison ne semble être qu'un prétexte car on explique alors difficilement pourquoi Auguste aurait attendu si longtemps avant de sanctionner le poète licencieux. D'autres motifs ont également été avancés car Ovide parle lui-même d'une « erreur » qu'il aurait commise.

> Perdiderint cum me duo crimina, carmen et error,
> Alterius facti culpa silenda mihi
>
> Des deux causes de ma perte, mes vers et une offense involontaire, il en est une sur laquelle je ne dois jamais entrer en explication.
>
> Ovide, *Tristes*, Livre II, vers 207-208 (traduction de C. Nisard).

C'est la nature de cette « erreur » qui a fait – et qui fait toujours – couler beaucoup d'encre : Ovide étant introduit parmi les proches de l'empereur, il aurait peut-être été mêlé à quelque intrigue de palais concernant la succession d'Auguste ; ou bien il aurait encouragé Julie, la petite-fille d'Auguste, dans sa scandaleuse vie amoureuse ; ou bien encore, il aurait été le témoin gênant de quelque affaire d'importance. Quoi qu'il en soit, les raisons devaient être solides car Ovide n'obtint jamais d'Auguste la grâce du retour et mourut à Tomes en 17 après J.-C., malgré son repentir et les prières qu'il réitère à travers les œuvres qu'il écrivit des rives du Pont-Euxin ; il exprima même le regret de ne pas avoir livré aux flammes son *Art d'aimer*.

> Sic utinam, quae nil metuentem tale magistrum
> Perdidit, in cineres Ars mea versa foret !
>
> Plût au ciel que cet *Art d'aimer*, qui perdit son maître trop confiant, eût été ainsi réduit en cendres ! »
>
> Ovide, *Tristes*, Livre V, 12, vers 67-68 (traduction de C. Nisard).

# Ovide : ses œuvres

## Les écrits « érotiques »

Ovide commença sa carrière en tant que poète de l'amour : il se mit à la rédaction des cinq livres des *Amours* à dix-huit ans, qu'il fit paraître quelques années plus tard. Ce n'est qu'aux alentours de 4 avant J.-C., quand Ovide a une quarantaine d'années, qu'il fait paraître la version remaniée en trois livres, la seule que nous connaissons. *Les Amours* sont un recueil d'élégies dont Corinne (qui est probablement un personnage féminin recréé par Ovide à partir de plusieurs femmes) est la figure centrale. Il s'agit dans ces vers de chanter le sujet de prédilection d'Ovide : l'amour et son cortège de plaisirs et de tourments. Le poète y traite les thèmes attendus dans ce genre de poésie (l'amant qui couche derrière la porte close de sa maîtresse, les affres de la jalousie, l'amour perçu comme un service militaire...) avec légèreté et virtuosité. Mais *Les Amours* ne sont pas que des jeux de mots brillants sur l'amour, et certaines élégies présentent également une réflexion sur la poésie et la littérature.

Au moment de la parution des *Amours*, Ovide écrit les *Héroïdes* (qu'il annonce dans l'élégie 18 du Livre II des *Amours*), recueil de lettres fictives adressées par les héroïnes mythologiques à leurs époux ou leurs amants. Figurent également dans ce recueil quelques lettres des héros à leurs bien-aimées.

C'est à cette même époque qu'Ovide écrit les *Soins du visage féminin*. Il ne nous est parvenu qu'une centaine de vers de ce traité auquel Ovide fait référence dans *L'Art d'aimer* (Livre III, vers 205) et dans lequel il prodigue aux femmes des conseils pour mettre en valeur leur visage et conserver leur beauté, afin de plaire aux hommes (un thème que nous retrouverons abondamment traité dans notre œuvre).

*L'Art d'aimer* paraît aux alentours de 1 après J.-C. ; dans ce traité sur l'amour, toujours écrit dans le mètre de l'élégie, Ovide enseigne aux hommes comment conquérir une femme et comment la garder, dans les deux premiers livres, tandis que dans le troisième livre, il prétend « armer les femmes » pour pouvoir affronter les hommes au jeu de l'amour. D'après certains, le caractère irrévérencieux de ces vers aurait suffi à justifier l'exil d'Ovide. S'il est probable que d'autres causes aient été à l'origine de la disgrâce du poète, nous verrons que *L'Art d'aimer*, en plus d'adresser quelques piques ad hominem, ne pouvait qu'exaspérer un empereur soucieux de remettre de l'ordre dans les mœurs frivoles de la société romaine de l'époque.

Quelques années après *L'Art d'aimer*, Ovide publie son pendant, les *Remèdes à l'amour*, ou comment se déprendre de l'amour quand celui-ci devient un fardeau et une source de souffrance.

Ce sont ses œuvres amoureuses qui ont apporté le succès à Ovide. Il a su trouver le thème et le ton pour plaire à une société qui apprécie les divertissements du corps et de l'esprit et qui goûte tout particulièrement chez le jeune poète l'impertinence du propos mêlée à la virtuosité avec laquelle il traite son sujet.

## Les grandes œuvres

Ovide, qui avait commencé sa carrière poétique avec une tragédie qui contribua à ses premiers succès, souhaite changer de thème, quitter la modeste élégie pour la plus grande poésie. Virgile et sa prestigieuse *Énéide* sont encore trop proches pour qu'Ovide se risque à la comparaison en écrivant une épopée. Il se lance alors, à partir de l'an 1 avant J.-C. dans l'écriture des *Métamorphoses* : long poème de quinze livres (plus de 12 000 vers !), *Les Métamorphoses* sont une succession de tableaux évoquant des récits et des légendes mythologiques autour du thème des métamorphoses des humains ou des dieux en animaux, en plantes ou en objets. Le plan adopté est chronologique : Ovide envisage de construire une longue épopée, une histoire mythique du monde, depuis la création jusqu'à l'apothéose de César, qui apparaissait ainsi comme le couronnement des légendes grecques. Comme la grande poésie l'exige, Ovide abandonne « la claudication » du distique élégiaque pour la régularité et la majesté de l'hexamètre dactylique. Cette œuvre l'occupe pendant une dizaine d'années puisqu'au moment où Auguste prononce sa sentence d'exil, il est en train de mettre la dernière main à ce considérable travail, comme en témoignent les vers de son élégie autobiographique.

Nec tamen illa legi poterunt patienter ab ullo,
Nesciet his summam siquis abesse manum.
Ablatum mediis opus est incudibus illud,
Defuit et coeptis ultima lima meis.

Personne, toutefois, n'en supporterait la lecture, si l'on n'était prévenu que je n'ai pu y mettre la dernière main, qu'elle a été enlevée de l'enclume à peine forgée, que le poli de la lime lui a manqué.

Ovide, *Tristes*, Livre I, 7, vers 27-30 (traduction de C. Nisard).

Cependant, on peut lire sa fierté dans les derniers vers de l'œuvre.

Jamque opus exegi, quod nec Jovis ira nec ignis
Nec poterit ferrum nec edax abolere vetustas.

Enfin, je l'ai achevé cet ouvrage que ne pourront détruire ni la colère de Jupiter, ni les flammes, ni le fer, ni la rouille des âges !

Ovide, *Les Métamorphoses*, Livre XV, vers 872-887 (traduction de C. Nisard).

À l'image de Virgile, Horace et Properce, qu'il admire depuis sa jeunesse, Ovide manifeste, pendant la rédaction des *Métamorphoses*, le désir de devenir un poète national. Le sujet qu'il choisit est particulièrement en accord avec la politique religieuse d'Auguste qui souhaite réhabiliter le culte des dieux antiques. Ainsi, les *Fastes* sont un commentaire poétique du calendrier religieux romain : Ovide y explique, au fil des jours, l'origine mythique des fêtes et des cultes, et y célèbre les anniversaires des grandes fêtes nationales. Mais son exil interrompt cette grande entreprise alors que seuls les six premiers mois (de janvier à juin) ont été traités. Après la mort d'Auguste cependant, il se remet au travail mais il meurt avant d'avoir achevé son œuvre.

## Les œuvres de l'exil

Par une cruelle ironie du sort, c'est au moment où Ovide décide d'épouser la cause nationale que s'abat sur lui la sentence d'exil à Tomes, sur les rives du Pont-Euxin, aux confins de l'empire romain. Rien ne pouvait désespérer davantage le poète mondain, amateur du luxe et du raffinement romain qu'était Ovide que de devoir vivre sur ces terres lointaines, qu'il décrit comme particulièrement hostiles. Il trouve alors refuge dans la poésie, qui, de son propre aveu, adoucit la douleur de l'éloignement.

Tacta mihi tandem longis erroribus acto
Juncta pharetratis Sarmatis ora Getis.
Hic ego, finitimis quamvis circumsoner armis,
Tristia, quo possum, carmine fata levo.
Quod quamvis nemo est, cujus referatur ad aures,
Sic tamen absumo decipioque diem.

Après bien des détours, j'abordai enfin chez les Sarmates, voisins des Gètes au carquois redoutable. Ici, quoiqu'étourdi par le fracas des armes qui retentissent autour de moi, je trouve dans la poésie quelque adoucissement à mes souffrances, et quoiqu'ici encore il n'y ait point une seule oreille pour écouter mes vœux, cependant j'abrège et je trompe ainsi la longueur des jours.

Ovide, *Tristes*, Livre I, 10, vers 109-114 (traduction de C. Nisard).

Il rédige ainsi les *Tristes* et les *Pontiques* (les lettres qu'il envoie du Pont-Euxin), poèmes et lettres douloureux aux accents personnels et nostalgiques, dans lesquels il revient sur sa vie et exprime son désarroi et sa solitude. Malgré les nombreuses justifications et excuses qu'il y formule, Auguste demeure inflexible, même si Ovide mentionne que peu avant de mourir, Auguste semblait prêt à lever la sanction.

Coeperat Augustus deceptae ignoscere culpae :
Spem nostram terras deseruitque simul.

Auguste était presque disposé à pardonner à ma faute, à mon erreur ; il a disparu de ce monde, et avec lui mes espérances.

Ovide, *Pontiques*, Livre IV, 6, vers 15-16 (traduction de C. Nisard).

Mais Tibère succède à Auguste et c'est ainsi que l'enfant jadis chéri de la brillante société romaine s'éteint en 17 après J.-C., trois ans après la mort d'Auguste. Son corps ne fut même pas ramené à Rome.

# Introduction à *L'Art d'aimer*

## Une parodie du genre didactique

### *Un titre surprenant*

En latin, ars désigne l'ensemble des connaissances techniques qui doivent s'apprendre pour maîtriser un domaine qui exige un savoir-faire : on parle ainsi d'ars oratoria, d'ars dicendi, d'ars poetica, d'ars grammatica, etc. Ars est également le terme par lequel on désigne l'ouvrage dans lequel ces principes théoriques sont exposés. C'est donc à un manuel, un traité de l'amour que nous avons à faire. Ainsi, d'après le titre, il faut comprendre que l'amour est un domaine qui, tout comme la poésie, ou la grammaire, ou encore la chasse et la guerre, peut et doit s'apprendre. Voilà qui a de quoi surprendre. En effet, l'amour est traditionnellement présenté par les poètes comme un sentiment irrésistible, une passion capricieuse qui emporte les humains malgré eux et cette conception semble assez peu compatible avec l'idée de connaissances et de savoir-faire contenue dans le mot ars. Ce terme d'ars nous fait entrer dans la dimension didactique de l'œuvre : le poète sera le maître de l'amour et le lecteur son élève.

### *La poésie didactique*

Le genre didactique est celui qui a quelque chose à apprendre. Le premier poème didactique fut *Les Travaux et les Jours* d'Hésiode, composé vers la fin du VIII^e^ siècle avant J.-C. Dans cette œuvre en hexamètres dactyliques, Hésiode présente les travaux agricoles et un calendrier de l'année de l'agriculteur en incluant des conseils sur les outils, les animaux ou les cultures. Certains vers de *L'Art d'aimer* font d'ailleurs écho à l'œuvre grecque (vera canam, Livre I, vers 30, est sans aucun doute un clin d'œil au vers 10 du poème d'Hésiode : « Puissé-je faire entendre à Persès le langage de la vérité »). Restons dans le domaine grec en citant Nicandre de Colophon (II^e^ siècle avant J.-C.), dont deux œuvres en hexamètres nous sont parvenues : l'une sur les morsures de serpents et leurs remèdes et l'autre sur les poisons et les antidotes. On peut penser qu'Ovide a su s'en souvenir en composant *L'Art d'aimer*, puis les *Remèdes à l'amour*.

Dans le domaine latin, les deux grands poèmes didactiques les plus connus sont ceux de Lucrèce et de Virgile. C'est le thème de la vie agricole que retient Virgile pour ses *Géorgiques* (29 avant J.-C.). Lucrèce quant à lui, envisage dans *De la nature* de présenter la nature du monde et les phénomènes naturels.

Les sujets de prédilection de la poésie didactique sont l'agriculture, la pêche, la chasse, la médecine et l'astronomie. Pour donner une tonalité plus didactique à son poème, Ovide opère d'ailleurs de constantes comparaisons et analogies avec ces domaines. Il n'hésite pas non plus à faire allusion en de nombreux endroits aux œuvres de Virgile et de Lucrèce.

### *La parodie*

On pourrait attendre, de la part de l'auteur des *Amours*, et dans la tradition des poètes élégiaques latins qui l'ont précédé (Horace, Tibulle et Properce), un véritable poème sur l'amour (*L'Art d'aimer* est d'ailleurs écrit en distiques élégiaques) ; or il n'en est rien et il suffira de lire les premières pages du traité pour s'apercevoir que l'amour en est singulièrement absent ! Mais l'amour fournit l'occasion d'une parodie, en traitant sur le ton d'un sujet noble et sérieux un sujet qui n'est en réalité que frivolité. Ovide le reconnaît lui-même puisque le traité s'achève sur le mot de lusus, « divertissement » : lusus habet finem (« mon badinage touche à sa fin »). Ce n'est d'ailleurs pas la première fois que les poètes dispensent, avec un certain succès d'ailleurs, leurs conseils pratiques sur l'amour et l'on peut par exemple citer le poème 4 du premier livre des *Élégies* de Tibulle, qui commence ainsi : « Que des toits ombreux, ô Priape, garantissent ta tête du soleil et des neiges ! Dis-moi ton art de séduire les beaux jeunes gens » ; suivent un certain nombre de recommandations pour se faire aimer des hommes, dont Ovide s'est manifestement souvenu dans *L'Art d'aimer* (ne pas se laisser rebuter par un refus, ne pas hésiter à faire des promesses, être complaisant, etc.). On peut citer également l'élégie 5 du livre IV de Properce. Mais Ovide demeure le seul à avoir étendu le procédé pour en faire une véritable œuvre didactique.

L'aspect parodique vient également du mètre utilisé. En effet, les grands poèmes didactiques que sont les *Géorgiques* et *De la nature* sont en hexamètres, ce qui leur confère sérieux et dignité. C'est le mètre de la poésie légère, le distique élégiaque, qu'Ovide choisit pour traiter son sujet.

*L'Art d'aimer* est incontestablement un poème léger et pétillant visant à divertir la brillante aristocratie romaine sur un thème que le public de l'époque goûte fort : l'art de la séduction. Mais ce serait une erreur de n'y voir qu'un simple badinage amoureux et, dans ces vers, Ovide expose une certaine conception de l'amour et du bonheur, assez nouvelle finalement : l'amour est avant tout une affaire d'intelligence et il appartient à tout homme d'être heureux s'il en connaît les règles du jeu et sait les appliquer, s'il sait dominer ses passions pour les mettre au service de la raison.

### *Le sujet du traité*

Quel est donc le sujet de ce traité s'il n'est pas question d'amour ? Il est vrai que l'on trouve beaucoup plus de référence à la guerre, à la chasse ou encore à la navigation qu'à l'amour. Plus qu'un traité sur l'amour, *L'Art d'aimer* est avant tout un mode d'emploi de la séduction : l'amour est un jeu dans lequel les deux sexes doivent faire preuve de stratégie, de dissimulation et de ruse. Dans ce jeu, l'homme et la femme ont un rôle à tenir, sous la direction du metteur en scène qu'est le poète. Ce traité apprend à chaque sexe à se méfier de l'autre et à le circonvenir, à savoir recourir à des stratagèmes et à rivaliser de rouerie pour arriver à ses fins en en donnant le moins possible (➤ TEXTES 5 ET 6). Il faut pour cela travailler son apparence et son caractère, travestir ses réelles intentions pour remporter la victoire. Avec humour, Ovide joue sur le double sens du mot ars qui, s'il signifie « traité » dans le titre, signifie

également souvent dans cette œuvre, lorsqu'il est employé au pluriel, « artifices » ; un élément capital auquel les amants devront sans cesse avoir recours.
Le maître de cérémonie de ce jeu galant est le poète lui-même, que Vénus a investi de cette tâche d'enseigner l'amour (➤ TEXTE 1) ; dans un premier temps, il apprend ainsi aux hommes à manipuler les femmes, puis l'inverse. Mais finalement, en maître de l'amour, Ovide ne vise qu'à dispenser ses conseils dans le but qu'hommes et femmes s'accordent à l'unisson dans les plaisirs de l'amour.

## La structure de l'œuvre

### *La composition de* L'Art d'aimer

Comme le veut un ouvrage didactique, le poème est assez solidement structuré : Ovide annonce d'ailleurs son plan (selon la chronologie de l'aventure amoureuse) au début du livre I (➤TEXTE 1) : « avant tout, préoccupe toi de trouver l'objet de ton amour... Consacre tes efforts ensuite à toucher la jeune fille qui t'a plu, et en troisième lieu, à faire durer ton amour » (Livre I, vers 35-38). Ces trois points seront traités dans les livres I (pour les deux premiers points) et II (pour le dernier point). C'est d'ailleurs l'une des raisons qui a fait dire à certains qu'à l'origine, seuls les deux premiers livres avaient été prévus par Ovide. Cette interprétation peut en effet être soutenue par la fin du livre I, où Ovide marque une pause à mi-chemin : « une partie de ma tâche me reste, une partie est épuisée » (Livre I, vers 769). Et ce ne serait que pour céder à la pression du public, comme il nous le dit dans le livre II, vers 745-746, qu'il se résout à composer un troisième livre destiné aux jeunes femmes. Sans trancher dans cette difficile question de la composition, nous nous bornerons à observer que l'ensemble forme un tout cohérent et que, même si les trois livres n'ont pas été d'emblée planifiés par Ovide, le poète a su tout à fait bien intégrer le livre qu'il adresse aux femmes, en reprenant un plan chronologique et en établissant de nombreuses correspondances avec les deux premiers livres.

Le troisième livre est nécessairement plus condensé (812 vers, contre 1 516 pour les livres I et II), mais les mêmes thèmes y sont repris. Ainsi, Ovide évoque rapidement les lieux où doivent se montrer les femmes (Livre III, vers 381-432), mais par économie (et probablement aussi pour ne pas lasser le lecteur) le poète ne répète pas tout ce qu'il a exposé pendant quelque 200 vers dans le livre I (vers 41-262). À l'inverse, le passage sur la beauté et la mise extérieure est beaucoup plus développé dans le livre III qu'il ne l'est dans les livres I et II : pour les femmes, en effet, le soin qu'il convient d'apporter à l'apparence est primordial (et pour cette raison arrive en tête des conseils, vers 101 à 310) ; pour les hommes en revanche, seule une petite vingtaine de vers est consacrée à ce thème vers la fin du livre I (vers 503-522), car pour un homme, la beauté est très secondaire et ne remplacera jamais l'esprit (Livre II, vers 107-118).

*Le plan de l'œuvre*

Les deux premiers livres sont donc adressés aux hommes et progressent de façon chronologique, mais aussi de façon logique, et les conseils que prodigue le poète sont de plus en plus difficiles à appliquer. Le troisième livre suit le même mouvement que les deux premiers livres. Le contenu en revanche peut différer, dans la mesure où la stratégie des hommes n'est pas la même que celle qui convient aux femmes ; chacun doit en effet jouer le rôle qui revient à son sexe. À ce titre, la comparaison peut se révéler intéressante et c'est pour faciliter ce travail que nous avons choisi de présenter le plan de l'œuvre sous forme de tableau, dans lequel on pourra retrouver des correspondances.

| **Pour les hommes** | | **Pour les femmes** |
|---|---|---|
| **Livre I, vers 1-40 (➤ TEXTE 1)** | **Introduction et annonce du plan** | **Livre III, vers 1-100 (➤ TEXTES 16 ET 17)** |
| **Livre I, vers 41-262**<br>Pour qu'un homme trouve une partenaire, il lui suffit de se rendre dans les endroits « giboyeux » :<br>• v. 41-66 : les plus belles femmes se trouvent à Rome ;<br>• v. 67-78 : les portiques et les cultes ;<br>• v. 79-88 : le forum ;<br>• v. 89-134 : le théâtre (➤ TEXTE 2) ;<br>• v. 135-170 : le cirque ;<br>• v. 171-176 : la naumachie ;<br>• v. 177- 228 : le triomphe (➤ TEXTE 3) ;<br>• v. 229-252 : les banquets ;<br>• v. 253-262 : à l'extérieur de Rome. | **Trouver un partenaire** | **Livre III, vers 101-498**<br>Pour les femmes, il s'agit de se rendre séduisante afin de susciter l'intérêt des hommes :<br>• v. 101-250 : faire attention à sa mise extérieure (➤ TEXTE 18);<br>• v. 251-310 : astuces pour remédier aux petits défauts physiques (➤ TEXTE 19);<br>• v. 311-380 : cultiver certains talents (le chant, la poésie, la danse et les jeux) ;<br>• v. 381-432 : se montrer dans les lieux publics (et plus particulièrement ceux indiqués dans le livre I !) (➤ TEXTE 20);<br>• v. 433-466 : éviter certains types d'hommes ; (➤ TEXTE 21)<br>• v. 467-498 : bien user des lettres et des servantes (➤ TEXTE 22). |

| **Livre I, vers 263-770**<br>Pour conquérir une femme, les qualités de l'homme doivent être avant tout dans le caractère et l'esprit :<br>• v. 263-268 : transition vers le point le plus important du traité ;<br>• v. 269-434 : considérations préliminaires ;<br>• v. 269-350 : toutes les femmes peuvent être prises (➤ TEXTE 4) ;<br>• v. 351-396 : s'assurer les bonnes grâces de la servante ;<br>• v. 397-434 : repérer les occasions propices (➤ TEXTE 5) ;<br>• v. 435-770 : les moyens de plaire ;<br>• v. 435-484 : savoir écrire des lettres et bien parler (➤ TEXTE 6) ;<br>• v. 485-502 : suivre sa bien-aimée ;<br>• v. 503-522 : soigner son apparence, mais sans excès ;<br>• v. 523-600 : profiter des banquets et savoir s'y comporter (➤ TEXTE 7) ;<br>• v. 601-720 : complimenter sa belle, lui faire des promesses et ne pas hésiter à verser des larmes ni à lui prendre un baiser de force (➤ TEXTE 8) ;<br>• v. 721-736 : les tourments de l'amour doivent se lire sur le visage ;<br>• v. 737-752 : se méfier des amis et garder ses projets secrets ;<br>• v. 753-768 : s'adapter à la femme que l'on a en face de soi ;<br>• v. 760-770 : conclusion. | **Le séduire** | **Livre III, vers 499-576**<br>Les femmes devront quant à elles se montrer avant tout aimables :<br>• v. 499-524 : faire montre d'un bon caractère ;<br>• v. 525-554 : ne pas trop exiger des hommes ;<br>• v. 555-576 : adapter son comportement en fonction de l'âge de l'amant (➤ TEXTE 23). |
|---|---|---|

| **Livre II**<br>• v. 1-98 : introduction : difficulté de retenir l'amour (➤ TEXTE 9) ;<br>**V. 99-336 : quand il s'agit d'une liaison récente :**<br>• v. 99-106 : inutilité de la magie ;<br>• v. 107-144 : privilégier l'intelligence plutôt que la beauté ;<br>• v. 145-176 : être aimable (➤ TEXTE 10) ;<br>• v. 177-196 : être patient ;<br>• v. 197-250 : être complaisant jusqu'à devenir l'esclave de sa belle (➤ TEXTE 11) ;<br>• v. 251-260 : faire de menus cadeaux à la domesticité ;<br>• v. 261-294 : faire des cadeaux qui ne coûtent pas cher (➤ TEXTE 12) ;<br>• v. 295-336 : être attentionné envers sa belle en la complimentant et en la soignant lorsqu'elle est souffrante ;<br>**V. 337-733 : quand il s'agit d'une liaison plus ancienne :**<br>• v. 337- 372 : raviver le désir par de courtes absences (➤ TEXTE 13) ;<br>• v. 373-492 : les infidélités :<br>– v. 373-408 : dissimuler ses infidélités,<br>– v. 409-424 : conduite à tenir quand l'infidélité est découverte,<br>– v. 425-492 : faire croire à l'infidélité peut raviver la flamme (➤ TEXTE 14) ;<br>• v. 493-512 : bien se connaître pour se faire valoir ;<br>• v. 513-534 : supporter les tourments que font endurer les femmes ;<br>• v. 535-600 : supporter d'avoir un rival (➤ TEXTE 15) ;<br>• v. 601-640 : rester discret sur ses aventures et ne pas se vanter mensongèrement ;<br>• v. 641-702 : tourner les défauts de la bien-aimée en qualités (l'âge par exemple ne doit pas être un obstacle) ;<br>• v. 703-733 : les plaisirs charnels. | **Le garder** | **Livre III, vers 577-812**<br>• v. 577- 610 : faire souffrir (un peu !) son amant en lui opposant quelques refus, en le laissant imaginer qu'il a des rivaux ;<br>• v. 611-658 : déjouer la surveillance (➤ TEXTE 24) ;<br>• v. 659-666 : se méfier des amies ;<br>• v. 667-682 : apaiser les craintes d'un amant en le laissant croire qu'il est l'unique ;<br>• v. 683-746 : ne pas ajouter foi aveuglément à l'existence d'une rivale (➤ TEXTE 25) ;<br>• v. 746-768 : comment se comporter dans les banquets ;<br>• v. 769-808 : comment se comporter au lit. |
|---|---|---|

| Livre II, vers 734-744 | Conclusion : « Ovide était mon maître » | Livre III, vers 809-812 |
|---|---|---|
| Livre II, vers 745-746 : transition vers le livre III | | |

## Une œuvre qui mérite l'exil ?

### *Un poème licencieux*

Si l'on considère la mentalité romaine de l'époque, le mos majorum, ainsi que la politique de remoralisation de la société entreprise par Auguste – et plus particulièrement les lois sur la défense du mariage et la répression de l'adultère –, *L'Art d'aimer* ne peut que dégager un certain parfum de scandale.

Chanter l'amour et son cortège de tourments dans des distiques élégiaques était fort apprécié des Romains, comme en témoigne le succès des poèmes de Catulle, Tibulle et Properce, ainsi que celui qu'Ovide connut avec *Les Amours*. Il s'agissait alors de raconter les méfaits de Cupidon sur un ton personnel, à la première personne (fictive ou non). Mais dans le cas de *L'Art d'aimer*, Ovide, par la forme même du traité, dépasse la plainte personnelle et donne à son propos une portée générale et universelle. Et malgré les quelques lignes destinées à se défendre en cas d'attaque, on voit bien que les exemples qu'il prend font référence pour beaucoup à de mythiques et légendaires femmes mariées. Dans l'exemple d'Hélène et Ménélas (➤ TEXTE 13) Ovide prend clairement le parti de la femme adultère et en ce sens, le poète montre qu'il ne tient aucun compte des lois d'Auguste visant à promouvoir le mariage. Bien plus, il affirme que l'amour et le mariage sont incompatibles, que l'amour est une loi plus forte que celle du mariage : « Ce n'est pas un ordre de la loi qui vous a réunis dans un même lit ; votre loi à vous, c'est l'amour » (Livre II, vers 157-158).

Il ne faut pas pour autant faire de ce traité un manifeste pour l'adultère. D'autant plus que sans aller jusque-là, les valeurs qu'Ovide met en avant en matière amoureuse ont suffisamment de quoi choquer les mentalités romaines. En effet, pour les Romains, l'opposition en amour, qu'il soit homosexuel ou hétérosexuel, est fondée sur l'activité et la passivité : ainsi, sont passifs (et donc méprisables) les esclaves, les jeunes hommes et les femmes. Or, dans son traité, Ovide revendique l'égalité des sexes : « si le sexe fort s'entendait pour ne pas faire les avances, la femme, vaincue, prendrait bientôt le rôle de les faire… C'est la femelle qui appelle le taureau par ses mugissements » (Livre I, vers 277-278 et 280) et l'égalité dans la jouissance : « pour que [le plaisir] soit vraiment agréable, il faut que la femme et l'homme y prennent part également. Je hais les étreintes qui ne comblent pas les deux amants (voilà pourquoi je trouve moins d'attraits à aimer les garçons) » (Livre II, vers 682-684).

Ovide va même plus loin que revendiquer l'égalité des sexes, puisqu'il va jusqu'à suggérer à l'amant de devenir l'esclave de sa maîtresse, en lui conseillant de ne pas hésiter à se soumettre aux moindres désirs de cette dernière, d'accomplir pour elle des tâches qui sont précisément celles des esclaves (➤ TEXTE 11).

***La critique des institutions***

Cela dit, ce poème a pu être lu comme provocant à d'autres égards : il raille les difficultés d'Auguste à recruter pour le service militaire (➤ TEXTE 2), il compare les femmes faisant leur choix parmi les hommes à un chef militaire choisissant ses recrues (Livre III, vers 525-530 ➤ TEXTE 23) ; il raille également certaines institutions romaines comme la loi, par le biais du jurisconsulte qui ne sait plus comment parler devant les femmes (Livre I, vers 79 et suivants) ; par ailleurs, on sait le peu de goût d'Ovide pour les métiers juridiques.

Nec me verbosas leges ediscere nec me
Ingrato vocem prostituisse foro ?

[Pourquoi m'accuser] de ne pas apprendre par cœur le verbiage des lois ou de ne pas prostituer mon éloquence dans les luttes incertaines du forum ?

Ovide, *Les Amours*, Livre I, 15, vers 5-6 (traduction de H. Bornecque, revue par H. Le Bonniec, © Les Belles Lettres, 1995).

Ou alors, lorsque dans une parenthèse lourde de sous-entendus, il se moque du culte de la Bonne Déesse (Livre III, vers 637-638), ou encore, lorsqu'au milieu de propos légers, il fait référence à la sanglante bataille de l'Allia, un des jours les plus noirs de l'histoire romaine où les Romains furent battus par les Gaulois (Livre I, vers 411-412 ➤ TEXTE 5). Les lieux symboliques de Rome (le forum, la via Sacra) perdent de leur majesté en ne devenant que de simples décors où évoluent les acteurs de son badinage amoureux. Si le passage sur le triomphe du petit-fils d'Auguste commence par des louanges de la gens Julia, assez rapidement, la cérémonie devient un simple prétexte, une bonne occasion d'entamer la conversation avec une jeune fille, en négligeant totalement le spectacle (➤ TEXTE 3). Mais là encore, il ne faudrait pas faire de *L'Art d'aimer* un pamphlet contre Auguste.

Peut-être est-ce un mélange de tout cela qui valut l'exil à Ovide mais il faut souligner que pour le bonus vir, respectueux du mos majorum, *L'Art d'aimer* devait surtout être considéré comme éminemment frivole. Les Romains faisaient clairement la différence entre ce qui était utile et ce qui n'était qu'une perte de temps ; et dans *L'Art d'aimer*, à chaque page, Ovide compare, en les mettant sur le même plan, l'amour (considéré comme perte de temps) à des occupations telles que la navigation, l'agriculture ou la chasse, en en faisant ainsi un sujet éminemment sérieux. La chose pouvait agacer plus d'un Romain, pour qui, en effet, l'amour était un sujet particulièrement frivole.

## La postérité de *L'Art d'aimer*[1]

Comme l'attestent les graffitis tirés de *L'Art d'aimer* que l'on a retrouvés sur les murs de Pompéi, Ovide avait connu « cette célébrité que la renommée ne dispense qu'après la mort ». La littérature depuis l'Antiquité jusqu'à nos jours montre que sa poésie a marqué les esprits et que bien des auteurs ont une dette à son égard.

Au Moyen Âge, *L'Art d'aimer* donna lieu à de nombreuses traductions (on peut par exemple citer la traduction, aujourd'hui perdue, de Chrétien de Troyes). Ces traductions étaient assez libres mais témoignent de l'intérêt que suscite toujours Ovide, plusieurs siècles après sa mort. *L'Art d'aimer* fut la source d'inspiration du *De Arte honeste amandi* d'André le Chapelain (que l'on suppose être le chapelain de la fille d'Aliénor d'Aquitaine), qui se compose de trois livres : les deux premiers traitent de l'amour et de la conduite à tenir dans ce domaine (les qualités qui font un bon amant, comment se comporter selon les différences sociales, comment conserver un amour...), et dressent ainsi le code de l'amour courtois ; le troisième vient, en contrepoint, montrer les méfaits que l'amour occasionne et indique comment les combattre. On retrouve ici les thèmes de *L'Art d'aimer* et de ses complémentaires *Remèdes à l'amour*. L'amour courtois est d'ailleurs directement hérité de *L'Art d'aimer* : il s'agit en effet de jeunes chevaliers qui aiment d'un amour extramarital, et dans le cadre d'un idéal féodal, une femme à laquelle ils sont soumis. On retrouve ici l'idée qui court tout au long de l'ouvrage d'Ovide de la militia amoris. Il ne faut toutefois pas assimiler l'amour tel qu'on le lit dans *L'Art d'aimer* et l'amour courtois. Celui-ci se distingue en effet de celui-là dans le fait qu'il se situe essentiellement dans le désir (la femme est difficilement accessible) alors qu'Ovide revendique le plaisir des sens.

La Renaissance et le mouvement intellectuel de l'humanisme qui l'accompagne remettent l'Antiquité au centre de la littérature et l'on retrouve l'influence d'Ovide sur les poètes de cette période. On peut citer l'*Heptaméron* (1542) de Marguerite de Navarre : dans ce recueil de nouvelles (dont le titre fait référence au *Décaméron* de Boccace), dix personnages isolés dans un manoir pendant sept jours racontent des histoires dont le thème principal est l'amour, la tromperie et la malice. C'est probablement chez les poètes de la Pléiade que l'influence de l'Antiquité est la plus perceptible. Ce mouvement prône en littérature l'imitation des Anciens. Ainsi, les recueils que ces poètes ont consacrés à l'amour font penser à la poésie élégiaque latine : on pense bien sûr en premier lieu aux *Amours* de Ronsard, dont le titre est tout ovidien. Mais l'on peut mentionner également les recueils consacrés à une femme, comme *L'Olive* de Du Bellay (où Olive regroupe toutes les qualités qui font la femme idéale), les *Sonnets pour Hélène* de Ronsard ou encore les pièces dédiées à une femme, comme la très célèbre *Ode à Cassandre* (« Mignonne allons voir... ») ou l'*Ode à Marie* de Ronsard. L'influence d'Ovide se marque dans la reprise des thèmes chers au poète, comme par exemple celui du temps qui passe : les vers 59 à 84 du livre III

1. Pour plus de détails, on pourra lire avec profit *Ovide, Les Amours, L'Art d'aimer* de Sylvie Laigneau (Ellipses, 2001), dont nous nous sommes largement inspirées pour ce paragraphe sur la postérité de *L'Art d'aimer*.

de *L'Art d'aimer* (➤ TEXTE 17) traitent d'une manière beaucoup plus crue que le fameux sonnet pour Hélène de Ronsard (« Quand vous serez bien veille... ») les ravages du temps sur la beauté féminine. Mais le but de l'évocation de la vieillesse est le même chez les deux poètes : inciter la femme aimée à se donner à son amant. D'une manière générale, c'est davantage l'Ovide des *Amours* que celui de *L'Art d'aimer* que l'on retrouve chez ces poètes.

Au XVIIe siècle, en revanche, l'influence est celle d'Ovide magister amoris. Ainsi, le roman précieux de Madeleine de Scudéry, *Clélie. Histoire romaine*, présente, entre autres, la conception de l'art d'aimer de la société mondaine et galante de l'époque (c'est de ce roman-fleuve qu'est issue la fameuse carte du Tendre, qui représente de manière topographique les différentes étapes de la vie amoureuse). Les qualités que doit présenter l'amant idéal sont celles dont l'amant, élève d'Ovide, doit se parer : complimenter sa belle, offrir des cadeaux, ou encore savoir manier l'art de la lettre. Jean de la Fontaine, dans le conte *Les Amours de Mars et de Vénus*, traite le même sujet qu'Ovide (➤ TEXTE 15) et, de la même manière que notre poète, il tourne le mari cocu en ridicule.

Ce n'est pas tout : plein d'un dépit extrême
Le voilà qui se plaint au monarque des dieux ;
Et de ce qu'il devrait se cacher à soi-même,
Importune sans cesse et la terre et les cieux.
L'adultère Jupin, d'un ris malicieux,
Lui dit que ce malheur est pure fantaisie,
Et que de s'en troubler les esprits sont bien fous.
Plaise au ciel que jamais je n'entre en jalousie ;
Car c'est le plus grand mal, et le moins plaint de tous.

Avec le XVIIIe siècle, c'est le libertinage de *L'Art d'aimer* qui est rappelé sur le devant de la scène. Ainsi, la forme même de l'œuvre de Choderlos de Laclos, *Les Liaisons dangereuses*, est une mise en pratique des conseils d'Ovide : c'est dans les lettres que s'échangent les différents personnages que se dessine l'intrigue de ce roman épistolaire. L'amour y est l'enjeu d'un pari et le jeu amoureux est essentiellement régi par la stratégie et la ruse. Quant à la légèreté de l'amour, on la retrouve dans les pièces de Marivaux (*Les Fausses Confidences, La Double Inconstance*). D'ailleurs, l'on pourrait qualifier anachroniquement *L'Art d'aimer* de marivaudage !

L'influence de *L'Art d'aimer* est plus difficile à trouver chez les poètes du XIXe siècle, et pour cause ! L'idéal romantique s'applique assez mal à la conception d'un amour qui peut faire l'objet d'un traité. La meilleure illustration de cette incompatibilité est sûrement la pièce de Musset, dont la simple mention du titre se passe de commentaire : *On ne badine pas avec l'amour.*

Comme on le voit, la littérature a su se souvenir du poète de Sulmone et si Ovide est mort loin de Rome, sur les rives hostiles du Pont-Euxin, le vœu qu'il avait formulé dans *Les Amours* a été exaucé : « Moi, c'est une gloire immortelle que je vise ; je veux que, dans le monde entier, tous les siècles me vantent. »

# I. Préambule et annonce du plan de l'œuvre

Vers 1 à 40 ➤ traduction p. 167-168

*Traditionnellement, avant d'entrer dans le vif du sujet, le poète prend la peine d'annoncer le contenu de son ouvrage et d'invoquer les muses et/ou les dieux afin qu'ils lui donnent l'inspiration.*

**P. Ovidii Nasonis artis amatoriae**
**Liber primus**

**Siquis in hoc artem populo non novit amandi,**
**Hoc legat et lecto carmine doctus amet.**
**Arte citae veloque rates remoque moventur,**
**Arte leves currus[1] : arte regendus amor.**
**Curribus Automedon[2] lentisque erat aptus habenis,**
**Tiphys in Haemonia puppe[3] magister erat,**
**Me Venus artificem tenero praefecit Amori ;**
**Tiphys et Automedon dicar Amoris ego.**
**Ille quidem ferus est et qui mihi saepe repugnet[4],**
**Sed puer est, aetas mollis et apta regi.**
**Phillyrides[5] puerum cithara perfecit Achillem,**
**Atque animos placida contudit arte feros.**
**Qui totiens socios, totiens exterruit hostes,**
**Creditur annosum pertimuisse senem.**
**Quas Hector sensurus erat, poscente magistro**
**Verberibus jussas praebuit ille manus.**
**Aeacidae[6] Chiron, ego sum praeceptor Amoris ;**
**Saevus uterque puer, natus uterque dea[7].**
**Sed tamen et tauri cervix oneratur aratro,**
**Frenaque magnanimi dente teruntur equi ;**
**Et mihi cedet Amor, quamvis mea vulneret arcu**
**Pectora, jactatas excutiatque faces.**
**Quo me fixit Amor, quo me violentius ussit,**
**Hoc melior facti vulneris ultor ero.**
**Non ego, Phoebe, datas a te mihi mentiar[8] artes[9],**

**Nec nos aeriae voce monemur avis,**
**Nec mihi sunt visae Clio Cliusque sorores**
**Servanti pecudes vallibus, Ascra[10], tuis ;**
**Usus opus movet hoc : vati parete perito.**
**Vera canam : coeptis, mater Amoris, ades !**
**Este procul, vittae[11] tenues, insigne pudoris,**
**Quaeque tegis medios instita longa pedes[12].**
**Nos Venerem tutam concessaque furta canemus,**
**Inque meo nullum carmine crimen[13] erit.**

**Principio, quod amare velis, reperire labora,**
**Qui nova nunc primum miles in arma venis.**
**Proximus[14] huic labor est placitam exorare puellam ;**
**Tertius, ut longo tempore duret amor.**
**Hic[15] modus, haec[15] nostro signabitur area curru ;**
**Haec[15] erit admissa meta terenda rota.**

## NOTES

1. *Il faut sous-entendre* moventur.
2. *Automedon est le conducteur du char d'Achille, lors de la guerre de Troie.*
3. **Haemonia puppe :** *l'Hémonie est l'ancien nom de la Thessalie, région qui, selon certaines versions de la légende, a fourni le bois pour construire la nef Argo, sur laquelle Jason et ses compagnons se sont embarqués à la recherche de la Toison d'or.*
4. **repugnet :** *subjonctif dans une proposition relative consécutive.*
5. **Phillyrides :** le fils de Philyre *désigne Chiron, un centaure réputé pour sa science et sa sagesse.*
6. **Aeacidae :** Éaque ; *il est le père de Pelée et donc le grand-père d'Achille.*
7. *Achille est le fils de Thétis et Amour le fils de Vénus.*
8. **mentiar :** *est suivi d'une proposition infinitive* (datas < esse >) *et a le sens de* dire mensongèrement que...
9. **artes :** *pluriel poétique ; désigne le traité qu'Ovide est en train d'écrire.*
10. **Ascra :** *patrie d'Hésiode, poète grec du* VIIIᵉ *siècle avant J.-C., auteur de* La Théogonie *et des* Travaux et les Jours.
11. *Les bandelettes* (vittae) *et le volant de la robe* (instita) *sont des accessoire et vêtement qui n'étaient portés que par les femmes mariées* (matrones).
12. **medios [...] pedes :** le milieu des pieds (*cf.* summa arbor : la cime de l'arbre).
13. **crimen :** *a le sens de* chef d'accusation, motif de condamnation.
14. **proximus :** *a ici un sens notionnel et est sur le même plan que* principio *et* tertius.
15. **hic modus, haec... area, haec... meta :** *les noms* modus, area *et* meta *sont attributs des pronoms qui les précèdent. Ces pronoms devraient être au neutre* (cela est l'étendue = voici l'étendue) *mais par attraction, ils ont pris le genre de leur attribut.*

## Traduction des vers 25 à 30

❑❑❑❑❑❑❑ **1. Traduction de Desaintange (1807)**

Phébus n'est point le dieu qui me dicte ses lois ;
De ses oiseaux sacrés la prophétique voix
Ne m'a point révélé les secrets de leur maître ;
Je n'ai point vu Clio, qu'en un vallon champêtre
Vit le berger d'Ascra, quand ses doctes leçons
Des sillons paresseux hâtèrent les moissons.
Amants ma seule muse est mon expérience ;
Votre maître a longtemps pratiqué sa science ;
Il apprend ses secrets, fiez-vous à sa foi.
Ô mère des amours, Vénus, inspirez-moi.

❑❑❑❑❑❑❑ **2. Traduction de Charles Nisard (1838)**

Je ne chercherai point, Phébus, à faire croire que je tiens de toi l'art que j'enseigne : ce n'est point le chant des oiseaux qui me l'a révélé ; Clio et ses sœurs ne me sont point apparues, comme à Hésiode, lorsqu'il paissait son troupeau dans les vallons d'Accra. L'expérience est mon guide ; obéissez au poète qui possède à fond son sujet. La vérité préside à mes chants ; toi, mère des amours, seconde mes efforts !

❑❑❑❑❑❑❑ **3. Traduction de Henry Bornecque (1924), revue par Philippe Heuzé (© Les Belles Lettres, 1994)**

Je n'irai pas, Phébus, prétendre faussement que tu m'as inspiré ce traité ; ce ne sont pas non plus les chants ni les vols d'un oiseau qui m'ont instruit ; je n'ai pas vu Clio et les sœurs de Clio, pendant que je gardais les troupeaux dans tes vallées, Ascra. C'est l'expérience qui me dicte cet ouvrage : écoutez un poète instruit par la pratique. Je vais chanter la vérité : favorise mon dessein, mère de l'Amour.

❑❑❑❑❑❑❑ **4. Traduction de Michel Grodent (© Éditions Complexe, 2005)**

Je mentirais si je disais que c'est Apollon
Qui m'inspire cette leçon publique :
C'est l'expérience qui me fait parler. Oui, vous écoutez l'avis d'un expert !
Je vais entonner pour vous ce soir un chant de vérité.

# Entraînement au BAC

**1** **Langue.** De quel verbe la forme *novit* est-elle tirée? Quelle différence de sens y a-t-il entre le présent et le parfait de ce verbe ? Comment l'expliquez-vous ? Trouvez d'autres couples verbaux présentant la même alternance entre le présent et le parfait.

**2** **Traduction.** Comparez les différentes traductions des vers 25 à 30. Quelle particularité la traduction 1 présente-t-elle ? Relevez d'une part les éléments latins qui n'ont pu trouver leur place dans cette traduction et ceux qui ont été ajoutés.
Pourquoi, selon vous, l'auteur de la traduction 4 a-t-il choisi de ne pas traduire tous les vers ?

**3** **Analyse**

**a.** Quels sont les domaines requérant un art auxquels l'amour est comparé ? Prêtez un intérêt plus particulier aux termes évoquant la lutte et dites ce que vous en pensez.

**b.** La poésie didactique est un genre, la poésie amoureuse en est un autre. En vous aidant notamment de la question précédente, montrez comment ce préambule tient paradoxalement des deux genres (champs lexicaux, métaphores, thèmes, structure des phrases...).

**c.** Quel rôle Ovide se donne-t-il dans ce passage ?

**4** **Version.** Traduisez les vers 9 à 17.

Vers 40 à 100 ➤ traduction p. 168-169

Dum licet, et loris passim potes ire solutis,
Elige cui dicas « tu mihi sola places ».
Haec tibi non tenues veniet delapsa per auras :
Quaerenda est oculis apta puella tuis.
Scit bene venator, cervis ubi retia tendat,
Scit bene, qua frendens valle moretur aper ;
Aucupibus noti frutices ; qui sustinet hamos,
Novit quae multo pisce natentur aquae :
Tu quoque, materiam longo qui quaeris amori,
Ante frequens quo sit disce puella loco.
Non ego quaerentem vento dare vela jubebo,
Nec tibi, ut invenias, longa terenda via est.
Andromedan Perseus nigris portarit ab Indis,
Raptaque sit Phrygio Graia puella viro,
Tot tibi tamque dabit formosas Roma puellas,
« Haec habet » ut dicas « quicquid in orbe fuit ».
Gargara quot segetes, quot habet Methymna racemos,
Aequore quot pisces, fronde teguntur aves,
Quot caelum stellas, tot habet tua Roma puellas :
Mater in Aeneae constitit urbe sui.
Seu caperis primis et adhuc crescentibus annis,
Ante oculos veniet vera puella tuos :
Sive cupis juvenem, juvenes tibi mille placebunt.
Cogeris voti nescius esse tui :
Seu te forte juvat sera et sapientior aetas,
Hoc quoque, crede mihi, plenius agmen erit.

Tu modo Pompeia lentus spatiare sub umbra,
Cum sol Herculei terga leonis adit :
Aut ubi muneribus nati sua munera mater
Addidit, externo marmore dives opus.
Nec tibi vitetur quae, priscis sparsa tabellis,
Porticus auctoris Livia nomen habet :
Quaque parare necem miseris patruelibus ausae

Belides et stricto stat ferus ense pater.
Nec te praetereat Veneri ploratus Adonis,
Cultaque Judaeo septima sacra Syro.
Nec fuge linigerae Memphitica templa juvencae :
Multas illa facit, quod fuit ipsa Jovi.

Et fora conveniunt (quis credere possit ?) amori :
Flammaque in arguto saepe reperta foro :
Subdita qua Veneris facto de marmore templo
Appias expressis aera pulsat aquis,
Illo saepe loco capitur consultus Amori,
Quique aliis cavit, non cavet ipse sibi :
Illo saepe loco desunt sua verba diserto,
Resque novae veniunt, causaque agenda sua est.
Hunc Venus e templis, quae sunt confinia, ridet :
Qui modo patronus, nunc cupit esse cliens.

Sed tu praecipue curvis venare theatris :
Haec loca sunt voto fertiliora tuo.
Illic invenies quod ames, quod ludere possis,
Quodque semel tangas, quodque tenere velis.
Ut redit itque frequens longum formica per agmen,
Granifero solitum cum vehit ore cibum,
Aut ut apes saltusque suos et olentia nactae
Pascua per flores et thyma summa volant,
Sic ruit ad celebres cultissima femina ludos :
Copia judicium saepe morata meum est.
Spectatum veniunt, veniunt spectentur ut ipsae :
Ille locus casti damna pudoris habet.

# 2. L'enlèvement des Sabines

**Vers 101 à 134** **➤ traduction p. 169-170**

*Après avoir envisagé les édifices publics et le forum comme lieux propices à la rencontre, Ovide évoque le théâtre comme un « terrain de chasse » à ne surtout pas négliger. Pour illustrer son propos, il relate un fameux épisode des débuts de l'histoire de Rome : à sa fondation, comme la ville ne comptait pas assez de femmes, Romulus décida de prendre celles de ses voisins sabins qu'il avait invités à l'occasion des jeux des Consualia.*

**Primus sollicitos fecisti, Romule, ludos,**
**Cum juvit viduos rapta Sabina viros.**
**Tunc neque marmoreo pendebant vela theatro[1],**
**Nec fuerant liquido pulpita rubra croco[2] ;**
**Illic quas tulerant nemorosa Palatia[3], frondes**
**Simpliciter positae[4], scena sine arte fuit ;**
**In gradibus sedit populus de caespite factis,**
**Qualibet hirsutas fronde tegente comas.**
**Respiciunt[5], oculisque notant sibi quisque[6] puellam**
**Quam velit, et tacito pectore[7] multa movent[8].**
**Dumque, rudem praebente modum tibicine Tusco,**
**Ludius aequatam ter pede pulsat humum,**
**In medio plausu[9] (plausus tunc arte[10] carebant)**
**Rex populo praedae[11] signa petita dedit.**
**Protinus exiliunt, animum clamore fatentes,**
**Virginibus cupidas iniciuntque[12] manus.**
**Ut fugiunt aquilas, timidissima turba, columbae,**
**Ut fugit invisos agna novella lupos :**
**Sic illae timuere viros sine more ruentes ;**
**Constitit in nulla[13] qui fuit ante color.**
**Nam timor unus erat, facies non una timoris :**
**Pars laniat crines, pars sine mente sedet ;**
**Altera maesta silet, frustra vocat altera matrem :**
**Haec queritur, stupet haec ; haec manet, illa fugit ;**
**Ducuntur raptae, genialis praeda, puellae,**

**Et potuit multas ipse decere timor.**
**Siqua repugnarat[14] nimium comitemque negabat,**
**Sublatam cupido vir tulit ipse sinu,**
**Atque ita « quid teneros lacrimis corrumpis ocellos ?**
**Quod matri pater est, hoc[15] tibi, dixit, ero. »**
**Romule, militibus scisti dare commoda solus :**
**Haec mihi si dederis commoda, miles ero.**
**Scilicet ex illo sollemnia more theatra**
**Nunc quoque formosis insidiosa manent.**

NOTES

1. **marmoreo [...] theatro :** *ablatif de lieu sans préposition.*
2. **liquido [...] croco :** *ablatif instrumental, complément de* rubra *; on répandait sur la scène du safran mélangé à du vin pour diffuser une odeur agréable.*
3. **Palatia :** *pluriel poétique.*
4. **positae :** *il faut sous-entendre* fuerunt.
5. **respiciunt :** *au théâtre, les femmes occupaient les derniers rangs.*
6. **sibi quisque :** chacun pour soi.
7. **tacito pectore :** *ablatif de lieu sans préposition.*
8. **multa movere :** *ici* agiter de nombreuses pensées.
9. **in medio plausu :** au milieu des applaudissements (*cf. la règle* summa arbor = la cime de l'arbre).
10. **ars :** *a ici le sens d'*artifice.
11. **praedae :** *datif de but.*
12. **-que :** *coordonne la proposition dont le verbe est* iniciunt *à la proposition précédente.*
13. **nulla :** *il faut sous-entendre* puella.
14. **repugnarat = repugnaverat.**
15. **hoc :** *antécédent de la proposition relative introduite par* quod.

## Traduction des vers 101 à 108

### 1. Traduction de Charles Héguin de Guerle (1836)

Romulus tu mêlas le premier aux jeux publics les soucis de l'amour, lorsque l'enlèvement des Sabines consola tes sujets de leur long veuvage. Alors la toile, en rideaux suspendue, ne décorait pas de théâtre de marbre ; le safran liquide ne rougissait pas encore la scène. Alors des guirlandes de feuillages, dépouille des bois du mont Palatin étaient l'unique ornement d'un théâtre sans art. Sur des bancs de gazon, disposés en gradins, était assis le peuple, les cheveux négligemment couronnés de verdure.

❑❑❑❑❑❑❑ **2. Traduction de Charles Nisard (1838)**

C'est toi, Romulus, qui mêlas le premier aux jeux publics les soucis de l'amour, lorsque l'enlèvement des Sabines donna enfin des épouses à tes guerriers. Alors la toile, en rideaux suspendue, ne décorait pas des théâtres de marbre ; le safran liquide ne rougissait pas encore la scène. Alors des guirlandes de feuillage, dépouille des bois du mont Palatin, étaient l'unique ornement d'un théâtre sans art. Sur des bancs de gazon, disposés en gradins, était assis le peuple, les cheveux négligemment couverts.

❑❑❑❑❑❑❑ **3. Traduction de Henry Bornecque (1924), revue par Philippe Heuzé (© Les Belles Lettres, 1994)**

C'est toi qui, le premier, Romulus, as jeté le trouble dans les jeux, lorsque l'enlèvement des Sabines fit le bonheur de tes hommes, privés de femmes. Alors un voile ne couvrait pas un théâtre de marbre et la scène n'était pas arrosée de la rouge essence du safran. À ce moment les branchages, fournis par les bois du Palatin et disposés sans apprêt, constituaient un fond de scène où l'art n'intervenait pas. Sur des gradins de gazon s'assirent les spectateurs, qui, d'un feuillage quelconque, protégeaient leur chevelure hirsute.

## Entraînement au BAC

**1 Langue.** Relevez les ablatifs des vers 101 à 116 et classez-les selon leurs emplois.

**2 Traduction.** Lisez attentivement les trois traductions des vers 101 à 108. Relevez deux exemples montrant que les traducteurs n'ont pas retenu le même sens pour un même mot latin.

**3 Analyse**

**a.** Étudiez les termes de la description de Rome du temps de Romulus. Quelle époque Ovide vous semble-t-il préférer ?

**b.** Étudiez les procédés (lexique, constructions, etc.) utilisés pour rendre la violence de l'épisode.

**c.** Repérez les deux vers qui justifient le récit de cet épisode dans *L'Art d'aimer*. Comment pouvez-vous expliquer la présence d'un tel passage dans cet ouvrage ?

**4 Version.** Traduisez les vers 119 à 126.

Vers 135 à 176 ➤ traduction p. 170-171

Nec te nobilium fugiat certamen equorum ;
Multa capax populi commoda Circus habet.
Nil opus est digitis, per quos arcana loquaris,
Nec tibi per nutus accipienda nota est :
Proximus a domina, nullo prohibente, sedeto,
Junge tuum lateri qua potes usque latus ;
Et bene, quod cogit, si nolis, linea jungi,
Quod tibi tangenda est lege puella loci.
Hic tibi quaeratur socii sermonis origo,
Et moveant primos publica verba sonos.
Cujus equi veniant, facito, studiose, requiras :
Nec mora, quisquis erit, cui favet illa, fave.
At cum pompa frequens certantibus ibit ephebis,
Tu Veneri dominae plaude favente manu ;
Utque fit, in gremium pulvis si forte puellae
Deciderit, digitis excutiendus erit :
Et si nullus erit pulvis, tamen excute nullum :
Quaelibet officio causa sit apta tuo.
Pallia si terra nimium demissa jacebunt,
Collige, et inmunda sedulus effer humo ;
Protinus, officii pretium, patiente puella
Contingent oculis crura videnda tuis.
Respice praeterea, post vos quicumque sedebit,
Ne premat opposito mollia terga genu.
Parva leves capiunt animos : fuit utile multis
Pulvinum facili composuisse manu.
Profuit et tenui vento movisse tabella,
Et cava sub tenerum scamna dedisse pedem.
Hos aditus Circusque novo praebebit amori,
Sparsaque sollicito tristis harena foro.
Illa saepe puer Veneris pugnavit harena,
Et qui spectavit vulnera, vulnus habet.
Dum loquitur tangitque manum poscitque libellum
Et quaerit posito pignore, vincat uter,

**Saucius ingemuit telumque volatile sensit,**
**Et pars spectati muneris ipse fuit.**

**Quid, modo cum belli navalis imagine Caesar**
**Persidas induxit Cecropiasque rates ?**
**Nempe ab utroque mari juvenes, ab utroque puellae**
**Venere, atque ingens orbis in Urbe fuit.**
**Quis non invenit turba, quod amaret, in illa ?**
**Eheu, quam multos advena torsit amor !**

## 3. La cérémonie de triomphe

Vers 177 à 228 ➤ traduction p. 171-172

*Dans la liste des lieux de rencontre possibles figurent les cérémonies de triomphe. C'est l'occasion pour Ovide d'évoquer l'expédition contre les Parthes pour laquelle Gaius, le petit-fils (et fils adoptif) d'Auguste, s'apprête à partir.*

**Ecce, parat Caesar[1] domito quod defuit orbi**
**Addere : nunc, oriens ultime[2], noster eris.**
**Parthe, dabis poenas : Crassi gaudete sepulti[3],**
**Signaque barbaricas non bene passa manus.**
**Ultor[4] adest, primisque ducem profitetur in annis,**
**Bellaque non puero[5] tractat agenda puer.**
**Parcite natales timidi numerare deorum :**
**Caesaribus virtus contigit ante diem[6].**
**Ingenium caeleste suis velocius annis**
**Surgit, et ignavae fert male damna morae.**
**Parvus erat, manibusque duos Tirynthius[7] angues**
**Pressit, et in cunis jam Jove dignus erat.**
**Nunc quoque qui puer es, quantus tum, Bacche, fuisti,**
**Cum timuit thyrsos[8] India victa tuos ?**
**Auspiciis annisque patris, puer, arma movebis,**
**Et vinces annis auspiciisque patris :**
**Tale rudimentum tanto sub nomine debes,**
**Nunc juvenum princeps, deinde future senum ;**
**Cum tibi sint fratres, fratres ulciscere laesos :**
**Cumque pater tibi sit, jura tuere patris[9].**
**Induit arma tibi genitor patriaeque tuusque :**
**Hostis ab invito regna parente rapit ;**
**Tu pia tela feres, sceleratas ille sagittas :**
**Stabit pro signis jusque piumque[10] tuis.**
**Vincuntur causa Parthi : vincantur et armis ;**
**Eoas Latio dux meus addat opes.**
**Marsque pater Caesarque pater, date numen eunti :**
**Nam deus e vobis alter es, alter eris.**

**Auguror, en, vinces ; votivaque carmina reddam,**
**Et magno nobis ore sonandus eris.**
**Consistes, aciemque meis hortabere verbis ;**
**O desint animis ne mea verba tuis !**
**Tergaque Parthorum Romanaque pectora dicam,**
**Telaque, ab averso quae jacit hostis equo.**
**Qui fugis ut vincas, quid victo, Parthe, relinquis ?**
**Parthe, malum jam nunc Mars tuus omen habet.**
**Ergo erit illa dies, qua tu, pulcherrime rerum,**
**Quattuor in niveis aureus ibis equis.**
**Ibunt ante duces onerati colla[11] catenis,**
**Ne possint tuti, qua[12] prius, esse fuga.**
**Spectabunt laeti juvenes mixtaeque puellae,**
**Diffundetque animos omnibus ista dies.**
**Atque aliqua ex illis cum regum nomina quaeret,**
**Quae loca, qui montes, quaeve ferantur aquae[13],**
**Omnia responde, nec tantum siqua rogabit ;**
**Et quae nescieris, ut bene nota refer.**
**Hic est Euphrates, praecinctus harundine frontem :**
**Cui coma dependet caerula, Tigris erit.**
**Hos facito Armenios[14] ; haec est Danaeia Persis :**
**Urbs in Achaemeniis vallibus ista fuit.**
**Ille vel ille, duces ; et erunt quae nomina[15] dicas,**
**Si poteris, vere, si minus, apta tamen.**

## NOTES

1. **Caesar :** *désigne Auguste.*
2. **ultime :** *vocatif masculin singulier.*
3. **Crassi [...] sepulti :** *Crassus a trouvé la mort à Carrhes, lors de la guerre contre les Parthes et son corps est resté en territoire ennemi.*
4. **ultor :** *désigne Gaius, le petit-fils d'Auguste, ce dernier étant trop vieux pour partir au combat.*
5. **puero :** *datif complément d'agent de l'adjectif verbal* agenda.
6. **diem :** *a ici le sens d'*âge.
7. **Tirynthius :** Hercule.
8. **thyrsos :** *pluriel poétique.*
9. **fratres [...] laesos [...] patris :** *il s'agit des frères et du père de Phraataces, roi des Parthes qui, pour avoir le pouvoir, fit envoyer ses frères comme otages à Rome et tua son père.* Jura patris *désigne le droit d'un père à choisir qui lui succèdera ; droit que Phraataces a bafoué en exilant ses frères, rendant ainsi impossible l'accession de l'un d'eux au trône de la Parthie.*
10. **jusque piumque :** pieuse justice.
11. **colla :** *accusatif de relation* ; quant au cou (*emploi réservé aux parties du corps*).
12. *Il faut lire* qua <tuti fuerunt> prius.
13. *Lors des triomphes, il arrivait que l'on montrât des représentations des territoires conquis, sous forme de tableaux ou de personnifications.*
14. **Armenios :** *attribut du complément d'objet direct.*
15. **nomina :** *antécédent dans la relative.*

## Traduction des vers 209 à 216

❑ ❑ ❑ ❑ ❑ ❑ ❑

### 1. Traduction de Desaintange (1807)

Le Parthe fugitif ne pourra fuir ta loi
Parthe, qui fuis pour vaincre, enfin ta fuite est vaine,
Tu trembles ; aux vaincus tu rends l'aigle romaine.
Il viendra ce beau jour où le fils de César
À quatre chevaux blancs attellera son char,
Où les chefs des vaincus enchaînés à sa suite
Imploreront en vain le secours de la fuite.

❑ ❑ ❑ ❑ ❑ ❑ ❑

### 2. Traduction de Charles Héguin de Guerle (1836)

Je dirai le Parthe tournant le dos, et le Romain opposant sa poitrine aux traits que l'ennemi lui lance en fuyant. Toi qui fuis pour vaincre, ô Parthe, pourquoi laisser la victoire au vaincu ? Parthe, désormais pour toi Mars n'a plus que de funestes présages. Il viendra donc ce jour, ô le plus beau des mortels ! où, traîné par quatre chevaux blancs, tu t'avanceras dans nos murs ! Devant toi marcheront, le cou chargé de chaînes, les généraux ennemis : ils ne pourront plus comme naguère, chercher leur salut dans la fuite.

❑ ❑ ❑ ❑ ❑ ❑ ❑

### 3. Traduction de Henry Bornecque (1924), revue par Philippe Heuzé (© Les Belles Lettres, 1994)

Je peindrai les Parthes tournant le dos, les Romains présentant leur poitrine, et les traits que, de son cheval, l'ennemi lance tout en s'éloignant du combat. Toi qui fuis pour vaincre, ô Parthe, que laisses-tu donc au vaincu ? Ô Parthe, désormais c'est un présage funeste qu'a pour toi Mars, ton dieu favori.

Donc nous verrons ce beau jour où toi, plus beau que tout, tu t'avanceras couvert d'or, tiré par quatre chevaux blancs. On verra s'avancer devant toi les généraux ennemis, le cou chargé de chaînes, pour qu'ils ne puissent pas, comme auparavant, chercher leur salut dans la fuite.

## Entraînement au BAC

**1** **Langue.** Relevez et étudiez les formes verbales au futur. Commentez plus particulièrement l'emploi du futur antérieur.

**2** **Traduction.** Comparez les différentes traductions proposées ci-dessus et, en vous appuyant sur des exemples précis, dites quelle traduction se rapproche le plus, selon vous, du texte latin.
Quelle différence de sens remarquez-vous entre les traductions 2 et 3 du vers 211 ? Comment l'expliquez-vous ?

**3** **Analyse**
**a.** Ce type de texte s'appelle un *propemptikon* (du grec *propempo* : « envoyer ») et consiste à souhaiter la réussite de celui qui s'apprête à partir. Distinguez les différents mouvements du texte et commentez la façon dont le poète s'y prend pour que l'on ne doute pas de la réussite de l'expédition contre les Parthes.
**b.** Observez le nombre de vers consacrés au sujet de l'œuvre à proprement parler ? Qu'en pensez-vous ? Quel peut-être l'intérêt d'un tel texte dans *L'Art d'aimer* ?

**4** **Version.** Traduisez les vers 201 à 208.

Vers 229 à 268 traduction p. 172-173

Dant etiam positis aditum convivia mensis :
Est aliquid praeter vina, quod inde petas.
Saepe illic poti teneris adducta lacertis
Purpureus Bacchi cornua pressit Amor :
Vinaque cum bibulas sparsere Cupidinis alas,
Permanet et capto stat gravis ille loco.
Ille quidem pennas velociter excutit udas :
Sed tamen et spargi pectus amore nocet.
Vina parant animos faciuntque caloribus aptos :
Cura fugit multo diluiturque mero.
Tunc veniunt risus, tum pauper cornua sumit,
Tum dolor et curae rugaque frontis abit.
Tunc aperit mentes aevo rarissima nostro
Simplicitas, artes excutiente deo.
Illic saepe animos juvenum rapuere puellae,
Et Venus in vinis ignis in igne fuit.
Hic tu fallaci nimium ne crede lucernae :
Judicio formae noxque merumque nocent.
Luce deas caeloque Paris spectavit aperto,
Cum dixit Veneri « vincis utramque, Venus » ;
Nocte latent mendae, vitioque ignoscitur omni,
Horaque formosam quamlibet illa facit.
Consule de gemmis, de tincta murice lana,
Consule de facie corporibusque diem.

Quid tibi femineos coetus venatibus aptos
Enumerem ? numero cedet harena meo.
Quid referam Baias, praetextaque litora Bais,
Et quae de calido sulpure fumat aqua ?
Hinc aliquis vulnus referens in pectore dixit
« Non haec, ut fama est, unda salubris erat. »
Ecce suburbanae templum nemorale Dianae
Partaque per gladios regna nocente manu :

**Illa, quod est virgo, quod tela Cupidinis odit,**
**Multa dedit populo vulnera, multa dabit.**

**Hactenus, unde legas quod ames, ubi retia ponas,**
**Praecipit imparibus vecta Thalia rotis.**
**Nunc tibi, quae placuit, quas sit capienda per artes,**
**Dicere praecipuae molior artis opus.**
**Quisquis ubique, viri, dociles advertite mentes,**
**Pollicitisque favens, vulgus, adeste meis.**

## 4. Les raisons d'avoir confiance en soi

**Vers 269 à 350 ➤ traduction p. 173-175**

*Dans les vers qui précèdent ce passage (v. 265-268), Ovide annonce qu'il va traiter des moyens de plaire. Mais l'exposé de ces moyens est en fait retardé jusqu'au vers 435. Avant cela, le poète évoque trois points préliminaires qui assureront la réussite de l'entreprise : la confiance en soi, la complicité de la servante et le moment propice.*

Prima tuae menti veniat fiducia, cunctas
Posse capi ; capies, tu modo tende plagas.
Vere prius volucres taceant, aestate cicadae,
Maenalius lepori det sua terga canis,
Femina quam juveni blande temptata repugnet :
Haec quoque, quam poteris credere nolle, volet.
Utque viro furtiva venus, sic grata puellae ;
Vir male dissimulat, tectius illa cupit.
Conveniat maribus ne quam nos ante rogemus,
Femina jam partes victa rogantis agat.
Mollibus in pratis admugit femina tauro,
Femina cornipedi semper adhinnit equo.
Parcior in nobis nec tam furiosa libido ;
Legitimum finem flamma virilis habet.
Byblida quid referam, vetito quae fratris amore
Arsit et est laqueo fortiter ulta nefas ?
Myrrha patrem, sed non qua filia debet, amavit,
Et nunc obducto cortice pressa latet ;
Illius lacrimis, quas arbore fundit odora,
Unguimur, et dominae nomina gutta tenet.
Forte sub umbrosis nemorosae vallibus Idae
Candidus, armenti gloria, taurus erat,
Signatus tenui media inter cornua nigro ;
Una fuit labes, cetera lactis erant.
Illum Gnosiadesque Cydoneaeque juvencae
Optarunt tergo sustinuisse suo.
Pasiphae fieri gaudebat adultera tauri ;

Invida formosas oderat illa boves.
Nota cano : non hoc, centum quae sustinet urbes,
Quamvis sit mendax[1], Creta negare potest.
Ipsa novas frondes et prata tenerrima tauro
Fertur inadsueta subsecuisse manu.
It comes armentis, nec ituram cura moratur
Conjugis, et Minos a bove victus erat.
Quo tibi, Pasiphae, pretiosas sumere vestes ?
Ille tuus nullas sentit adulter opes.
Quid tibi cum speculo montana armenta petenti ?
Quid totiens positas fingis, inepta, comas ?
Crede tamen speculo, quod te negat esse juvencam.
Quam cuperes fronti cornua nata tuae !
Sive placet Minos, nullus quaeratur adulter ;
Sive virum mavis fallere, falle viro !
In nemus et saltus thalamo regina relicto
Fertur, ut Aonio concita Baccha deo[2].
A, quotiens vaccam vultu spectavit iniquo,
Et dixit « domino cur placet ista meo ?
Adspice ut ante ipsum teneris exultet in herbis.
Nec dubito quin se stulta decere putet. »
Dixit, et ingenti jamdudum de grege duci
Jussit et inmeritam sub juga curva trahi,
Aut cadere ante aras commentaque sacra coegit,
Et tenuit laeta paelicis exta manu.
Paelicibus quotiens placavit numina caesis,
Atque ait, exta tenens « ite, placete meo ! »
Et modo se Europen[3] fieri, modo postulat Io[4],
Altera quod bos est, altera vecta bove.
Hanc tamen implevit, vacca deceptus acerna[5],
Dux gregis, et partu proditus auctor erat[6].
Cressa[7] Thyesteo si se abstinuisset amore
(Et quantum est uni posse placere viro !),
Non medium rupisset iter, curruque retorto
Auroram versis Phoebus adisset equis.
Filia[8] purpureos Niso furata capillos

Pube premit rabidos inguinibusque canes.
Qui Martem terra, Neptunum effugit in undis,
Conjugis Atrides victima dira fuit.
Cui non defleta est Ephyraeae flamma[9] Creusae,
Et nece natorum sanguinolenta parens ?
Flevit Amyntorides per inania lumina Phoenix ;
Hippolytum pavidi diripuistis equi.
Quid fodis inmeritis, Phineu, sua lumina natis ?
Poena reversura est in caput ista tuum.
Omnia feminea sunt ista libidine mota ;
Acrior est nostra plusque furoris habet.
Ergo age, ne dubita cunctas sperare puellas ;
Vix erit e multis, quae neget, una tibi.
Quae dant quaeque negant, gaudent tamen esse rogatae.
Ut jam fallaris, tuta repulsa tua est.
Sed cur fallaris, cum sit nova grata voluptas
Et capiant animos plus aliena suis ?
Fertilior seges est alienis semper in agris,
Vicinumque pecus grandius uber habet.

## NOTES

1. *La réputation des Crétois est d'être des menteurs.*
2. **Aonio [...] deo :** *désigne Bacchus.*
3. *Europe était une belle princesse phénicienne. Pour la séduire tout en échappant à la jalousie de Junon, Jupiter se changea en taureau blanc et l'enleva.*
4. *Io était une prêtresse au temple d'Héra à Argos et la maîtresse de Jupiter. Quand Junon découvrit cette liaison, Jupiter changea Io en belle génisse blanche et continua de la fréquenter, en se changeant lui-même en taureau.*
5. **acerna vacca :** *cette vache d'érable fait allusion à une fausse vache que Dédale fabriqua pour Pasiphaé, afin que cette dernière puisse attirer le taureau.*
6. *Le fruit de cette union est le Minotaure.*
7. **Cressa :** *il s'agit d'Aéropè, petite-fille de Minos, le roi de Crète.*
8. **filia :** *il s'agit de Scylla. Ici, Ovide mêle deux légendes distinctes car il existe deux Scylla : l'une, fille de Minos et l'autre, associée à Charybde.*
9. **flamma :** *jeu de mot car* flamma *peut renvoyer à la fois à la passion dont brûla Créuse pour Jason mais aussi au sens propre, à la façon dont elle périt ; en effet, jalouse de sa rivale, Médée la tua en enduisant d'un poison la robe de Créuse qui prit feu.*

## Vers le commentaire

**1** Proposez un plan de ce passage.

**2** Faites des recherches pour élucider les mythes dont il est question. Quel point commun tous ces exemples présentent-ils ?

**3** Quels traits de caractère des femmes sont ici mis en avant (d'après les comparaisons et les exemples des héroïnes mythiques) ?

**4** Pourquoi ce passage peut-il être qualifié d'immoral ?

Vers 351 à 396 ➤ traduction p. 175-176

Sed prius ancillam captandae nosse puellae
Cura sit : accessus molliet illa tuos.
Proxima consiliis dominae sit ut illa, videto,
Neve parum tacitis conscia fida jocis.
Hanc tu pollicitis, hanc tu corrumpe rogando :
Quod petis, ex facili, si volet illa, feres.
Illa leget tempus (medici quoque tempora servant)
Quo facilis dominae mens sit et apta capi.
Mens erit apta capi tum, cum laetissima rerum
Ut seges in pingui luxuriabit humo.
Pectora dum gaudent nec sunt adstricta dolore,
Ipsa patent, blanda tum subit arte Venus.
Tum, cum tristis erat, defensa est Ilios armis :
Militibus gravidum laeta recepit equum.
Tum quoque temptanda est, cum paelice laesa dolebit :
Tum facies opera, ne sit inulta, tua.
Hanc matutinos pectens ancilla capillos
Incitet, et velo remigis addat opem,
Et secum tenui suspirans murmure dicat
« Ut, puto, non poteris ipsa referre vicem. »
Tum de te narret, tum persuadentia verba
Addat, et insano juret amore mori.
Sed propera, ne vela cadant auraeque residant :
Ut fragilis glacies, interit ira mora.
Quaeris, an hanc ipsam prosit violare ministram ?
Talibus admissis alea grandis inest.
Haec a concubitu fit sedula, tardior illa,
Haec dominae munus te parat, illa sibi.
Casus in eventu est : licet hic indulgeat ausis,
Consilium tamen est abstinuisse meum.
Non ego per praeceps et acuta cacumina vadam,
Nec juvenum quisquam me duce captus erit.
Si tamen illa tibi, dum dat recipitque tabellas,
Corpore, non tantum sedulitate placet,

**Fac domina potiare prius, comes illa sequatur :**
**Non tibi ab ancilla est incipienda Venus.**
**Hoc unum moneo, siquid modo creditur arti,**
**Nec mea dicta rapax per mare ventus agit :**
**Aut numquam temptes aut perfice ; tollitur index,**
**Cum semel in partem criminis ipsa venit.**
**Non avis utiliter viscatis effugit alis ;**
**Non bene de laxis cassibus exit aper.**
**Saucius arrepto piscis teneatur ab hamo :**
**Perprime temptatam, nec nisi victor abi.**
**Sed bene celetur : bene si celabitur index,**
**Notitiae suberit semper amica tuae.**

# 5. Les occasions propices à la séduction

Vers 397 à 434 ➤ traduction p. 176-177

*Se lancer dans la conquête d'une femme requiert une certaine préparation : cela commence par la conviction que toutes les femmes peuvent être prises (v. 269-350) ; ensuite, il faut s'assurer la complicité des servantes (v. 351-396) ; enfin, il faut être attentif aux circonstances.*

**Tempora qui solis[1] operosa colentibus arva,**
**Fallitur, et nautis aspicienda putat[2] ;**
**Nec semper credenda[3] Ceres fallacibus arvis,**
**Nec semper viridi concava puppis aquae,**
**Nec teneras semper tutum captare[4] puellas :**
**Saepe dato melius tempore[5] fiet idem.**
**Sive dies suberit[6] natalis[7], sive Kalendae,**
**Quas Venerem Marti continuasse juvat[8],**
**Sive erit ornatus, non, ut fuit ante, sigillis,**
**Sed regum positas Circus habebit opes[9],**
**Differ opus : tunc tristis hiems, tunc Pliades[10] instant,**
**Tunc tener aequorea mergitur Haedus aqua[11] ;**
**Tunc bene desinitur[12] : tunc siquis creditur alto[13],**
**Vix tenuit lacerae naufraga membra ratis.**
**Tu licet[14] incipias qua flebilis Allia[15] luce**
**Vulneribus Latiis sanguinolenta fuit,**
**Quaque die redeunt, rebus minus apta gerendis,**
**Culta Palaestino septima festa[16] Syro.**
**Magna superstitio[17] tibi sit natalis amicae :**
**Quaque aliquid dandum est, illa sit atra dies.**
**Cum bene vitaris[18], tamen auferet ; invenit artem**
**Femina, qua cupidi carpat amantis opes.**
**Institor ad dominam veniet discinctus[19] emacem,**
**Expediet merces teque[20] sedente suas :**
**Quas illa inspicias, sapere ut videare[21], rogabit[22] :**
**Oscula deinde dabit ; deinde rogabit emas.**

**Hoc fore[23] contentam multos jurabit in annos,**
**Nunc opus esse sibi, nunc bene dicet emi[24].**
**Si non esse domi[25], quos des, causabere nummos,**
**Littera[26] poscetur, ne didicisse juvet[27].**
**Quid, quasi[28] natali cum poscit munera libo,**
**Et, quotiens opus est, nascitur illa, sibi ?**
**Quid, cum mendaci damno maestissima plorat,**
**Elapsusque cava fingitur aure lapis ?**
**Multa rogant reddenda dari, data reddere nolunt :**
**Perdis, et in damno gratia nulla tuo.**
**Non mihi[29], sacrilegas meretricum ut persequar artes,**
**Cum totidem linguis sint satis ora decem.**

## NOTES

1. **solis :** *porte à la fois sur* colentibus *et sur* nautis.
2. *Les vers 397-398 se construisent ainsi :* fallitur qui putat… aspicienda < esse >.
3. *Il faut lire* credenda < est >.
4. **captare :** *est le sujet de la proposition.*
5. **tempore dato :** à un moment précis.
6. **subsum :** *ici* être proche, approcher.
7. **natalis :** *l'anniversaire était à Rome une fête importante.*
8. **juvat :** *verbe impersonnel ; il est question dans ce vers du 1er avril, date à laquelle a lieu la fête de Vénus, c'est-à-dire la fête des femmes.*
9. **opes regum :** *désigne des objets précieux, par opposition aux* sigilla, *statuettes en terre cuite. Ces deux vers font certainement allusion aux fêtes des Saturnales et des Sigillaria (qui se déroulaient le 17 décembre), à l'occasion desquelles il y aurait eu, au Cirque, une exposition d'objets modestes d'abord puis de plus en plus précieux.*
10. *Il s'agit du coucher des Pléiades (8-11 novembre), qui amène ordinairement des tempêtes.*
11. *Au commencement d'octobre, période connue pour être particulièrement dangereuse pour la navigation.*
12. **desinitur :** *passif impersonnel.*
13. **altum, i, n :** la haute mer.
14. **tu licet + subjonctif :** tu peux...
15. **luce qua flebilis Allia… :** luce *(antécédent dans la relative) a le sens de* jour. *Cette périphrase désigne le 18 juillet, date à laquelle les Romains ont été défaits par les Gaulois en 390 avant J.-C., sur les bords de l'Allia (fleuve sabin). Ce jour est férié et les boutiques sont donc fermées.*
16. **festum, i, n :** le jour de fête, le jour férié. *Le vers 414 est une périphrase désignant le jour du Sabbah.*
17. **superstitio :** *a ici le sens d'*objet de crainte religieuse.
18. **vitaris = vitaveris.**
19. **discinctus :** à son aise.
20. **-que :** *coordonne* veniet *et* expediet.
21. **videare = videaris.**
22. **rogare :** *se construit ici directement avec le subjonctif.*
23. **fore = futuram esse.**
24. **bene emere :** acheter à un bon prix, faire une affaire.
25. **domi :** sous la main.
26. **littera :** une lettre garantissant un paiement ultérieur.
27. **ne didicisse juvet :** pour te faire regretter de savoir écrire. *Le parfait de* disco a un sens résultatif : avoir appris, *donc* savoir. Didicisse *peut se comprendre absolument, avec le sens d'*être instruit, *mais peut également être construit en sous-entendant* litteras, *qui serait alors à tirer du* littera *qui précède :* savoir écrire.
28. **quasi :** *porte sur* natali.
29. **non mihi… sint satis :** ne me suffiraient pas.

## Traduction des vers 415 à 426

**1. Traduction de Desaintange (1807)**

Chaque jour où l'on donne est un jour malheureux.
Crains donc le jour natal de l'objet de tes vœux.
Une femme a tant d'art, on est dupe, et l'on donne.
L'amant est un captif qu'une belle rançonne.
Un habile marchand exact au rendez-vous,
Chez elle en ta présence étale ses bijoux.
Ta belle sur leur prix te choisit pour arbitre,
Et t'honore du nom de connaisseur en titre.
À ces propos flatteurs on ajoute un baiser,
On attend un cadeau : peux-tu le refuser ?
De ce don pour longtemps on sera satisfaite ;
Mais on en a besoin : c'est le temps de l'emplette.

**2. Traduction de Charles Nisard (1838)**

Que l'anniversaire de la naissance de ton amie t'inspire une sainte horreur, et regarde comme néfastes les jours où il faudra lui faire un présent.

Tu auras beau chercher à l'éviter, elle t'arrachera quelque cadeau : une femme sait toujours trouver les moyens de s'approprier l'argent d'un amant passionné. Un colporteur à la robe traînante se présentera devant ta maîtresse, toujours prête à acheter, et, devant toi, il étalera toutes ses marchandises ; et la belle, pour te fournir l'occasion de montrer ton bon goût, te priera de les examiner puis elle te donnera un baiser ; puis enfin elle te suppliera de faire quelque emplette : « Ceci, dit-elle, me suffira pour plusieurs années ; j'en ai besoin aujourd'hui, et vous ne pourrez jamais acheter plus à propos ».

**3. Traduction de Henry Bornecque (1924), revue par Philippe Heuzé (© Les Belles Lettres, 1994)**

Prends bien garde à l'anniversaire de ton amie, et que le jour où il faut faire un cadeau soit néfaste à tes yeux ! Tu auras beau t'en défendre, elle t'arrachera quelque chose : la femme a trouvé l'art de s'approprier l'argent d'un amant passionné. Un colporteur aux manières dégagées viendra chez ton amie, toujours prête à acheter ; il déballera ses marchandises devant toi qui es assis là ; elle te demandera d'y jeter un coup d'œil, pour te fournir l'occasion de montrer ton goût ; ensuite elle te donnera des baisers ; ensuite elle te demandera de faire certaines emplettes. Elle jurera qu'elles lui suffiront pour de nombreuses années ; aujourd'hui elle en a besoin ; aujourd'hui c'est une occasion.

❑❑❑❑❑❑❑ **4. Traduction de Michel Grodent (© Éditions Complexe, 2005)**

L'anniversaire, par exemple, doit être marqué d'une pierre noire.
Le jour où il faut donner quelque chose, c'est un jour néfaste.
On a beau se défiler, elles arrivent toujours à leurs fins :
les femmes ont trouvé l'art de plumer les amoureux transis.
Un colporteur décontracté débarque comme par hasard
chez la belle dépensière
et devant nous qui sommes tranquillement assis, il déploie sa camelote.
« Fais-nous voir que tu as du goût », nous dit-elle,
en nous priant de bien regarder les bijoux de son choix.
Elle jure que cela suffira pour des années,
Mais que c'est aujourd'hui qu'elle en a besoin,
Parce que « c'est aujourd'hui qu'on fait de bonnes affaires ».

## Entraînement au BAC

**1** **Langue.** Relevez et étudiez les propositions relatives de ce passage : place, antécédent, mode, fonction...

**2** **Traduction.** Comparez les différentes traductions ci-dessus et, en vous appuyant sur des exemples précis, dites celle qui, selon vous, rend le mieux compte de la lettre et de l'esprit du texte latin.

**3** **Analyse**

**a.** Étudiez la façon dont Ovide compare l'entreprise amoureuse à l'agriculture et à la navigation dans les vers 397 à 410.

**b.** Quels sont, pour l'amant, les moments à éviter, à préférer ? pour quelles raisons ?

**c.** Comment Ovide rend-il très vivant le portrait qu'il fait des femmes (v. 416 à 432) ?

**d.** Relisez l'ensemble du passage et dites pourquoi l'on peut dire qu'Ovide y fait preuve d'un certain humour ?

**4** **Version.** Traduisez les vers 427 à 434.

## 6. L'art de parler

Vers 435 à 484 ➤ traduction p. 177-178

*Après les considérations préliminaires, Ovide entre dans le cœur de son sujet : comment gagner le cœur d'une femme. Le premier conseil est de savoir trouver les mots qui la convaincront.*

**Cera vadum temptet, rasis infusa tabellis :**
**Cera tuae primum conscia mentis eat.**
**Blanditias ferat illa tuas imitataque amantem**
**Verba ; nec[1] exiguas, quisquis es, adde preces.**
**Hectora donavit Priamo prece motus Achilles[2] ;**
**Flectitur iratus voce rogante deus[3].**
**Promittas facito : quid[4] enim promittere laedit ?**
**Pollicitis dives quilibet esse potest.**
**Spes tenet in tempus, semel est si credita, longum :**
**Illa quidem fallax, sed tamen apta dea est.**
**Si dederis aliquid, poteris ratione[5] relinqui :**
**Praeteritum tulerit[6], perdideritque nihil.**
**At quod non dederis, semper videare daturus :**
**Sic dominum sterilis saepe fefellit ager ;**
**Sic, ne perdiderit, non cessat perdere lusor,**
**Et revocat cupidas alea saepe manus.**
**Hoc[7] opus, hic[7] labor est, primo[8] sine munere jungi[9] ;**
**Ne dederit gratis quae dedit, usque[10] dabit.**
**Ergo eat et blandis peraretur littera[11] verbis,**
**Exploretque animos, primaque temptet iter.**
**Littera Cydippen pomo perlata fefellit,**
**Insciaque est verbis capta puella suis[12].**

**Disce bonas artes[13], moneo, Romana juventus,**
**Non tantum trepidos ut tueare reos ;**
**Quam populus judexque gravis lectusque senatus,**
**Tam dabit eloquio victa puella manus[14].**
**Sed lateant vires, nec sis in fronte[15] disertus ;**

Effugiant voces verba molesta[16] tuae.
Quis, nisi mentis inops, tenerae declamat amicae ?
Saepe valens odii littera causa fuit.
Sit tibi credibilis[17] sermo consuetaque verba,
Blanda tamen, praesens ut videare loqui.
Si non accipiet scriptum inlectumque remittet,
Lecturam spera propositumque tene.
Tempore difficiles veniunt ad aratra juvenci,
Tempore lenta[18] pati frena docentur equi ;
Ferreus adsiduo consumitur anulus usu,
Interit adsidua vomer aduncus humo.
Quid magis est saxo durum, quid mollius unda ?
Dura tamen molli saxa cavantur aqua.
Penelopen ipsam, persta modo, tempore vinces :
Capta vides sero Pergama[19], capta tamen.
Legerit et nolit rescribere ? cogere noli :
Tu modo blanditias fac legat usque[20] tuas.
Quae voluit legisse, volet rescribere lectis :
Per numeros[21] veniunt ista gradusque suos.
Forsitan et primo veniet tibi littera tristis,
Quaeque roget ne se sollicitare velis.
Quod[22] rogat illa, timet[23] ; quod[24] non rogat, optat[23], ut instes ;
Insequere, et voti postmodo compos eris.

## NOTES

1. **nec :** *porte sur* exiguas.
2. *Épisode de la guerre de Troie raconté dans le chant XXIV de l'Iliade.*
3. **deus iratus :** même un dieu en colère.
4. **quid… ? :** en quoi… ?
5. **ratione :** par calcul.
6. **praeteritum tulerit :** elle aura profité de ce qui est passé.
7. **hoc** et **hic :** *sont sujets de* est. *On attendrait ces pronoms au neutre mais ils ont pris, par attraction, le genre de leur attribut.*
8. **primo :** *épithète de* munere.
9. **jungi :** *développe* hoc *et* hic.
10. **usque :** continuellement, sans s'arrêter.
11. **littera :** lettre (missive) ; *classiquement* : litterae.
12. Vers 455-456 : *Acontius avait écrit sur une pomme qu'il lança à Cydippe : « Je jure par Artémis d'épouser Acontius ». Elle lut machinalement le serment et fut ainsi engagée.*
13. **bonas artes :** *désignent les arts qui conviennent à un homme libre, au* bonus vir.
14. **dare manus :** s'avouer vaincu ; *il s'agit de donner sa main en geste de soumission.*
15. **in fronte :** de manière ostentatoire.
16. **molestus, a, um :** *ici* affecté.
17. **credibilis :** convaincant.
18. **lentus, a, um :** *ici* tenace, dur.
19. **Pergama, orum, n pl :** Troie.
20. **usque :** jusqu'au bout.
21. **per numeros :** l'un après l'autre.
22. **quod :** *ce relatif de liaison renvoie au contenu du vers précédent.*
23. **timet, optat :** elle craint, elle souhaite < (de) l'obtenir >.
24. **quod :** *le contenu de ce relatif est développé par* ut instes.

## Traduction des vers 437-438 ; 453-454 ; 465-466 ; 478-479

❑❑❑❑❑❑❑ **1. Traduction de Charles Héguin de Guerle (1836)**

Que ce premier message lui apprenne l'état de ton cœur ; qu'il lui porte les compliments les plus gracieux et les douces paroles à l'usage des amants ; et, quel que soit ton rang, ne rougis pas de descendre aux plus humbles prières. [...] Qu'il parte donc ce billet conçu dans les termes les plus tendres ; qu'il sonde ses dispositions et te fraye le chemin de son cœur. [...] Que ton style soit naturel, ton langage simple, mais insinuant ; et qu'en te lisant on croie t'entendre. [...] Elle te lit sans vouloir te répondre ? libre à elle. Fais seulement en sorte qu'elle continue à lire tes billets doux.

❑❑❑❑❑❑❑ **2. Traduction de Charles Nisard (1838)**

Qu'il lui porte tes tendres compliments ; surtout qu'il imite à s'y méprendre le ton passionné des amants ; et quel que soit ton rang, ne rougis pas de descendre aux plus humbles prières. [...] Qu'il parte donc ce billet conçu dans les termes les plus tendres, qu'il sonde ses dispositions et te fraye le chemin de son cœur. [...] Que ton style soit naturel ; ton langage simple, mais pressant ; et qu'en te lisant on croie t'entendre. [...] Elle te lit sans daigner te répondre, libre à elle. Fais seulement en sorte qu'elle continue à lire tes billets doux.

❑❑❑❑❑❑❑ **3. Traduction de Henry Bornecque (1924), revue par Philippe Heuzé (© Les Belles Lettres, 1994)**

Qu'elle porte des compliments, des mots qui respirent l'amour ; qui que tu sois, ajoute des prières sans retenue. [...] Qu'elle parte donc, cette première lettre, où les mots complimenteurs ont labouré la cire, qu'elle sonde les cœurs et éclaire la route. [...] Que ton style soit naturel, tes mots usuels, mais tendres, si bien que l'on croie t'entendre parler. [...] Supposons que ta belle ait lu ta lettre et ne veuille pas répondre : ne la force pas. Fais en sorte seulement qu'elle lise jusqu'au bout tes phrases tendres.

**4. Traduction de Danièle Robert (© Actes Sud, 2003)**

Qu'elle transmette tes flatteries et reproduise les paroles
Des amants, et ajoutes-y force prières, sans souci de ton rang.
[...]
Donc, fais partir cette lettre où tu auras tracé des paroles tendres,
Qu'elle sonde son cœur et commence à tâter le terrain.
[...]
Que ton langage soit sans afféterie, tes paroles ordinaires
Mais caressantes, qu'elle croie t'entendre parler.
[...]
Si elle a lu mais ne te répond pas, laisse-la faire,
Mais débrouille-toi pour qu'elle lise tes mots doux jusqu'au bout.

## Entraînement au BAC

**1 Langue.** Relevez les participes de ce texte et classez-les selon leurs emplois.

**2 Traduction.** Observez les différentes traductions des mots de la famille de blandus et tâchez de justifier le choix des traducteurs.

**3 Analyse**

**a.** Relevez le champ lexical du jeu et de la feinte. Qu'en déduisez-vous sur « l'art d'aimer » ?

**b.** Montrez comment (lexique, construction du texte...) Ovide prône la persévérance.

**c.** Comparez ce passage aux vers 469 à 482 du livre III, et étudiez la façon dont les deux textes se répondent. Ovide vous semble-t-il favoriser le camp des hommes ou celui des femmes ?

**4 Version.** Traduisez les vers 427 à 434.

Vers 485 à 524 ➤ traduction p. 178-179

Interea, sive illa toro resupina feretur,
Lecticam dominae dissimulanter adi,
Neve aliquis verbis odiosas offerat auris,
Qua potes ambiguis callidus abde notis.
Seu pedibus vacuis illi spatiosa teretur
Porticus, hic socias tu quoque junge moras :
Et modo praecedas facito, modo terga sequaris,
Et modo festines, et modo lentus eas :
Nec tibi de mediis aliquot transire columnas
Sit pudor, aut lateri continuasse latus ;
Nec sine te curvo sedeat speciosa theatro :
Quod spectes, umeris adferet illa suis.
Illam respicias, illam mirere licebit :
Multa supercilio, multa loquare notis.
Et plaudas, aliquam mimo saltante puellam :
Et faveas illi, quisquis agatur amans.
Cum surgit, surges ; donec sedet illa, sedeto ;
Arbitrio dominae tempora perde tuae.

Sed tibi nec ferro placeat torquere capillos,
Nec tua mordaci pumice crura teras.
Ista jube faciant, quorum Cybeleia mater
Concinitur Phrygiis exululata modis.
Forma viros neglecta decet ; Minoida Theseus
Abstulit, a nulla tempora comptus acu.
Hippolytum Phaedra, nec erat bene cultus, amavit ;
Cura deae silvis aptus Adonis erat.
Munditie placeant, fuscentur corpora Campo :
Sit bene conveniens et sine labe toga :
Lingula ne rigeat, careant rubigine dentes,
Nec vagus in laxa pes tibi pelle natet :
Nec male deformet rigidos tonsura capillos :
Sit coma, sit tuta barba resecta manu.
Et nihil emineant, et sint sine sordibus ungues :

Inque cava nullus stet tibi nare pilus.
Nec male odorati sit tristis anhelitus oris :
Nec laedat naris virque paterque gregis.
Cetera lascivae faciant, concede, puellae,
Et siquis male vir quaerit habere virum.

Ecce, suum vatem Liber vocat ; hic quoque amantes
Adjuvat, et flammae, qua calet ipse, favet.

# 7. Ariane et Bacchus

Vers 525 à 562 ➤ traduction p. 179-180

*Dans son entreprise de séduction, l'amant peut recourir à certains adjuvants : le passage précédent (v. 503-522) fournissait des recommandations sur les vêtements et les soins du corps, pour être un homme séduisant. Dans le passage suivant, Ovide invoque Bacchus, le dieu du vin, « qui protège les amants et favorise la flamme dont il brûle lui-même » (v. 523-524). En effet, les banquets bien arrosés sont propices aux rapprochements. Mais avant de prodiguer ses conseils aux amants, Ovide introduit une digression sur le dieu et la façon dont il s'est uni à Ariane abandonnée par Thésée.*

**Gnosis[1] in ignotis amens errabat harenis,**
**Qua[2] brevis aequoreis Dia[3] feritur aquis.**
**Utque erat e somno tunica velata recincta,**
**Nuda pedem, croceas inreligata comas[4],**
**Thesea crudelem surdas clamabat ad undas,**
**Indigno teneras imbre rigante genas.**
**Clamabat flebatque simul, sed utrumque decebat ;**
**Non facta est lacrimis turpior illa suis.**
**Jamque iterum tundens mollissima pectora palmis**
**« Perfidus ille abiit ; quid mihi fiet ? » ait.**
**« Quid mihi fiet ? » ait. Sonuerunt cymbala toto**
**Litore, et adtonita tympana pulsa manu.**
**Excidit[5] illa metu rupitque novissima verba ;**
**Nullus in exanimi corpore sanguis erat.**
**Ecce Mimallonides[6] sparsis in terga capillis :**
**Ecce leves satyri, praevia turba dei :**
**Ebrius, ecce, senex pando Silenus asello**
**Vix sedet, et pressas continet arte jubas.**
**Dum sequitur Bacchas, Bacchae fugiuntque petuntque**
**Quadrupedem ferula dum malus urget eques,**
**In caput aurito cecidit delapsus asello :**
**Clamarunt satyri « surge age, surge, pater ».**

**Jam deus in curru, quem summum[7] texerat uvis,**
**Tigribus adjunctis aurea lora dabat.**
**Et color et Theseus et vox abiere puellae :**
**Terque fugam petiit, terque retenta metu est.**
**Horruit, ut graciles agitat quas ventus aristas[8],**
**Ut levis in madida canna palude tremit.**
**Cui deus « en, adsum tibi cura fidelior, inquit :**
**Pone[9] metum : Bacchi, Gnosias, uxor eris.**
**Munus habe caelum ; caelo spectabere sidus ;**
**Saepe reget dubiam Cressa Corona[10] ratem. »**
**Dixit, et e curru, ne tigres illa timeret,**
**Desilit ; inposito cessit harena pede :**
**Implicitamque sinu (neque enim pugnare valebat[11])**
**Abstulit ; in facili est[12] omnia posse deo.**
**Pars « Hymenaee » canunt, pars clamant « Euhion, euhoe ! »**
**Sic coeunt sacro nupta deusque toro[13].**

## NOTES

1. **Gnosis, idis, f** et **Gnosias, adis, f** (v. 554) : celle qui vient de Cnossos ; *Cnossos est une ville de Crète où habitait Minos, le père d'Ariane.*
2. **qua :** là où.
3. **Dia :** *petite île rocheuse en face de Cnossos.*
4. **pedem** et **comas :** *accusatifs de relation. Cet emploi de l'accusatif est généralement réservé aux parties du corps :* nuda pedem = *littéralement* nue quant au pied.
5. **excido, is, ere, cidi :** s'évanouir.
6. **Mimallonides :** *autre nom des Bacchantes.*
7. **quem summum :** *cf.* summa arbor = l'arbre le plus haut *ou bien* la cime de l'arbre.
8. **aristas :** *ce mot, qu'on attendrait au nominatif, est à l'accusatif car il a été attiré dans la proposition relative et a donc pris le même cas que le pronom -adjectif relatif.*
9. **ponere :** *ici synonyme* de deponere.
10. **Cressa Corona :** *constellation, qui, par sa forme, reproduisait la couronne donnée par Vénus à Bacchus comme cadeau de noce.*
11. **valere + infinitif :** pouvoir, être en état de.
12. **in facili esse :** être facile.
13. **sacro toro :** *ablatif de lieu sans préposition.*

## Traduction des vers 528 à 530

❑ ❑ ❑ ❑ ❑ ❑ ❑ **1. Traduction de Desaintange (1807)**

Les pieds nus, en désordre, au désordre du sommeil,
D'un léger vêtement couverte à son réveil
Les yeux baignés de pleurs, cette amante abusée
Aux flots sourds à ses cris redemandait Thésée

❑ ❑ ❑ ❑ ❑ ❑ ❑ **2. Traduction de Charles Nisard (1838)**

Ses pieds étaient nus, sa blonde chevelure flottait en désordre sur ses épaules, et des torrents de larmes inondaient ses joues : elle redemandait aux flots le cruel Thésée ; les flots restaient sourds à ses cris.

❑ ❑ ❑ ❑ ❑ ❑ ❑ **3. Traduction de Henry Bornecque (1924), revue par Philippe Heuzé (© Les Belles Lettres, 1994)**

Les pieds nus, ses cheveux couleur de safran flottant sur ses épaules, elle criait la cruauté de Thésée aux ondes qui n'entendaient pas sa voix, et des larmes inondaient les joues délicates de la pauvre abandonnée.

❑ ❑ ❑ ❑ ❑ ❑ ❑ **4. Traduction de Joël Gayraud (© Mille et une nuits, 2000)**

[P]ieds nus, ses cheveux d'or flottant au vent, elle criait aux ondes sourdes la cruauté de Thésée, et une injuste pluie de larmes baignait ses tendres joues.

❑ ❑ ❑ ❑ ❑ ❑ ❑ **5. Traduction Danièle Robert (© Actes Sud, 2003)**

Pieds nus, ayant dénoué sa chevelure mordorée,
Elle criait la cruauté de Thésée aux ondes insensibles,
Tandis qu'une pluie de larmes de honte inondait ses tendres joues.

# Entraînement au BAC

**1 Langue.** Analysez la forme facta est du vers 532 puis réécrivez ce vers en ne changeant que la forme verbale que vous mettrez au présent. Qu'observez-vous ?

**2 Traduction.** Observez comment les différents traducteurs ont rendu l'adjectif indigno au vers 530.

**3 Analyse**

**a.** Chez les poètes, les héroïnes des mythes de l'Antiquité abandonnées par leurs amants (Ariane, Médée, Didon...) expriment généralement leurs sentiments dans de longs monologues qui suscitent la sympathie et la pitié du lecteur. Dites comment Ovide s'écarte ici de ce modèle. Dans quelle mesure la détresse d'Ariane intéresse-t-elle Ovide dans ce passage ?

**b.** Étudiez la façon dont le poète met en valeur l'arrivée du dieu qui vient au secours d'Ariane.

**c.** Lisez le sonnet de José Maria de Heredia et retrouvez-y les éléments présents dans le texte d'Ovide.

**Ariane**

Au choc clair et vibrant des cymbales d'airain,
Nue, allongée au dos d'un grand tigre, la Reine
Regarde, avec l'Orgie immense qu'il entraîne,
Iacchos[1] s'avancer sur le sable marin.

Et le monstre royal, ployant son large rein,
Sous le poids adoré foule la blonde arène,
Et, frôlé par la main d'où pend l'errante rêne,
En rugissant d'amour mord les fleurs de son frein.

Laissant sa chevelure à son flanc qui se cambre
Parmi les noirs raisins rouler ses grappes d'ambre,
L'Épouse n'entend pas le sourd rugissement ;

Et sa bouche éperdue, ivre enfin d'ambroisie,
Oubliant ses longs cris vers l'infidèle amant,
Rit au baiser prochain du Dompteur de l'Asie.

José Maria de Heredia (1842-1905), *Les Trophées* (1893).

**4 Version.** Traduisez les vers 549 à 556.

1. Bacchus.

Vers 563 à 600 ➤ traduction p. 180-181

Ergo ubi contigerint positi tibi munera Bacchi,
Atque erit in socii femina parte tori,
Nycteliumque patrem nocturnaque sacra precare,
Ne jubeant capiti vina nocere tuo.
Hic tibi multa licet sermone latentia tecto
Dicere, quae dici sentiat illa sibi :
Blanditiasque leves tenui perscribere vino,
Ut dominam in mensa se legat illa tuam :
Atque oculos oculis spectare fatentibus ignem :
Saepe tacens vocem verbaque vultus habet.
Fac primus rapias illius tacta labellis
Pocula, quaque bibit parte puella, bibas :
Et quemcumque cibum digitis libaverit illa,
Tu pete, dumque petes, sit tibi tacta manus.
Sint etiam tua vota, viro placuisse puellae :
Utilior vobis factus amicus erit.
Huic, si sorte bibes, sortem concede priorem :
Huic detur capiti missa corona tuo.
Sive erit inferior, seu par, prior omnia sumat :
Nec dubites illi verba secunda loqui.
Tuta frequensque via est, per amici fallere nomen :
Tuta frequensque licet sit via, crimen habet.
Inde procurator nimium quoque multa procurat,
Et sibi mandatis plura videnda putat.
Certa tibi a nobis dabitur mensura bibendi :
Officium praestent mensque pedesque suum.
Jurgia praecipue vino stimulata caveto,
Et nimium faciles ad fera bella manus.
Occidit Eurytion stulte data vina bibendo ;
Aptior est dulci mensa merumque joco.
Si vox est, canta : si mollia bracchia, salta :
Et quacumque potes dote placere, place.
Ebrietas ut vera nocet, sic ficta juvabit :
Fac titubet blaeso subdola lingua sono,

Ut, quicquid facias dicasve protervius aequo,
    Credatur nimium causa fuisse merum.
Et « bene dic dominae, bene, cum quo dormiat illa » ;
    Sed, male sit, tacita mente precare, viro.

# Texte 8. Compliments et promesses

Vers 601 à 656 ➤ traduction p. 181-182

*Pour séduire une femme, tous les moyens sont bons et il ne faut être avare ni en compliments (qu'importe si ce sont des mensonges !) ni en promesses (qu'importe si elles ne sont pas tenues !).*

**At cum discedet mensa conviva remota,**
**Ipsa tibi accessus turba locumque dabit.**
**Insere te turbae leviterque admotus eunti**
**Velle latus digitis, et pede tange pedem.**
**Conloquii jam tempus adest. Fuge, rustice, longe**
**Hinc, pudor ; audentem Forsque Venusque juvat.**
**Non tua sub nostras veniat facundia leges :**
**Fac tantum cupias, sponte disertus eris.**
**Est tibi agendus amans imitandaque vulnera verbis ;**
**Haec tibi quaeratur qualibet arte fides.**
**Nec credi labor est : sibi quaeque videtur amanda ;**
**Pessima sit, nulli non sua forma placet.**
**Saepe tamen vere coepit simulator amare,**
**Saepe, quod incipiens finxerat esse, fuit.**
**Quo magis, o, faciles imitantibus este, puellae :**
**Fiet amor verus, qui modo falsus erat.**
**Blanditiis animum furtim deprendere nunc sit,**
**Ut pendens liquida ripa subitur aqua.**
**Nec faciem, nec te pigeat laudare capillos**
**Et teretes digitos exiguumque pedem.**
**Delectant etiam castas praeconia formae ;**
**Virginibus curae grataque forma sua est.**
**Nam cur in Phrygiis Junonem et Pallada silvis**
**Nunc quoque judicium non tenuisse pudet[1] ?**
**Laudatas ostendit avis Junonia[2] pinnas.**
**Si tacitus spectes, illa recondit opes.**
**Quadrupedes inter rapidi certamina cursus**
**Depexaeque jubae plausaque colla juvant.**

**Nec timide promitte : trahunt promissa puellas ;**
**Pollicito testes quoslibet adde deos.**
**Juppiter ex alto perjuria ridet amantum,**
**Et jubet Aeolios inrita ferre Notos.**
**Per Styga[3] Junoni falsum jurare solebat**
**Juppiter ; exemplo nunc favet ipse suo.**
**Expedit esse deos, et, ut expedit, esse putemus ;**
**Dentur in antiquos tura merumque focos ;**
**Nec secura quies illos similisque sopori**
**Detinet ; innocue vivite : numen adest.**
**Reddite depositum, pietas sua foedera servet ;**
**Fraus absit ; vacuas caedis habete manus.**
**Ludite, si sapitis, solas impune puellas :**
**Hac minus est una fraude tuenda fides.**
**Fallite fallentes : ex magna parte profanum**
**Sunt genus ; in laqueos quos posuere cadant.**
**Dicitur Aegyptos caruisse juvantibus arva**
**Imbribus atque annos sicca fuisse novem,**
**Cum Thrasius Busirin[4] adit monstratque piari**
**Hospitis adfuso sanguine posse Jovem.**
**Illi Busiris « fies Jovis hostia primus,**
**Inquit, et Aegypto tu dabis hospes aquam. »**
**Et Phalaris tauro violenti membra Perilli[5]**
**Torruit ; infelix inbuit auctor opus.**
**Justus uterque fuit : neque enim lex aequior ulla est,**
**Quam necis artifices arte perire sua.**
**Ergo ut perjuras merito perjuria fallant,**
**Exemplo doleat femina laesa suo.**

## NOTES

1. *Allusion au jugement de Pâris qui des trois déesses (Junon, Vénus et Pallas) choisit Vénus comme étant la plus belle.*
2. **avis Junonia :** le paon.
3. **per Styga :** *les serments faits « par le Styx » étaient les plus importants, les plus engageants.*
4. *Busiris était un roi d'Égypte très cruel.*
5. *Phalaris était un tyran d'Agrigente (Sicile) au VIe siècle avant J.-C. Perillus lui avait construit un cheval à l'intérieur duquel un brasier attendait les suppliciés.*

## Vers le commentaire

**1** Relevez le vocabulaire de la feinte et de la dissimulation d'une part, et celui de l'amour d'autre part. Que pouvez-vous en déduire sur ce qu'est l'« art » d'aimer ?

**2** Sur quel trait psychologique des femmes Ovide compte-t-il ici pour que l'entreprise de séduction réussisse ?

**3** En vous appuyant sur des passages précis de la deuxième partie du texte (v. 629 à 656), montrez comment Ovide justifie que les serments d'amour puissent être faits à la légère ?

**4** Pourquoi pourrait-on accuser Ovide d'impiété ? Dites comment le poète se garde d'une telle accusation.

Vers 657 à 770 ➤ traduction p. 182-185

Et lacrimae prosunt : lacrimis adamanta movebis :
Fac madidas videat, si potes, illa genas.
Si lacrimae (neque enim veniunt in tempore semper)
Deficient, uncta lumina tange manu.
Quis sapiens blandis non misceat oscula verbis ?
Illa licet non det, non data sume tamen.
Pugnabit primo fortassis, et « improbe » dicet :
Pugnando vinci se tamen illa volet.
Tantum ne noceant teneris male rapta labellis,
Neve queri possit dura fuisse, cave.
Oscula qui sumpsit, si non et cetera sumpsit,
Haec quoque, quae data sunt, perdere dignus erit.
Quantum defuerat pleno post oscula voto ?
Ei mihi ! rusticitas, non pudor ille fuit.
Vim licet appelles : grata est vis ista puellis :
Quod juvat, invitae saepe dedisse volunt.
Quaecumque est Veneris subita violata rapina,
Gaudet, et inprobitas muneris instar habet.
At quae cum posset cogi, non tacta recessit,
Ut simulet vultu gaudia, tristis erit.
Vim passa est Phoebe : vis est allata sorori ;
Et gratus raptae raptor uterque fuit.
Fabula nota quidem, sed non indigna referri,
Scyrias Haemonio juncta puella viro.
Jam dea laudatae dederat mala praemia formae
Colle sub Idaeo vincere digna duas :
Jam nurus ad Priamum diverso venerat orbe,
Graiaque in Iliacis moenibus uxor erat :
Jurabant omnes in laesi verba mariti :
Nam dolor unius publica causa fuit.
(Turpe, nisi hoc matris precibus tribuisset) Achilles
Veste virum longa dissimulatus erat.
Quid facis, Aeacide ? non sunt tua munera lanae ;
Tu titulos alia Palladis arte petas.

Quid tibi cum calathis ? clipeo manus apta ferendo est :
Pensa quid in dextra, qua cadet Hector, habes ?
Reice succinctos operoso stamine fusos !
Quassanda est ista Pelias hasta manu.
Forte erat in thalamo virgo regalis eodem ;
Haec illum stupro comperit esse virum.
Viribus illa quidem victa est (ita credere oportet)
Sed voluit vinci viribus illa tamen.
Saepe « mane » dixit, cum jam properaret Achilles ;
Fortia nam posito sumpserat arma colo.
Vis ubi nunc illa est ? Quid blanda voce moraris
Auctorem stupri, Deidamia, tui ?
Scilicet ut pudor est quaedam coepisse priorem,
Sic alio gratum est incipiente pati.
A ! nimia est juveni propriae fiducia formae,
Expectat siquis, dum prior illa roget.
Vir prior accedat, vir verba precantia dicat :
Excipiat blandas comiter illa preces.
Ut potiare, roga : tantum cupit illa rogari ;
Da causam voti principiumque tui.
Juppiter ad veteres supplex heroidas ibat :
Corrupit magnum nulla puella Jovem.
Si tamen a precibus tumidos abscedere fastus
Senseris, incepto parce referque pedem.
Quod refugit, multae cupiunt : odere quod instat ;
Lenius instando taedia tolle tui.
Nec semper Veneris spes est profitenda roganti :
Intret amicitiae nomine tectus amor.
Hoc aditu vidi tetricae data verba puellae :
Qui fuerat cultor, factus amator erat.
Candidus in nauta turpis color, aequoris unda
Debet et a radiis sideris esse niger :
Turpis et agricolae, qui vomere semper adunco
Et gravibus rastris sub Jove versat humum.
Et tua, Palladiae petitur cui palma coronae,
Candida si fuerint corpora, turpis eris.

Palleat omnis amans : hic est color aptus amanti ;
Hoc decet, hoc multi non valuisse putent.
Pallidus in Side silvis errabat Orion,
Pallidus in lenta naide Daphnis erat.
Arguat et macies animum : nec turpe putaris
Palliolum nitidis inposuisse comis.
Attenuant juvenum vigilatae corpora noctes
Curaque et in magno qui fit amore dolor.
Ut voto potiare tuo, miserabilis esto,
Ut qui te videat, dicere possit « amas ».

Conquerar, an moneam mixtum fas omne nefasque ?
Nomen amicitia est, nomen inane fides.
Ei mihi ! non tutum est, quod ames, laudare sodali ;
Cum tibi laudanti credidit, ipse subit.
At non Actorides lectum temeravit Achillis :
Quantum ad Pirithoum, Phaedra pudica fuit.
Hermionam Pylades qua Pallada Phoebus, amabat,
Quodque tibi geminus, Tyndari, Castor, erat.
Siquis idem sperat, jacturas poma myricas
Speret, et e medio flumine mella petat.
Nil nisi turpe juvat : curae sua cuique voluptas :
Haec quoque ab alterius grata dolore venit.
Heu facinus ! non est hostis metuendus amanti ;
Quos credis fidos, effuge, tutus eris.
Cognatum fratremque cave carumque sodalem :
Praebebit veros haec tibi turba metus.
Finiturus eram, sed sunt diversa puellis
Pectora : mille animos excipe mille modis.
Nec tellus eadem parit omnia ; vitibus illa
Convenit, haec oleis ; hac bene farra virent.
Pectoribus mores tot sunt, quot in ore figurae ;
Qui sapit, innumeris moribus aptus erit,
Utque leves Proteus modo se tenuabit in undas,
Nunc leo, nunc arbor, nunc erit hirtus aper.
Hic jaculo pisces, illic capiuntur ab hamis :

Hic cava contento retia fune trahunt.
Nec tibi conveniet cunctos modus unus ad annos :
Longius insidias cerva videbit anus.
Si doctus videare rudi, petulansve pudenti,
Diffidet miserae protinus illa sibi.
Inde fit, ut quae se timuit committere honesto,
Vilis ad amplexus inferioris eat.

Pars superat coepti, pars est exhausta laboris.
Hic teneat nostras ancora jacta rates.

Vers 1 à 14 ➤ traduction p. 186

## Liber secundus

**Dicite « io Paean ! » et « io » bis dicite « Paean ! »**
**Decidit in casses praeda petita meos ;**
**Laetus amans donat viridi mea carmina palma,**
**Praelata Ascraeo Maeonioque seni.**
**Talis ab armiferis Priameius hospes Amyclis**
**Candida cum rapta conjuge vela dedit ;**
**Talis erat qui te curru victore ferebat,**
**Vecta peregrinis Hippodamia rotis.**
**Quid properas, juvenis ? mediis tua pinus in undis**
**Navigat, et longe quem peto portus abest.**
**Non satis est venisse tibi me vate puellam :**
**Arte mea capta est, arte tenenda mea est.**
**Nec minor est virtus, quam quaerere, parta tueri :**
**Casus inest illic ; hoc erit artis opus.**

# 9. Dédale et Icare

**Vers 15 à 98 ➤ traduction p. 186-188**

*Dans le livre I, Ovide indiquait à l'amant où trouver une femme et comment la conquérir. La tâche qu'il s'est fixée pour le livre II est plus ardue : comment faire durer l'amour ? Mais le poète retarde l'exposé de ses conseils par une digression sur le mythe de Dédale et Icare.*

**Nunc mihi, siquando, puer et Cytherea[1], favete,**
**Nunc Erato, nam tu nomen amoris habes.**
**Magna paro, quas possit Amor remanere per artes,**
**Dicere, tam vasto pervagus orbe puer.**
**Et levis est, et habet geminas, quibus avolet, alas :**
**Difficile est illis inposuisse modum.**
**Hospitis effugio praestruxerat omnia Minos ;**
**Audacem pinnis repperit ille viam.**
**Daedalus ut clausit conceptum crimine matris[2]**
**Semibovemque virum semivirumque bovem,**
**« Sit modus exilio, dixit, justissime Minos ;**
**Accipiat cineres terra paterna meos.**
**Et quoniam in patria, fatis agitatus iniquis,**
**Vivere non potui, da mihi posse mori.**
**Da reditum puero, senis est si gratia vilis ;**
**Si non vis puero parcere, parce seni. »**
**Dixerat haec, sed et haec et multo plura licebat**
**Dicere : regressus non dabat ille viro.**
**Quod simul ut sensit, « nunc, nunc, o Daedale, dixit,**
**Materiam, qua sis ingeniosus, habes.**
**Possidet et terras et possidet aequora Minos :**
**Nec tellus nostrae nec patet unda fugae.**
**Restat iter caeli : caelo temptabimus ire.**
**Da veniam coepto, Jupiter alte, meo.**
**Non ego sidereas adfecto tangere sedes ;**
**Qua fugiam dominum, nulla, nisi ista, via est.**
**Per Styga detur iter, Stygias transnabimus undas.**
**Sunt mihi naturae jura novanda meae. »**

Ingenium mala saepe movent ; quis crederet umquam
Aerias hominem carpere posse vias ?
Remigium volucrum disponit in ordine pinnas,
Et leve per lini vincula nectit opus,
Imaque pars ceris adstringitur igne solutis,
Finitusque novae jam labor artis erat.
Tractabat ceramque puer pinnasque renidens,
Nescius haec umeris arma parata suis.
Cui pater « his, inquit, patria est adeunda carinis,
Hac nobis Minos effugiendus ope.
Aera non potuit Minos, alia omnia clausit ;
Quem licet, inventis aera rumpe meis.
Sed tibi non virgo Tegeaea comesque Bootae,
Ensiger Orion adspiciendus erit ;
Me pinnis sectare datis ; ego praevius ibo ;
Sit tua cura sequi ; me duce tutus eris.
Nam sive aetherias vicino sole per auras
Ibimus, impatiens cera caloris erit ;
Sive humiles propiore freto jactabimus alas,
Mobilis aequoreis pinna madescet aquis.
Inter utrumque vola ; ventos quoque, nate, timeto,
Quaque ferent aurae, vela secunda dato. »
Dum monet, aptat opus puero monstratque moveri,
Erudit infirmas ut sua mater aves.
Inde sibi factas umeris accommodat alas,
Perque novum timide corpora librat iter.
Jamque volaturus parvo dedit oscula nato,
Nec patriae lacrimas continuere genae.
Monte minor collis, campis erat altior aequis :
Hinc data sunt miserae corpora bina fugae.
Et movet ipse suas et nati respicit alas
Daedalus, et cursus sustinet usque suos.
Jamque novum delectat iter, positoque timore
Icarus audaci fortius arte volat.
Hos aliquis, tremula dum captat harundine pisces,
Vidit, et inceptum dextra reliquit opus.

**Jam Samos a laeva (fuerant Naxosque relictae**
**Et Paros et Clario Delos amata deo)**
**Dextra Lebynthos erat silvisque umbrosa Calymne**
**Cinctaque piscosis Astypalaea vadis,**
**Cum puer, incautis nimium temerarius annis,**
**Altius egit iter, deseruitque patrem.**
**Vincla labant, et cera deo propiore liquescit,**
**Nec tenues ventos bracchia mota tenent.**
**Territus a summo despexit in aequora caelo ;**
**Nox oculis pavido venit oborta metu.**
**Tabuerant cerae ; nudos quatit ille lacertos**
**Et trepidat nec quo sustineatur habet.**
**Decidit, atque cadens « pater, o pater, auferor ! » inquit ;**
**Clauserunt virides ora loquentis aquae.**
**At pater infelix, nec jam pater, « Icare, clamat,**
**Icare, clamat, ubi es quoque sub axe volas ? »**
**« Icare ! » clamabat, pinnas adspexit in undis.**
**Ossa tegit tellus ; aequora nomen habent.**

**Non potuit Minos hominis conpescere pinnas ;**
**Ipse deum volucrem detinuisse paro.**

NOTES

1. **puer et Cytherea :** Amour et Vénus.
2. **crimine matris :** *renvoie à Pasiphaé, la mère du Minotaure* (cf. *p. 46-47*).

## Vers le commentaire

1. Proposez un plan du passage.
2. Comment Ovide rattache-t-il cette longue digression à son traité ?
3. Comment Ovide rend-il ce passage très vivant ?
4. Relevez, tout au long du passage, les éléments qui annoncent la chute d'Icare.
5. Comment la brutalité de la chute est-elle rendue à partir du vers 85 ?

Vers 99 à 144 ➤ traduction p. 188-189

Fallitur, Haemonias siquis decurrit ad artes,
Datque quod a teneri fronte revellit equi.
Non facient, ut vivat amor, Medeides herbae
Mixtaque cum magicis naenia Marsa sonis.
Phasias Aesoniden, Circe tenuisset Ulixem,
Si modo servari carmine posset amor.
Nec data profuerint pallentia philtra puellis :
Philtra nocent animis, vimque furoris habent.

Sit procul omne nefas ; ut ameris, amabilis esto :
Quod tibi non facies solave forma dabit :
Sis licet antiquo Nireus adamatus Homero,
Naiadumque tener crimine raptus Hylas,
Ut dominam teneas, nec te mirere relictum,
Ingenii dotes corporis adde bonis.
Forma bonum fragile est, quantumque accedit ad annos
Fit minor, et spatio carpitur ipsa suo.
Nec violae semper nec hiantia lilia florent,
Et riget amissa spina relicta rosa.
Et tibi jam venient cani, formose, capilli,
Jam venient rugae, quae tibi corpus arent.
Jam molire animum, qui duret, et adstrue formae :
Solus ad extremos permanet ille rogos.
Nec levis ingenuas pectus coluisse per artes
Cura sit et linguas edidicisse duas.
Non formosus erat, sed erat facundus Ulixes,
Et tamen aequoreas torsit amore deas.
O ! quotiens illum doluit properare Calypso,
Remigioque aptas esse negavit aquas !
Haec Trojae casus iterumque iterumque rogabat :
Ille referre aliter saepe solebat idem.
Litore constiterant : illic quoque pulchra Calypso
Exigit Odrysii fata cruenta ducis.
Ille levi virga (virgam nam forte tenebat)

**Quod rogat, in spisso litore pingit opus.**
**« Haec, inquit, Troja est (muros in litore fecit),**
**Hic tibi sit Simois ; haec mea castra puta.**
**Campus erat (campumque facit), quem caede Dolonis**
**Sparsimus, Haemonios dum vigil optat equos.**
**Illic Sithonii fuerant tentoria Rhesi :**
**Hac ego sum captis nocte revectus equis. »**
**Pluraque pingebat, subitus cum Pergama fluctus**
**Abstulit et Rhesi cum duce castra suo.**
**Tum dea « quas, inquit, fidas tibi credis ituro,**
**Perdiderint undae nomina quanta, vides ? »**
**Ergo age, fallaci timide confide figurae,**
**Quisquis es, atque aliquid corpore pluris habe.**

## 10. Un bon caractère

Vers 145 à 176 ➤ traduction p. 189-190

*Une fois que la femme aimée est conquise,*
*il faut tout mettre en œuvre pour conserver son amour.*
*La beauté – éphémère – est loin d'être suffisante : il convient également*
*de se montrer aimable quelles que soient les circonstances.*

**Dextera praecipue capit indulgentia mentes ;**
**Asperitas odium saevaque bella movet.**
**Odimus accipitrem[1], quia vivit semper in armis,**
**Et pavidum solitos[2] in pecus ire[3] lupos.**
**At caret insidiis hominum, quia mitis, hirundo[4],**
**Quasque colat[5] turres, Chaonis ales[6] habet.**
**Este procul, lites et amarae proelia linguae :**
**Dulcibus est verbis mollis alendus[7] amor.**
**Lite fugent nuptaeque viros nuptasque mariti,**
**Inque vicem[8] credant res sibi semper agi ;**
**Hoc decet uxores ; dos[9] est uxoria lites :**
**Audiat optatos semper amica sonos.**
**Non legis jussu lectum venistis in unum :**
**Fungitur[10] in vobis munere legis amor.**
**Blanditias molles auremque juvantia verba**
**Adfer, ut adventu laeta sit illa tuo.**
**Non ego divitibus venio praeceptor amandi :**
**Nil opus est[11] illi, qui dabit, arte mea ;**
**Secum habet ingenium, qui, cum libet, « accipe » dicit ;**
**Cedimus : inventis[12] plus[13] placet ille meis.**
**Pauperibus vates ego sum, quia pauper amavi ;**
**Cum dare non possem munera, verba dabam.**
**Pauper amet caute[14] : timeat maledicere pauper,**
**Multaque divitibus non[15] patienda ferat.**
**Me memini iratum dominae turbasse capillos :**
**Haec mihi quam[16] multos abstulit ira dies !**
**Nec puto, nec sensi tunicam laniasse ; sed ipsa**
**Dixerat, et pretio est illa redempta meo.**

**At vos, si sapitis, vestri peccata magistri**
**Effugite, et culpae damna timete meae.**
**Proelia cum Parthis, cum culta pax sit amica,**
**Et jocus, et causas quicquid amoris habet.**

## NOTES

1. **accipiter, tris, m :** l'épervier, le faucon.
2. **soleo, es, ere, itus sum + infinitif :** avoir coutume de.
3. **ire in + accusatif :** attaquer.
4. **hirundo, inis, f :** l'hirondelle.
5. **quasque colat :** *la proposition subordonnée relative au subjonctif indique une nuance de but.*
6. **Chaonis ales, alitis, m :** l'oiseau de Chaonie, *c'est-à-dire* la colombe.
7. **alo, is, ere, alui, alitum :** nourrir, entretenir ; *l'adjectif verbal a un sens d'obligation.*
8. **invicem :** réciproquement.
9. **dos, dotis, f :** la dot (*apportée au mari par l'épouse*).
10. **fungor, eris, i, functus sum + ablatif :** s'acquitter de, remplir.
11. **mihi opus est + ablatif :** j'ai besoin de quelque chose.
12. **inventis meis :** mes inventions.
13. **plus + ablatif :** plus que.
14. **caute :** avec précaution.
15. **non :** *porte sur* patienda ; qui ne sont pas à supporter.
16. **quam :** *exclamatif.*

## Traduction des vers 169 à 176

### 1. Traduction de Desaintange (1807)

Un jour, je m'en souviens, j'osai dans ma colère
Déranger des cheveux arrangés pour me plaire.
Qu'un instant de dépit me coûta de soupirs !
Que ce jour malheureux m'enleva de plaisirs !
Son voile est déchiré : c'est moi qu'elle en accuse :
J'en doutais ; en payant j'achetai mon excuse,
Amants, en ce point seul n'allez pas m'imiter ;
En évitant mes torts, sachez en profiter.
Faisons la guerre au Parthe : un sexe plein de charmes
N'est pas notre ennemi ; mets à ses pieds tes armes.
En paix avec Vénus, ne conduis à sa cour
Que les ris et les jeux, cortège de l'amour

### 2. Traduction de Charles Héguin de Guerle (1836)

Je me souviens d'avoir, dans un moment de colère, mis en désordre la chevelure de ma maîtresse. Combien cet emportement m'enleva de beaux jours ! Je ne crois pas, et je ne m'aperçus point que j'eusse déchiré sa robe ; mais elle le prétendit, et je fus obligé de la remplacer à mes frais. Ô vous, plus sages que votre maître, évitez ses fautes, ou craignez comme lui d'en porter la peine. Faites la guerre aux Parthes, mais soyez en paix avec votre amie ; ayez recours à l'agréable badinage et à tout ce qui peut exciter l'amour.

❑❑❑❑❑❑❑ **3. Traduction de Henry Bornecque (1924), revue par Philippe Heuzé (© Les Belles Lettres, 1994)**

Je me souviens que, dans un moment de colère, je mis en désordre les cheveux de ma maîtresse : que de jours de bonheur m'enleva cette colère ! Je ne pense pas avoir déchiré sa tunique et je ne m'en aperçus pas ; mais elle l'avait affirmé et je dus lui en racheter une autre de mes deniers. Mais vous, si vous êtes raisonnables, évitez les fautes de votre maître, et craignez, comme moi, d'en porter la peine. Contre les Parthes, la guerre, mais avec notre amie, la paix, le badinage et tout ce qui peut exciter l'amour.

❑❑❑❑❑❑❑ **4. Traduction de Michel Grodent (© Éditions Complexe, 2005)**

Je me souviens d'avoir mis sens dessus dessous
La coiffure de ma maîtresse, dans un accès de colère.
Combien de refus j'ai dû essuyer à cause de cette foutue colère !
Elle alla jusqu'à affirmer que j'avais déchiré sa tunique :
Ce n'était pas vrai.
Mais je dus quand même lui en procurer une autre, et à mes frais !
Prenez-en de la graine, ne commettez pas les mêmes erreurs
Que votre maître,
Vous n'aurez pas à supporter le poids de la culpabilité !

## Entraînement au BAC

**1 Langue.** Analysez le vers 169. Quelle est la tournure grammaticale utilisée ? Que savez-vous de cette tournure ?

**2 Traduction.** Étudiez attentivement les différentes traductions du passage. Quelles sont les traductions qui se démarquent des autres ? Pour quelle raison ?

**3 Analyse**

**a.** Étudiez la métaphore des oiseaux dans ce texte.

**b.** Quels sont les deux types d'amour que distingue Ovide ? Où retrouve-t-on cette distinction dans l'ouvrage ? Comparez ce texte avec l'extrait du poème de Jean de La Fontaine et étudiez la façon dont ces amours sont présentées.

.../...

*Le diable envoie Belphégor sur la terre afin qu'il prenne une épouse. Le démon rencontre une jeune fille qui semble lui convenir.*

Le Père dit que Madame Honnesta,
C'était son nom, avait eu jusques là
Force partis ; mais que parmi la bande
Il pourrait bien Roderic préférer,
Et demandait temps pour délibérer.
On en convient. Le poursuivant s'applique
À gagner celle où ses vœux s'adressaient.
Fêtes et bals, sérénades, musique,
Cadeaux, festins, bien fort appetissaient,
Altéraient fort le fonds de l'ambassade.
Il n'y plaint rien, en use en grand Seigneur,
S'épuise en dons : l'autre se persuade
Qu'elle lui fait encor beaucoup d'honneur.
Conclusion, qu'après force prières,
Et des façons de toutes les manières,
Il eut un oui de Madame Honnesta.
Auparavant le Notaire y passa :
Dont Belphégor se moquant en son âme :
Hé quoi, dit-il, on acquiert une femme
Comme un château ! Ces gens ont tout gâté.
Il eut raison : ôtez d'entre les hommes
La simple foi, le meilleur est ôté.
Nous nous jetons, pauvres gens que nous sommes,
Dans les procès en prenant le revers.
Les si, les cas, les contrats sont la porte
Par où la noise entra dans l'univers :
N'espérons pas que jamais elle en sorte.
Solennités et lois n'empêchent pas
Qu'avec l'hymen amour n'ait des débats.
C'est le cœur seul qui peut rendre tranquille.
Le cœur fait tout, le reste est inutile.
Qu'ainsi ne soit, voyons d'autres états.
Chez les amis tout s'excuse, tout passe ;
Chez les Amants tout plaît, tout est parfait ;
Chez les Époux tout ennuie et tout lasse.
Le devoir nuit : chacun est ainsi fait.
Mais, dira-t-on, n'est-il en nulles guises
D'heureux ménage ? Après mûr examen,

… / …

J'appelle un bon, voire un parfait hymen,
Quand les conjoints se souffrent leurs sottises.
Sur ce point-là c'est assez raisonné
Dès que chez lui le Diable eut amené
Son épousée, il jugea par lui-même
Ce qu'est l'hymen avec un tel démon :
Toujours débats, toujours quelque sermon
Plein de sottise en un degré suprême.
Le bruit fut tel que Madame Honnesta
Plus d'une fois les voisins éveilla :
Plus d'une fois on courut à la noise
Il lui fallait quelque simple bourgeoise,
Ce disait-elle : un petit trafiquant
Traiter ainsi les filles de mon rang !
Méritait-il femme si vertueuse ?
Sur mon devoir je suis trop scrupuleuse :
J'en ai regret et si je faisais bien…
Il n'est pas sûr qu'Honnesta ne fît rien :
Ces prudes-là nous en font bien accroire.
Nos deux Époux, à ce que dit l'histoire,
Sans disputer n'étaient pas un moment.
Souvent leur guerre avait pour fondement
Le jeu, la jupe ou quelque ameublement,
D'été, d'hiver, d'entre-temps, bref un monde
D'inventions propres à tout gâter,
Le pauvre diable eut lieu de regretter
De l'autre enfer la demeure profonde.

Jean de La Fontaine (1621-1695), *Belphégor* (1682, extrait).

**c.** Comment Ovide se présente-t-il à ses lecteurs ? Quel lieu commun développe-t-il ?

**4** **Version.** Traduisez les vers 145 à 155.

Vers 177 à 196 ➤ traduction p. 190

Si nec blanda satis, nec erit tibi comis amanti,
Perfer et obdura : postmodo mitis erit.
Flectitur obsequio curvatus ab arbore ramus :
Frangis, si vires experiere tuas.
Obsequio tranantur aquae : nec vincere possis
Flumina, si contra, quam rapit unda, nates.
Obsequium tigresque domat Numidasque leones ;
Rustica paulatim taurus aratra subit.
Quid fuit asperius Nonacrina Atalanta ?
Succubuit meritis trux tamen illa viri.
Saepe suos casus nec mitia facta puellae
Flesse sub arboribus Milaniona ferunt ;
Saepe tulit jusso fallacia retia collo,
Saepe fera torvos cuspide fixit apros :
Sensit et Hylaei contentum saucius arcum :
Sed tamen hoc arcu notior alter erat.
Non te Maenalias armatum scandere silvas,
Nec jubeo collo retia ferre tuo :
Pectora nec missis jubeo praebere sagittis ;
Artis erunt cautae mollia jussa meae.

## 11. Il faut être complaisant avec sa maîtresse

**Vers 197 à 232** ➤ traduction p. 190-191

*Pour garder une femme, il faut avoir bon caractère. Après avoir engagé l'amoureux à être aimable et persévérant, Ovide prodigue des conseils simples et pratiques afin de donner à l'amoureux l'occasion de montrer sa complaisance.*

Cede repugnanti : cedendo victor abibis :
    Fac modo, quas partes illa jubebit, agas[1].
Arguet, arguito ; quicquid probat illa, probato ;
    Quod dicet, dicas ; quod negat illa, neges.
Riserit, adride ; si flebit, flere memento ;
    Imponat leges vultibus[2] illa tuis.
Seu ludet, numerosque[3] manu jactabit eburnos,
    Tu male jactato, tu male jacta[4] dato :
Seu jacies talos, victam ne poena sequatur,
    Damnosi facito stent tibi saepe canes[5] :
Sive latrocinii sub imagine calculus ibit[6],
    Fac pereat vitreo miles ab hoste tuus.
Ipse tene distenta suis umbracula[7] virgis[8],
    Ipse fac in turba, qua[9] venit illa, locum.
Nec dubita tereti scamnum producere lecto,
    Et tenero soleam deme vel adde pedi.
Saepe etiam dominae, quamvis horrebis et ipse,
    Algenti[10] manus est calfacienda[11] sinu.
Nec tibi turpe puta (quamvis sit turpe, placebit),
    Ingenua speculum sustinuisse manu.
Ille[12], fatigata praebendo monstra noverca[13]
    Qui meruit caelum, quod[14] prior ipse tulit,
Ionias inter calathum tenuisse puellas
    Creditur, et lanas excoluisse rudes.
Paruit imperio dominae Tirynthius heros[15] :
    I nunc et dubita[16] ferre, quod ille tulit !
Jussus adesse[17] foro, jussa maturius hora
    Fac semper venias, nec nisi serus abi.

**Occurras aliquo, tibi dixerit : omnia differ,**
**Curre, nec inceptum turba moretur iter.**
**Nocte domum repetens epulis perfuncta redibit :**
**Tum quoque pro servo, si vocat illa, veni.**
**Rure erit, et dicet venias ; Amor odit inertes :**
**Si rota defuerit, tu pede carpe viam[18].**
**Nec grave te tempus[19] sitiensque Canicula tardet,**
**Nec via per jactas candida facta nives.**

## NOTES

1. **agere partes :** tenir, jouer un rôle.
2. **vultibus :** *pluriel de* vultus ; les expressions du visage.
3. **numeri :** *ici* les osselets (*il s'agit d'osselets marqués sur quatre faces*).
4. **jacta :** *neutre pluriel qui pour le sens reprend* numeros eburnos.
5. **damnosi [...] canes :** *cette expression désigne, à un jeu d'osselets, la figure perdante qui consiste à tirer le même chiffre sur les quatre dés. Au contraire, la coupe de Vénus est la figure gagnante (lancer avec quatre chiffres différents).*
6. Vers 207 : *il s'agit du « jeu des brigands », ressemblant à nos échecs et qui consiste à faire avancer des pions (de bois, métal ou verre) appelés « soldats » ou « ennemis » sur un damier.*
7. **umbracula :** *pluriel poétique.*
8. **virgis :** *désigne les baguettes qui constituent l'armature de l'ombrelle.*
9. **qua :** là où.
10. **dominae [...] algenti :** *datif d'intérêt.*
11. **calfacienda = calefacienda.**
12. **ille :** *désigne Hercule.*
13. *Allusion à Junon qui poursuivait Hercule de sa haine.*
14. **quod :** *pronom relatif ayant* caelum *pour antécédent.*
15. **Tirynthius heros :** *désigne Hercule (Tirynthe est la ville d'Argolide où Hercule a grandi).*
16. **i [...] et dubita :** *les deux termes sont coordonnés mais signifient* va hésiter (cf. go and get *en anglais qui ne signifie pas* va et cherche *mais* va chercher).
17. **adesse :** *complément de* jussus.
18. **carpere viam :** faire la route.
19. **grave tempus :** le mauvais temps.

## Traduction des vers 203 à 208

### 1. Traduction de Charles Héguin de Guerle (1836)

Mais elle veut jouer, et déjà sa main agite les dés d'ivoire : fais exprès de manquer le coup, et passe-lui la main. Si vous jouez aux osselets, pour lui épargner le chagrin d'une défaite, fais en sorte d'amener souvent un malencontreux ambesas. Si un échiquier est votre champ de bataille, il faut que tes pions de verre tombent sous les coups de l'ennemi.

### 2. Traduction de Henry Bornecque (1924), revue par Philippe Heuzé (© Les Belles Lettres, 1994)

Elle veut jouer ; sa main agite les dés d'ivoire ; toi, agite-les maladroitement, et après les avoir maladroitement agités, passe-lui la main. Si tu joues aux osselets, pour lui éviter de perdre et d'avoir à payer, arrange-toi pour avoir souvent les chiens funestes ; si l'on fait marcher les pièces sur le damier, fais en sorte que ses ennemis de verre triomphent de tes soldats.

### 3. Traduction de Joël Gayraud (© Mille et une nuits, 2000)

Si elle se met à jouer, et qu'elle lance de sa main les dés d'ivoire, jette-les maladroitement, et donne-lui l'avantage ; quand vous jouez aux osselets, fais en sorte de t'adjuger le plus souvent les chiens ruineux, pour qu'elle n'ait pas, en perdant, à payer un gage ; et lorsque les pions marchent à la manière des brigands, laisse tes soldats se faire tuer par ses ennemis de verre.

### 4. Traduction de Danièle Robert (© Actes Sud, 2003)

Lorsqu'elle jouera et agitera les chiffres de sa main d'ivoire[1],
Toi, agite la tienne maladroitement, et passe ton tour ;
Lorsque tu lanceras les dés, pour lui épargner une défaite,
Essaie de tomber fréquemment sur le chien ruineux.
Lorsque tu avances tes pions sur le damier des latroncules,
Débrouille-toi pour que le pion de verre adverse détruise ton soldat.

1. Il s'agit du jeu de la *micatio*, qui consiste à lever un ou plusieurs doigts de la main droite en énonçant à haute voix et très vite le nombre total (*numerus*) des doigts levés par les deux joueurs.

## Entraînement au BAC

**1 Langue.** Étudiez l'expression de l'ordre dans ce passage. Quelle remarque grammaticale vous inspire nec dubita au vers 211 ?

**2 Traduction.** Comparez les traductions des vers 203 à 208. En regardant plus particulièrement le vers 203, dites en quoi le traducteur 4 s'est démarqué des autres ? Comment pouvez-vous défendre cette traduction (vous pouvez, entre autres, vous appuyer sur l'article numerus du dictionnaire) ?

**3 Analyse**

**a.** Relevez toutes les situations dans lesquelles un homme doit se montrer complaisant. À qui d'ordinaire les tâches répertoriées des vers 209 à 216 incombent-elles ? Identifiez dans le passage le terme qui résume le rôle que doit tenir l'homme amoureux ; en vous appuyant sur la scansion, montrez que ce terme est mis en valeur.

**b.** Quels procédés Ovide utilise-t-il pour rendre l'idée de la domination de la femme.

**c.** Quel peut être selon vous l'intérêt dans ce passage des vers consacrés à Hercule ?

**4 Version.** Traduisez les vers 213 à 221.

Vers 233 à 260 traduction p. 191-192

Militiae species amor est ; discedite, segnes :
Non sunt haec timidis signa tuenda viris.
Nox et hiems longaeque viae saevique dolores
Mollibus his castris et labor omnis inest.
Saepe feres imbrem caelesti nube solutum,
Frigidus et nuda saepe jacebis humo.
Cynthius Admeti vaccas pavisse Pheraei
Fertur, et in parva delituisse casa.
Quod Phoebum decuit, quem non decet ? Exue fastus,
Curam mansuri quisquis amoris habes.
Si tibi per tutum planumque negabitur ire,
Atque erit opposita janua fulta sera,
At tu per praeceps tecto delabere aperto :
Det quoque furtivas alta fenestra vias.
Laeta erit, et causam tibi se sciet esse pericli ;
Hoc dominae certi pignus amoris erit.
Saepe tua poteras, Leandre, carere puella :
Transnabas, animum nosset ut ilia tuum.

Nec pudor ancillas, ut quaeque erit ordine prima,
Nec tibi sit servos demeruisse pudor.
Nomine quemque suo (nulla est jactura) saluta,
Junge tuis humiles, ambitiose, manus.
Sed tamen et servo (levis est inpensa) roganti
Porrige Fortunae munera parva die :
Porrige et ancillae, qua poenas luce pependit
Lusa maritali Gallica veste manus.
Fac plebem, mihi crede, tuam ; sit semper in illa
Janitor et thalami qui jacet ante fores.

## 12. Faire des cadeaux

Vers 261 à 294 traduction p. 192

*Les cadeaux entretiennent l'amour et Ovide, en bon maître, prodigue à l'amoureux quelques conseils et exemples pratiques.*

**Nec dominam jubeo[1] pretioso munere dones ;**
**Parva, sed e parvis callidus apta dato.**
**Dum bene dives ager, dum rami pondere[2] nutant,**
**Adferat in calatho rustica dona puer ;**
**Rure suburbano[3] poteris tibi dicere missa[4],**
**Illa vel in Sacra sint licet[5] empta via.**
**Adferat aut uvas aut quas Amaryllis amabat[6]**
**(At nunc castaneas non amat illa) nuces.**
**Quin etiam[7] turdoque licet missaque[8] columba**
**Te memorem dominae testificere tuae.**
**Turpiter his emitur spes mortis et orba senectus.**
**A, pereant, per quos munera crimen habent[9].**
**Quid tibi praecipiam teneros quoque mittere versus ?**
**Ei[10] mihi, non multum carmen honoris habet.**
**Carmina laudantur, sed munera magna petuntur ;**
**Dummodo sit dives, barbarus ipse placet.**
**Aurea sunt vere nunc saecula : plurimus auro**
**Venit honos, auro conciliatur amor.**
**Ipse licet venias Musis comitatus, Homere,**
**Si nihil attuleris, ibis, Homere, foras.**
**Sunt tamen et doctae, rarissima turba, puellae ;**
**Altera non doctae turba, sed esse volunt.**
**Utraque laudetur per carmina ; carmina lector**
**Commendet dulci qualiacumque sono.**
**His ergo aut illis vigilatum carmen[11] in ipsas**
**Forsitan exigui muneris instar erit.**
**At quod eris per te[12] facturus, et utile credis,**
**Id tua te facito semper amica roget.**
**Libertas alicui fuerit promissa[13] tuorum :**

**Hanc tamen a domina fac petat ille tua.**
**Si poenam servo, si vincula saeva remittis,**
**Quod facturus eras, debeat illa tibi ;**
**Utilitas tua sit, titulus[14] donetur amicae :**
**Perde nihil, partes illa potentis agat[15].**

## NOTES

1. **jubeo :** *se construit ici avec le subjonctif (plus classiquement, il se construit avec l'infinitif).*
2. **pondere :** sous le poids < des fruits >.
3. **rure suburbano :** *ablatif d'origine sans préposition.*
4. **missa :** *participe s'accordant avec* rustica dona.
5. **vel [...] licet :** même bien que, même si (*litt.*).
6. Vers 267-268 : *allusion aux* Bucoliques *de Virgile (Églogue II, 54) :* « Castaneaeque nuces mea quas Amaryllis amabat ».
7. **quin etiam :** bien plus.
8. **missa :** *s'accorde avec le plus proche mais porte également, pour le sens, sur* turdo.
9. **munera crimen habent :** les cadeaux consistent en un crime.
10. **ei :** hélas (*interjection*).
11. **carmen vigilatum :** poème de veille (*litt.*), *c'est-à-dire composé pendant la nuit.*
12. **per te :** de ta propre initiative.
13. **fuerit promissa :** aura été promise.
14. **titulus, i, m :** le titre de gloire, l'honneur.
15. **agere partes :** tenir, jouer un rôle.

## Traduction des vers 203 à 208

❑ ❑ ❑ ❑ ❑ ❑ ❑

### 1. Traduction de Charles Héguin de Guerle (1836)

Tu pourras dire qu'ils viennent d'une campagne voisine de la ville, bien qu'ils aient été achetés sur la Voie Sacrée. Envoie-lui ou des raisins ou de ces châtaignes qu'aimait Amaryllis ; mais les Amaryllis de nos jours aiment peu les châtaignes. Un envoi de grives ou de colombes lui prouvera que tu ne l'oublies point.

❑ ❑ ❑ ❑ ❑ ❑ ❑

### 2. Traduction de Henry Bornecque (1924), revue par Philippe Heuzé (© Les Belles Lettres, 1994)

Tu pourras dire que tu les as reçus de ta campagne, eussent-ils été achetés sur la Voie Sacrée ; qu'il apporte des raisins ou ces châtaignes qu'aimait Amaryllis ; mais aujourd'hui elle ne les aime plus. Tu peux même envoyer une grive ou une couronne, pour lui montrer que tu penses à elle.

❑ ❑ ❑ ❑ ❑ ❑ ❑

### 3. Traduction de Joël Gayraud (© Mille et une nuits, 2000)

Tu pourras toujours prétendre les avoir reçus de la campagne alors que tu les auras achetés sur la Voie sacrée. Fais-lui porter des raisins ou de ces châtaignes « qu'aimait Amaryllis », mais qu'aujourd'hui elle a cessé d'aimer. Tu prouveras aussi à ta belle que tu ne l'oublies pas en lui envoyant une grive ou un pigeon.

❑❑❑❑❑❑❑ **4. Traduction de Danièle Robert (© Actes Sud, 2003)**

(Tu pourras dire qu'ils arrivent de ta résidence secondaire
Même s'ils ont été achetés sur la Voie Sacrée) ;
Qu'il lui apporte soit du raisin soit des châtaignes
Qu'Amaryllis aimait et qu'aujourd'hui elle n'aime plus.
Tu peux aussi, par l'envoi d'une grive ou d'une colombe,
Prouver à ta maîtresse que tu ne l'oublies pas.

## Entraînement au BAC

**1 Langue.** Analysez la forme testificere (v. 270).

**2 Traduction.** Repérez et comparez les différentes manières de rendre licet dans les traductions des vers 265 à 270. Les deux licet (v. 266 et v. 269) ont-ils le même sens ?

**3 Analyse**

**a.** Quelle image Ovide donne-t-il des femmes dans ce passage ?

**b.** Après avoir inventorié les différents types de présents qu'Ovide conseille d'offrir à une maîtresse, dégagez ce qui caractérise le bon cadeau. Retrouvez, dans le livre I, un passage qui évoque la même idée.

**c.** Quelle attitude l'amoureux qui veut faire un cadeau doit-il alors adopter ?

**d.** En argumentant, dites en quoi les vers 273 à 286 fonctionnent comme une prétérition.

**4 Version.** Traduisez les vers 273 à 280.

Vers 295 à 336 ➤ traduction p. 192-193

**Sed te, cuicumque est retinendae cura puellae,**
**Attonitum forma fac putet esse sua.**
**Sive erit in Tyriis, Tyrios laudabis amictus :**
**Sive erit in Cois, Coa decere puta.**
**Aurata est ? ipso tibi sit pretiosior auro ;**
**Gausapa si sumpsit, gausapa sumpta proba.**
**Adstiterit tunicata « moves incendia » clama,**
**Sed timida, caveat frigora, voce roga.**
**Conpositum discrimen erit, discrimina lauda :**
**Torserit igne comam, torte capille, place.**
**Bracchia saltantis, vocem mirare canentis,**
**Et, quod desierit, verba querentis habe.**
**Ipsos concubitus, ipsum venerere licebit**
**Quod juvat, et quae clam gaudia noctis habet.**
**Ut fuerit torva violentior illa Medusa,**
**Fiet amatori lenis et aequa suo.**
**Tantum, ne pateas verbis simulator in illis,**
**Effice, nec vultu destrue dicta tuo.**
**Si latet ars, prodest : adfert deprensa pudorem,**
**Atque adimit merito tempus in omne fidem.**

**Saepe sub autumnum, cum formosissimus annus,**
**Plenaque purpureo subrubet uva mero,**
**Cum modo frigoribus premimur, modo solvitur aestu,**
**Aere non certo, corpora languor habet.**
**Illa quidem valeat ; sed si male firma cubabit,**
**Et vitium caeli senserit aegra sui,**
**Tunc amor et pietas tua sit manifesta puellae,**
**Tum sere, quod plena postmodo falce metas.**
**Nec tibi morosi veniant fastidia morbi,**
**Perque tuas fiant, quae sinet ipsa, manus.**
**Et videat flentem, nec taedeat oscula ferre,**
**Et sicco lacrimas conbibat ore tuas.**
**Multa vove, sed cuncta palam ; quotiesque libebit,**

Quae referas illi, somnia laeta vide.
Et veniat, quae lustret anus lectumque locumque,
Praeferat et tremula sulpur et ova manu.
Omnibus his inerunt gratae vestigia curae :
In tabulas multis haec via fecit iter.
Nec tamen officiis odium quaeratur ab aegra :
Sit suus in blanda sedulitate modus :
Neve cibo prohibe, nec amari pocula suci
Porrige : rivalis misceat illa tuus.

# 13. Être assidu

Vers 337 à 372 ▸ traduction p. 193-194

*Le livre II est consacré aux conseils pour garder une maîtresse. Mais la stratégie n'est pas la même selon que la relation dure depuis longtemps ou non. Après avoir envisagé les comportements qui assureront à l'amant l'attachement de sa nouvelle maîtresse, Ovide considère à partir du vers 337 la conduite à tenir dans le cas des relations plus anciennes.*

**Sed non cui dederas a litore carbasa[1] vento,**
**Utendum[2], medio cum potiere freto.**
**Dum novus[3] errat amor, vires sibi colligat usu :**
**Si bene nutrieris, tempore firmus erit.**
**Quem taurum metuis, vitulum mulcere solebas :**
**Sub qua nunc recubas arbore[4], virga fuit :**
**Nascitur exiguus, sed opes[5] adquirit eundo,**
**Quaque venit, multas accipit amnis aquas.**
**Fac tibi consuescat : nil[6] adsuetudine majus[7] :**
**Quam[8] tu dum[9] capias, taedia nulla fuge.**
**Te semper videat, tibi semper praebeat aures ;**
**Exhibeat vultus[10] noxque diesque tuos.**
**Cum tibi major erit fiducia posse requiri,**
**Cum procul absenti cura futurus eris,**
**Da requiem : requietus ager bene credita reddit,**
**Terraque caelestes arida sorbet aquas.**
**Phyllida Demophoon[11] praesens moderatius ussit :**
**Exarsit velis acrius illa datis.**
**Penelopen absens sollers torquebat Ulixes ;**
**Phylacides[12] aberat, Laodamia, tuus.**
**Sed mora tuta brevis[13] : lentescunt tempore curae,**
**Vanescitque absens et novus intrat amor.**
**Dum Menelaus abest, Helene[14], ne sola jaceret,**
**Hospitis est tepido nocte recepta sinu[15].**
**Quis stupor hic, Menelae, fuit ? tu solus abibas,**
**Isdem sub tectis hospes et uxor erant.**
**Accipitri timidas credis, furiose, columbas ?**

**Plenum montano credis ovile lupo ?**
**Nil[16] Helene peccat, nihil[16] hic[17] committit adulter :**
**Quod tu[18], quod faceret quilibet, ille facit.**
**Cogis adulterium dando tempusque locumque ;**
**Quid nisi[19] consilio est usa puella tuo ?**
**Quid faciat ? vir abest, et adest non rusticus hospes,**
**Et timet in vacuo sola cubare toro.**
**Viderit Atrides[20] : Helenen ego crimine solvo :**
**Usa est humani[21] commoditate viri.**

NOTES

1. **carbasa, orum, n pl :** la voile de navire.
2. *Il faut lire* utendum < est >.
3. **dum novus :** encore jeune.
4. **arbore :** *terme à l'ablatif car il a été attiré dans la proposition relative.*
5. **opes, opum, f pl :** *ici* la force.
6. **nil = nihil.**
7. *Il faut lire* nil adsuetudine majus < est >.
8. **quam :** *relatif de liaison renvoyant à la maîtresse.*
9. **dum :** *ici suivi du subjonctif* ; jusqu'à ce que.
10. **vultus :** *pluriel poétique.*
11. *Démophon est le fils de Thésée et de Phèdre. À son retour de la guerre de Troie, il épousa Phyllis, la fille du roi de Thrace, mais abandonna cette dernière pour rentrer à Athènes.*
12. **Phylacides** = Protésilas (*descendant de Phylacus*). *Protésilas quitta sa jeune épouse pour partir à la guerre de Troie où il fut tué par Hector. Laodamie demeura inconsolable.*
13. **Sed mora tuta brevis < est > :** brevis *est attribut du sujet.*
14. **Helene, es, f, accusatif : Helenen** (v. 371).
15. *Pâris était en effet venu en visite à Sparte, mais Ménélas, qui devait se rendre en Crète, partit en le laissant seul avec Hélène, lui fournissant ainsi l'occasion d'enlever cette dernière.*
16. **nil** *et* **nihil :** en rien.
17. **hic :** *désigne Pâris.*
18. *Il faut lire* quod tu < faceres >.
19. **quid nisi... ? :** qu'a-t-elle fait si ce n'est... ?
20. **viderit Atrides :** au fils d'Atrée de voir (viderit *est un futur antérieur*) ; **Atrides, ae, m :** fils d'Atrée, *ici* Ménélas.
21. **humanus, a, um :** *ici* aimable, bienveillant.

## Traduction des vers 345 à 351

❑❑❑❑❑❑❑

### 1. Traduction de Charles Héguin de Guerle (1836)

Tâche que ta belle s'habitue à toi : rien n'a plus de force que l'habitude. Pour gagner son cœur, ne recule devant aucun ennui. Que sans cesse elle te voie ; qu'elle n'entende que toi. Le jour, la nuit, sois devant ses yeux. Mais, lorsque tu pourras croire avec plus de confiance qu'elle peut te regretter, alors éloigne-toi, pour que ton absence lui donne quelque inquiétude. Laisse-lui un peu de repos.

❑❑❑❑❑❑❑ **2. Traduction de Henry Bornecque (1924), revue par Philippe Heuzé (© Les Belles Lettres, 1994)**

Fais en sorte que ta belle s'habitue à toi ; rien n'est plus puissant que l'accoutumance ; pour la créer, ne recule devant aucun ennui. Que ton amie te voie toujours ; qu'elle t'entende toujours ; que la nuit et le jour lui montrent ton visage. Lorsque tu auras plus de raisons de croire qu'elle peut te rechercher, lorsque ton absence lui causera quelque inquiétude, laisse-lui un peu de repos.

❑❑❑❑❑❑❑ **3. Traduction de Joël Gayraud (© Mille et une nuits, 2000)**

Veille à ce que ta maîtresse s'habitue à toi : il n'est rien de plus fort que l'habitude, et tant que tu ne l'as pas suscitée, ne ménage pas ta peine. Ne laisse pas passer une journée sans qu'elle te voie, sans qu'elle t'entende ; que la nuit comme le jour lui montre ton visage. Quand tu seras bien certain de pouvoir être regretté, quand ton absence la jettera dans l'inquiétude, accorde-lui des vacances.

❑❑❑❑❑❑❑ **4. Traduction de Danièle Robert (© Actes Sud, 2003)**

Habitue-la à toi ; rien n'est plus fort que l'accoutumance ;
N'épargne pas ta peine : l'essentiel est de te l'attacher.
Qu'elle te voie sans cesse, te prête sans cesse l'oreille,
Montre-lui ton visage chaque nuit, chaque jour.
Quand tu seras tout à fait sûr qu'elle a besoin de ta présence,
Qu'elle est dans l'inquiétude de te savoir absent,
Accorde-lui une trêve

## Entraînement au BAC

**1 Langue.** Relevez et classez les subjonctifs de ce texte selon leur emploi.

**2 Traduction.** Comparez les différentes traductions des vers 345 à 351 en vous attachant plus particulièrement à la traduction des verbes et de leurs sujets : le sujet en latin devient-il toujours le sujet en français ?

**3 Analyse**

**a.** Comment Ovide convainc-t-il l'amant des bienfaits de l'assiduité auprès d'une maîtressse ?

**b.** En quoi le traitement par Ovide du couple Hélène / Ménélas est-il original ?

**c.** Dites ce qui, dans ce passage, a pu être jugé subversif à l'époque d'Auguste ?

**4 Version.** Traduisez les vers 337 à 344.

Vers 373 à 426 ➤ traduction p. 194-195

**Sed neque fulvus aper media tam saevus in ira est,**
**Fulmineo rabidos cum rotat ore canes,**
**Nec lea, cum catulis lactantibus ubera praebet,**
**Nec brevis ignaro vipera laesa pede,**
**Femina quam socii deprensa paelice lecti :**
**Ardet et in vultu pignora mentis habet.**
**In ferrum flammasque ruit, positoque decore**
**Fertur, ut Aonii cornibus icta dei.**
**Conjugis admissum violataque jura marita est**
**Barbara per natos Phasias ulta suos.**
**Altera dira parens haec est, quam cernis, hirundo :**
**Aspice, signatum sanguine pectus habet.**
**Hoc bene compositos, hoc firmos solvit amores ;**
**Crimina sunt cautis ista timenda viris.**
**Nec mea vos uni damnat censura puellae :**
**Di melius ! vix hoc nupta tenere potest.**
**Ludite, sed furto celetur culpa modesto :**
**Gloria peccati nulla petenda sui est.**
**Nec dederis munus, cognosse quod altera possit,**
**Nec sint nequitiae tempora certa tuae.**
**Et, ne te capiat latebris sibi femina notis,**
**Non uno est omnis convenienda loco ;**
**Et quotiens scribes, totas prius ipse tabellas**
**Inspice : plus multae, quam sibi missa, legunt.**
**Laesa Venus justa arma movet, telumque remittit,**
**Et, modo quod questa est, ipse querare, facit.**
**Dum fuit Atrides una contentus, et illa**
**Casta fuit : vitio est improba facta viri.**
**Audierat laurumque manu vittasque ferentem**
**Pro nata Chrysen non valuisse sua :**
**Audierat, Lyrnesi, tuos, abducta, dolores,**
**Bellaque per turpis longius isse moras.**
**Haec tamen audierat : Priameida viderat ipsa :**
**(Victor erat praedae praeda pudenda suae).**

Inde Thyestiaden animo thalamoque recepit,
Et male peccantem Tyndaris ulta virum.

Quae bene celaris, siquae tamen acta patebunt,
Illa, licet pateant, tu tamen usque nega.
Tum neque subjectus, solito nec blandior esto :
Haec animi multum signa nocentis habent :
Sed lateri ne parce tuo : pax omnis in uno est ;
Concubitu prior est infitianda Venus.
Sunt, quae praecipiant herbas, satureia, nocentes
Sumere ; judiciis ista venena meis ;
Aut piper urticae mordacis semine miscent,
Tritaque in annoso flava pyrethra mero ;
Sed dea non patitur sic ad sua gaudia cogi,
Colle sub umbroso quam tenet altus Eryx.
Candidus, Alcathoi qui mittitur urbe Pelasga,
Bulbus et, ex horto quae venit, herba salax
Ovaque sumantur, sumantur Hymettia mella,
Quasque tulit folio pinus acuta nuces.

Docta, quid ad magicas, Erato, deverteris artes ?
Interior curru meta terenda meo est.

## 14. Susciter la jalousie

Vers 427 à 466 traduction p. 195-196

*Dans les vers précédents, Ovide conseillait à l'amant de dissimuler ses infidélités. Mais dans certains cas, susciter la jalousie chez une maîtresse peut raviver la flamme.*

**Qui modo celabas monitu tua crimina nostro,**
**Flecte iter, et monitu detege furta meo.**
**Nec levitas culpanda mea est : non semper eodem**
**Impositos vento panda carina vehit.**
**Nam modo Threicio[1] Borea, modo currimus Euro,**
**Saepe tument Zephyro lintea, saepe Noto[2].**
**Aspice ut[3] in curru modo det fluitantia rector**
**Lora, modo admissos arte retentet equos[4].**
**Sunt quibus ingrate timida indulgentia servit[5],**
**Et, si nulla subest aemula, languet amor.**
**Luxuriant animi rebus plerumque secundis[6],**
**Nec facile est aequa commoda mente pati.**
**Ut levis absumptis paulatim viribus ignis**
**Ipse latet, summo canet in igne cinis,**
**Sed tamen extinctas admoto sulpure flammas**
**Invenit[7], et lumen, quod fuit ante, redit,**
**Sic, ubi pigra situ[8] securaque pectora torpent,**
**Acribus est stimulis eliciendus[9] amor.**
**Fac timeat de te tepidamque recalface[10] mentem :**
**Palleat indicio criminis illa tui ;**
**O quater et quotiens numero conprendere non est[11]**
**Felicem[12], de quo laesa puella dolet :**
**Quae, simul[13] invitas crimen pervenit ad aures,**
**Excidit et miserae voxque colorque fugit.**
**Ille ego sim, cujus laniet furiosa capillos :**
**Ille ego sim, teneras cui petat ungue genas,**
**Quem videat lacrimans, quem torvis spectet ocellis,**
**Quo sine non possit vivere, posse velit[14].**

**Si spatium[15] quaeras, breve sit, quo laesa queratur,**
**Ne lenta vires colligat ira mora ;**
**Candida jamdudum cingantur colla lacertis,**
**Inque tuos flens est accipienda sinus.**
**Oscula da flenti, Veneris da gaudia flenti,**
**Pax erit : hoc uno solvitur ira modo.**
**Cum bene saevierit, cum certa videbitur hostis,**
**Tum pete concubitus foedera[16], mitis erit.**
**Illic depositis habitat Concordia telis :**
**Illo, crede mihi, Gratia[17] nata loco est.**
**Quae modo[18] pugnarunt, jungunt sua rostra columbae,**
**Quarum blanditias verbaque murmur habet[19].**

## NOTES

1. **Threicius, a, um :** de Thrace.
2. *Le Borée* (Boreas, ae, f) *est un vent du nord, l'Eurus un vent du sud-ouest, le Zéphyr un vent d'ouest et le Notus le vent du midi.*
3. **adspice ut + subjonctif :** regarde comme.
4. **admissos [...] equos :** les chevaux lancés à bride abattue.
5. **Sunt... servit :** *une indulgence timorée sert la cause de certains de manière bien ingrate.*
6. **res secundae :** le bonheur, la prospérité.
7. **invenit :** *ici* retrouve.
8. **situ :** en jachère, laissé à l'abandon.
9. **elicio, is, ere, cui, citum :** exciter.
10. **recalface = recaleface.**
11. **quotiens numero conprendere non est :** quotiens *est un adverbe interrogatif indirect ; littéralement :* il n'est pas possible d'exprimer par un chiffre combien de fois...
12. **felicem :** *accusatif exclamatif.*
13. **simul :** sitôt que (*conjonction*).
14. **laniet, petat videat, spectet, possis** *et* **velit :** *subjonctifs dans des propositions relatives à valeur consécutive.*
15. **spatium :** *ici* l'espace de temps.
16. **concubitus foedera :** foedera *est attribut de* concubitus.
17. **Gratia :** *ici* le pardon, la réconciliation.
18. **modo :** il y a un instant.
19. **habet :** consiste en.

# Traduction des vers 435 à 436

## 1. Traduction Desaintange (1807)

Des soins les plus touchants l'habitude indulgente
Souvent réussit mal auprès d'une ingrate amante ;
Il faut qu'une rivale éveille sa tiédeur.

❑❑❑❑❑❑❑ **2. Traduction de Charles Héguin de Guerle (1836)**

Il est des amants que sert mal une timide indulgence : l'amour de leur maîtresse languit si la crainte d'une rivale ne vient le ranimer.

❑❑❑❑❑❑❑ **3. Traduction de Henry Bornecque (1924), revue par Philippe Heuzé (© Les Belles Lettres, 1994)**

Il y a des femmes auprès desquelles une obéissance craintive va contre le but, et dont l'amour languit, faute d'une rivale.

❑❑❑❑❑❑❑ **4. Traduction de Joël Gayraud (© Mille et une nuits, 2000)**

Il est des femmes envers lesquelles une complaisance craintive sera mal récompensée, et si elles n'ont pas de rivale, leur passion languit.

❑❑❑❑❑❑❑ **5. Traduction de Danièle Robert (© Actes Sud, 2003)**

On se dessert à craindre et ménager certaines femmes
Et, en l'absence de rivales, l'amour languit.

## Entraînement au BAC

**1** **Langue.** Indiquez, en prenant chaque groupe de mots, la construction des vers 439 à 444.

**2** **Traduction.** En comparant les traductions du vers 435, indiquez comment chaque traducteur a compris quibus (genre et fonction).

**3** **Analyse**

**a.** Relevez le vocabulaire des sentiments et de leur expression.
**b.** En quoi peut-on dire que ce passage est une « peinture » de la passion ?
**c.** En vous appuyant sur des exemples précis, montrez que cette « guerre » amoureuse est avant tout une mise en scène orchestrée par le poète.

**4** **Version.** Traduisez les vers 427 à 434.

Vers 467 à 534 ➤ traduction p. 196-198

Prima fuit rerum confusa sine ordine moles,
Unaque erat facies sidera, terra, fretum ;
Mox caelum impositum terris, humus aequore cincta est
Inque suas partes cessit inane chaos ;
Silva feras, volucres aer accepit habendas,
In liquida, pisces, delituistis aqua.
Tum genus humanum solis errabat in agris,
Idque merae vires et rude corpus erat ;
Silva domus fuerat, cibus herba, cubilia frondes :
Jamque diu nulli cognitus alter erat.
Blanda truces animos fertur mollisse voluptas :
Constiterant uno femina virque loco ;
Quid facerent, ipsi nullo didicere magistro :
Arte Venus nulla dulce peregit opus.
Ales habet, quod amet ; cum quo sua gaudia jungat,
Invenit in media femina piscis aqua ;
Cerva parem sequitur, serpens serpente tenetur,
Haeret adulterio cum cane nexa canis ;
Laeta salitur ovis : tauro quoque laeta juvenca est :
Sustinet inmundum sima capella marem ;
In furias agitantur equae, spatioque remota
Per loca dividuos amne sequuntur equos.
Ergo age et iratae medicamina fortia praebe :
Illa feri requiem sola doloris habent :
Illa Machaonios superant medicamina sucos :
His, ubi peccaris, restituendus eris.

Haec ego cum canerem, subito manifestus Apollo
Movit inauratae pollice fila lyrae.
In manibus laurus, sacris inducta capillis
Laurus erat ; vates ille videndus adit.
Is mihi « Lascivi, dixit, praeceptor Amoris,
Duc, age, discipulos ad mea templa tuos,
Est ubi diversum fama celebrata per orbem

**Littera, cognosci quae sibi quemque jubet.**
**Qui sibi notus erit, solus sapienter amabit,**
**Atque opus ad vires exiget omne suas.**
**Cui faciem natura dedit, spectetur ab illa :**
**Cui color est, umero saepe patente cubet :**
**Qui sermone placet, taciturna silentia vitet :**
**Qui canit arte, canat ; qui bibit arte, bibat.**
**Sed neque declament medio sermone diserti,**
**Nec sua non sanus scripta poeta legat ! »**
**Sic monuit Phoebus : Phoebo parete monenti ;**
**Certa dei sacro est hujus in ore fides.**
**Ad propiora vocor. Quisquis sapienter amabit**
**Vincet, et e nostra, quod petet, arte feret.**

**Credita non semper sulci cum faenore reddunt,**
**Nec semper dubias adjuvat aura rates ;**
**Quod juvat, exiguum, plus est, quod laedat amantes ;**
**Proponant animo multa ferenda suo.**
**Quot lepores in Atho, quot apes pascuntur in Hybla,**
**Caerula quot bacas Palladis arbor habet,**
**Litore quot conchae, tot sunt in amore dolores ;**
**Quae patimur, multo spicula felle madent.**
**Dicta erit isse foras : quam tu fortasse videres :**
**Isse foras, et te falsa videre puta.**
**Clausa tibi fuerit promissa janua nocte :**
**Perfer et inmunda ponere corpus humo.**
**Forsitan et vultu mendax ancilla superbo**
**Dicet « Quid nostras obsidet iste fores ? »**
**Postibus et durae supplex blandire puellae,**
**Et capiti demptas in fore pone rosas.**
**Cum volet, accedes : cum te vitabit, abibis ;**
**Dedecet ingenuos taedia ferre sui.**
**« Effugere hunc non est » quare tibi possit amica**
**Dicere ? non omni tempore sensus obest.**
**Nec maledicta puta, nec verbera ferre puellae**
**Turpe, nec ad teneros oscula ferre pedes.**

## 15. Comment se comporter face aux rivaux

Vers 535 à 600 traduction p. 198-199

*Parmi les tristesses de l'amour se trouve l'infidélité. D'après Ovide, il convient que l'amant laisse faire la femme afin de ne pas accorder trop d'importance à cette nouvelle amourette.*

**Quid moror in parvis ? Animus majoribus instat ;**
**Magna canam : toto pectore, vulgus, ades.**
**Ardua molimur, sed nulla, nisi ardua, virtus :**
**Difficilis nostra poscitur arte labor.**
**Rivalem patienter habe, victoria tecum**
**Stabit : eris magni victor in arte Jovis.**
**Haec tibi non hominem, sed quercus crede Pelasgas**
**Dicere : nil istis ars mea majus habet.**
**Innuet illa, feras ; scribet, ne tange tabellas :**
**Unde volet, veniat ; quoque libebit, eat.**
**Hoc in legitima praestant uxore mariti,**
**Cum, tener, ad partes tu quoque, somne, venis.**
**Hac ego, confiteor, non sum perfectus in arte ;**
**Quid faciam ? monitis sum minor ipse meis.**
**Mene palam nostrae det quisquam signa puellae ?**
**Et patiar, nec me quolibet ira ferat ?**
**Oscula vir dederat, memini, suus : oscula questus**
**Sum data ; barbaria noster abundat amor.**
**Non semel hoc vitium nocuit mihi : doctior ille,**
**Quo veniunt alii conciliante viro.**
**Sed melius nescisse fuit : sine furta tegantur,**
**Ne fugiat ficto fassus ab ore pudor.**
**Quo magis, o juvenes, deprendere parcite vestras :**
**Peccent, peccantes verba dedisse putent.**
**Crescit amor prensis ; ubi par fortuna duorum est,**
**In causa damni perstat uterque sui.**
**Fabula narratur toto notissima caelo,**
**Mulciberis capti Marsque Venusque dolis.**
**Mars pater, insano Veneris turbatus amore,**

**De duce terribili factus amator erat.**
**Nec Venus oranti (neque enim dea mollior ulla est)**
**Rustica Gradivo difficilisque fuit.**
**A, quotiens lasciva pedes risisse mariti**
**Dicitur, et duras igne vel arte manus.**
**Marte palam simul est Vulcanum imitata. Decebat,**
**Multaque cum forma gratia mixta fuit.**
**Sed bene concubitus primo celare solebant.**
**Plena verecundi culpa pudoris erat.**
**Indicio Solis (quis Solem fallere possit ?)**
**Cognita Vulcano conjugis acta suae.**
**Quam mala, Sol, exempla moves ! Pete munus ab ipsa**
**Et tibi, si taceas, quod dare possit, habet.**
**Mulciber obscuros lecto circaque superque**
**Disponit laqueos : lumina fallit opus.**
**Fingit iter Lemnon ; veniunt ad foedus amantes :**
**Impliciti laqueis nudus uterque jacent.**
**Convocat ille deos ; praebent spectacula capti :**
**Vix lacrimas Venerem continuisse putant.**
**Non vultus texisse suos, non denique possunt**
**Partibus obscenis opposuisse manus.**
**Hic aliquis ridens : « In me, fortissime Mavors,**
**Si tibi sunt oneri, vincula transfer » ait.**
**Vix precibus, Neptune, tuis captiva resolvit**
**Corpora : Mars Thracen occupat, illa Paphum.**
**Hoc tibi perfecto, Vulcane : quod ante tegebant,**
**Liberius faciunt, ut pudor omnis abest :**
**Saepe tamen demens stulte fecisse fateris,**
**Teque ferunt artis paenituisse tuae.**
**Hoc vetiti vos este ; vetat deprensa Dione**
**Insidias illas, quas tulit ipsa, dare.**
**Nec vos rivali laqueos disponite, nec vos**
**Excipite arcana verba notata manu.**
**Ista viri captent, si jam captanda putabunt,**
**Quos faciet justos ignis et unda viros.**
**En, iterum testor : nihil hic, nisi lege remissum**
**Luditur : in nostris instita nulla jocis.**

## Vers le commentaire

1 Faites le plan de ce texte : à quoi la première partie vous fait-elle penser?

2 Pourquoi Ovide précise-t-il qu'il n'est pas capable de s'appliquer ses propres conseils ?

3 Comment cette incapacité se traduit-elle dans le texte ?

4 Comment le mythe de Mars et de Vénus illustre-t-il les recommandations d'Ovide ?

5 Quelle formule récurrente dans *L'Art d'aimer* trouve-t-on à la fin de ce texte ?

Vers 601 à 732 ➤ traduction p. 200-202

Quis Cereris ritus ausit vulgare profanis,
Magnaque Threicia sacra reperta Samo ?
Exigua est virtus praestare silentia rebus :
At contra gravis est culpa tacenda loqui.
O bene, quod frustra captatis arbore pomis
Garrulus in media Tantalus aret aqua !
Praecipue Cytherea jubet sua sacra taceri :
Admoneo, veniat nequis ad illa loquax.
Condita si non sunt Veneris mysteria cistis,
Nec cava vesanis ictibus aera sonant,
Attamen inter nos medio versantur in usu,
Sed sic inter nos ut latuisse velint.
Ipsa Venus pubem, quotiens velamina ponit,
Protegitur laeva semireducta manu.
In medio passimque coit pecus : hoc quoque viso
Avertit vultus saepe puella suos.
Conveniunt thalami furtis et janua nostris,
Parsque sub injecta veste pudenda latet :
Et si non tenebras, ad quiddam nubis opacae
Quaerimus, atque aliquid luce patente minus.
Tunc quoque, cum solem nondum prohibebat et imbrem
Tegula, sed quercus tecta cibumque dabat,
In nemore atque antris, non sub Jove, juncta voluptas ;
Tanta rudi populo cura pudoris erat.
At nunc nocturnis titulos inponimus actis,
Atque emitur magno nil, nisi posse loqui !
Scilicet excuties omnes, ubi quaeque, puellas,
Cuilibet ut dicas « haec quoque nostra fuit »,
Ne desint, quas tu digitis ostendere possis,
Ut quamque adtigeris, fabula turpis erit.
Parva queror : fingunt quidam, quae vera negarent,
Et nulli non se concubuisse ferunt.
Corpora si nequeunt, quae possunt, nomina tangunt,
Famaque non tacto corpore crimen habet.

I nunc, claude fores, custos odiose puellae,
Et centum duris postibus obde seras !
Quid tuti superest, cum nominis extat adulter,
Et credi quod non contigit esse, cupit ?
Nos etiam veros parce profitemur amores,
Tectaque sunt solida mystica furta fide.

Parcite praecipue vitia exprobrare puellis,
Utile quae multis dissimulasse fuit.
Nec suus Andromedae color est objectus ab illo,
Mobilis in gemino cui pede pinna fuit.
Omnibus Andromache visa est spatiosior aequo :
Unus, qui modicam diceret, Hector erat.
Quod male fers, adsuesce, feres bene ; multa vetustas
Lenit, at incipiens omnia sentit amor.
Dum novus in viridi coalescit cortice ramus,
Concutiat tenerum quaelibet aura, cadet :
Mox etiam ventis, spatio durata, resistet,
Firmaque adoptivas arbor habebit opes.
Eximit ipsa dies omnes e corpore mendas,
Quodque fuit vitium, desinit esse mora.
Ferre novae nares taurorum terga recusant :
Adsidue domitas tempore fallit odor.
Nominibus mollire licet mala : fusca vocetur,
Nigrior Illyrica cui pice sanguis erit :
Si paeta est, Veneris similis : si rava, Minervae :
Sit gracilis, macie quae male viva sua est ;
Dic habilem, quaecumque brevis, quae turgida, plenam,
Et lateat vitium proximitate boni.
Nec quotus annus eat, nec quo sit nata, require,
Consule, quae rigidus munera Censor habet :
Praecipue si flore caret, meliusque peractum
Tempus, et albentes jam leget illa comas.
Utilis, o juvenes, aut haec, aut serior aetas :
Iste feret segetes, iste serendus ager.
Dum vires annique sinunt, tolerate labores :
Jam veniet tacito curva senecta pede.

Aut mare remigiis, aut vomere findite terras,
Aut fera belligeras addite in arma manus,
Aut latus et vires operamque adferte puellis :
Hoc quoque militia est, hoc quoque quaerit opes.
Adde, quod est illis operum prudentia major,
Solus et artifices qui facit, usus adest :
Illae munditiis annorum damna rependunt,
Et faciunt cura, ne videantur anus.
Utque velis, Venerem jungunt per mille figuras :
Invenit plures nulla tabella modos.
Illis sentitur non inritata voluptas :
Quod juvet, ex aequo femina virque ferant.
Odi concubitus, qui non utrumque resolvunt ;
Hoc est, cur pueri tangar amore minus.
Odi quae praebet, quia sit praebere necesse,
Siccaque de lana cogitat ipsa sua.
Quae datur officio, non est mihi grata voluptas :
Officium faciat nulla puella mihi.
Me voces audire juvat sua gaudia fassas,
Atque, morer, me, me sustineamque, roget.
Aspiciam dominae victos amentis ocellos :
Langueat, et tangi se vetet illa diu.
Haec bona non primae tribuit natura juventae,
Quae cito post septem lustra venire solent.
Qui properant, nova musta bibant : mihi fundat avitum
Consulibus priscis condita testa merum.
Nec platanus, nisi sera, potest obsistere Phoebo,
Et laedunt nudos prata novella pedes.
Scilicet Hermionen Helenae praeponere posses,
Et melior Gorge, quam sua mater, erat ?
At Venerem quicumque voles adtingere seram,
Si modo duraris, praemia digna feres.
Conscius, ecce, duos accepit lectus amantes :
Ad thalami clausas, Musa, resiste fores.
Sponte sua sine te celeberrima verba loquentur,
Nec manus in lecto laeva jacebit iners.
Invenient digiti, quod agant in partibus illis,

In quibus occulte spicula tingit Amor.
Fecit in Andromache prius hoc fortissimus Hector,
Nec solum bellis utilis ille fuit.
Fecit et in capta Lyrneside magnus Achilles,
Cum premeret mollem lassus ab hoste torum.
Illis te manibus tangi, Brisei, sinebas,
Imbutae Phrygia quae nece semper erant.
An fuit hoc ipsum, quod te, lasciva, juvaret,
Ad tua victrices membra venire manus ?
Crede mihi, non est Veneris properanda voluptas,
Sed sensim tarda prolicienda mora.
Cum loca reppereris, quae tangi femina gaudet,
Non obstet, tangas quo minus illa, pudor.
Aspicies oculos tremulo fulgore micantes,
Ut sol a liquida saepe refulget aqua.
Accedent questus, accedet amabile murmur,
Et dulces gemitus aptaque verba joco.
Sed neque tu dominam velis majoribus usus
Desine, nec cursus anteeat illa tuos ;
Ad metam properate simul : tum plena voluptas,
Cum pariter victi femina virque jacent.
Hic tibi versandus tenor est, cum libera dantur
Otia, furtivum nec timor urget opus.
Cum mora non tuta est, totis incumbere remis
Utile, et admisso subdere calcar equo.

# 16. Transition et introduction au livre III

Vers 733 à 746 et 1 à 28 ➤ traduction p. 202-204

*Ovide conclue le livre II en se félicitant d'avoir donné toutes les armes nécessaires aux jeunes gens. Il signe le recueil de son nom en apposant le sigille (ou sphragis) « Naso » comme le veut l'usage. Le livre pourrait se terminer là mais deux vers ont été ajoutés pour annoncer le livre III : Ovide va maintenant armer les femmes.*

**Finis adest operi : palmam[1] date, grata juventus,**
**Sertaque odoratae myrtea[2] ferte comae.**
**Quantus apud Danaos Podalirius[3] arte medendi[4],**
**Aeacides[5] dextra, pectore Nestor[6] erat,**
**Quantus erat Calchas extis[7], Telamonius[8] armis,**
**Automedon[9] curru, tantus amator ego.**
**Me vatem celebrate, viri, mihi dicite laudes,**
**Cantetur toto nomen in orbe meum.**
**Arma dedi vobis : dederat Vulcanus Achilli ;**
**Vincite muneribus, vicit ut ille, datis.**
**Sed quicumque meo superarit[10] Amazona[11] ferro,**
**Inscribat spoliis « Naso[12] magister erat ».**

**Ecce, rogant tenerae, sibi dem praecepta, puellae :**
**Vos eritis chartae proxima cura meae !**

## NOTES

1. **palma, ae, f :** la palme, *emblème de la victoire.*
2. **myrtea est :** la myrte, *symbole de Vénus.*
3. **Podalirius, ii, m :** *fils d'Esculape, médecin rendu célèbre par Homère.*
4. **arte medendi :** l'art de soigner ; *faites le rapprochement avec* ars amandi.
5. **Aeacides, ae, m :** *fils ou petit-fils d'Éaque ; il s'agit ici d'Achille, son petit-fils.*
6. **Nestor, oris, m :** *roi de Pylos, un des héros de la guerre de Troie.*
7. **Calchas, antis, m :** *devin grec au siège de Troie ;* **exta, orum, n pl :** les entrailles (*dans lesquelles Calchas prédisait l'avenir*).
8. **Telamonius, ii, m :** Ajax, *fils de Télamon. Il était considéré comme le plus vaillant des Grecs, après Achille.*
9. **Automedon, ontis, m :** *écuyer d'Achille.*
10. **superarit = superaverit :** *futur antérieur.*
11. **Amazon, onis, f :** l'Amazone ; amazona : *accusatif grec.*
12. **Naso, onis, m :** *surnom de* Publius Ovidius (*Ovide*).

## Liber tertius

Arma dedi Danais[13] in Amazonas ; arma supersunt,
Quae tibi dem et turmae[14], Penthesilea[15], tuae.
Ite in bella pares ; vincant, quibus alma Dione[16]
Faverit et toto qui volat orbe puer[17].
Non erat armatis aequum concurrere[18] nudas ;
Sic etiam vobis vincere turpe, viri.

Dixerit[19] e multis aliquis « quid virus[20] in angues
Adicis, et rabidae tradis ovile[21] lupae ? »
Parcite paucarum diffundere crimen in omnes ;
Spectetur meritis quaeque puella suis.
Si minor Atrides[22] Helenen[23], Helenesque sororem[24]
Quo premat Atrides crimine major habet,
Si scelere Oeclides Talaioniae Eriphylae[25]
Vivus et in vivis ad Styga venit equis,
Est pia Penelope[26] lustris errante duobus
Et totidem lustris bella gerente viro.
Respice Phylaciden[27] et quae comes isse marito
Fertur et ante annos occubuisse suos.
Fata Pheretiadae[28] conjunx Pagasia redemit :
Proque viro est uxor funere lata viri.
« Accipe me, Capaneu[29], cineres miscebimur », inquit
Iphias, in medios desiluitque rogos.
Ipsa quoque et cultu est et nomine femina Virtus :
Non mirum, populo si placet illa suo.
Nec tamen hae mentes nostra poscuntur ab arte :
Conveniunt cumbae vela minora meae.
Nil nisi lascivi per me discuntur amores ;
Femina praecipiam quo sit amanda modo.

## NOTES

13. **Danai, orum, m pl :** les Grecs.
14. **turma, ae, f :** l'escadron de cavaliers.
15. **Penthesilea, ae, f :** Penthésilée, *reine des Amazones. Ces femmes guerrières étaient réputées. Elles vinrent combattre les Grecs au siège de Troie.*
16. **Dione, es, f :** Dioné, *mère de Vénus ; ici le nom désigne Vénus elle-même.*
17. **puer :** *désigne ici Cupidon, le fils de Vénus.*
18. **concurro, is, ere, curri, cursum + datif :** lutter contre.
19. **dixerit :** *subjonctif parfait.*
20. **virus, i, n :** le poison, le venin.
21. **ovile, is, n :** la bergerie.
22. **Atrides :** *il s'agit d'Agamemnon (le plus âgé) et de Ménélas (le plus jeune).*
23. **Helene, es, f :** Hélène (Helenen *est l'accusatif, déclinaison grecque*).
24. **Helenes soror :** Clytemnestre, *épouse d'Agamemnon.*
25. **Oeclides, ae, m :** Amphiaraos, *fils d'Oeclée.* **Talaionius, a, um :** de Talaos, *père d'Adraste.* **Eriphyla, ae, f :** Ériphyle, *femme d'Amphiaraos. Amphiaraos se cacha pour éviter d'aller à la guerre de Thèbes car, devin, il avait vu sa mort arriver. Il fut trahi par son épouse Ériphyle que Polynice avait séduite avec un collier. Amphiaraos fut contraint de partir après avoir chargé son fils de le venger. Il fut englouti vivant avec ses chevaux dans la terre entr'ouverte.*
26. **Penelope, es, f :** Pénélope, *épouse d'Ulysse ; elle resta fidèle à son mari pendant les vingt ans de son absence.*
27. **Phylacides, ae, m :** Protésilas, *descendant de Phylacus. L'oracle avait prédit qu'il mourrait à Troie. Il fut le premier Grec à être tué. Son épouse Laodamie voulut voir son ombre et mourut.*
28. **Pheretiades, ae, m :** Admète, *fils de Phérès. Son épouse Alceste (de Pagase) fut accusée par son frère Acaste d'avoir pris part au meurtre de son père. Acaste voulut se venger du meurtre de son père sur Admète mais Alceste s'offrit pour sauver son époux.*
29. **Capaneus, ei, m :** *Capanée fut tué par la foudre au siège de Thèbes. Sa femme Iphias se jeta sur son bûcher.*

## Traduction des vers 1 à 10

❑❑❑❑❑❑❑

### 1. Traduction de Desaintange (1807)

Les Grecs, armés par moi, sont entrés dans la lice,
Je dois armer aussi ta galante milice,
Brave Penthésilée ! Aux dards de ces guerriers,
Guerrières, opposez vos légers boucliers.
Qu'entre les combattants la victoire indécise
Se range du parti qu'à son gré favorise
L'enfant qui, l'arc en main, plane sur l'univers
Tout cuirassés d'acier, et de bronze couverts,
Irons-nous attaquer un sexe sans défense ?
D'un combat inégal un vrai soldat s'offense ;
Il veut que l'ennemi puisse parer ses coups.
J'entends quelqu'un me dire : Ovide, y pensez-vous ?
C'est armer de venin la vipère en furie ;
C'est à la louve à jeun ouvrir la bergerie.
Si le sexe a des torts, le sexe a des vertus :
Diomèdes nouveaux, n'outrageons pas Vénus.

❑❑❑❑❑❑❑ **2. Traduction de Charles Héguin de Guerle (1836)**

Je viens d'armer les Grecs contre les Amazones : il me reste maintenant, Penthésilée, à t'armer contre les Grecs, toi et ta vaillante élite. Combattez à armes égales ; et que la victoire soit au parti que favorisent et la belle Dionée et l'enfant qui, dans son vol, parcourt tout l'univers. Il n'était pas juste de vous exposer sans défense aux attaques d'un ennemi bien armé. Hommes, à ce prix, la victoire serait pour vous un opprobre.

Mais l'un d'entre vous me dira peut-être : Pourquoi livrer le bercail à la louve en furie ? Cessez de rejeter sur toutes les femmes le crime de quelques-unes. Que chacune soit jugée selon ses œuvres.

❑❑❑❑❑❑❑ **3. Traduction de Henry Bornecque (1924), revue par Philippe Heuzé (© Les Belles Lettres, 1994)**

J'ai donné des armes aux Grecs contre les Amazones : il me reste maintenant, Penthésilée, à donner aussi des armes à toi et à tes escadrons. Marchez au combat à armes égales ; que la victoire demeure à ceux que favoriseront la bienfaisante Dioné et l'enfant qui survole l'univers entier. Il n'était pas juste que vous vous mesuriez, nues, à des ennemis armés : pour vous aussi, hommes, il serait honteux de vaincre dans ces conditions.

Peut-être, dans le nombre, un homme viendra-t-il me dire : « Pourquoi fournir aux serpents un nouveau venin et ouvrir le bercail à la louve enragée ? » Gardez-vous d'étendre à toutes les femmes l'accusation qui pèse sur quelques-unes ; que chacune d'elles soit jugée selon ses œuvres.

## Entraînement au BAC

**1 Langue.** Étudiez les subjonctifs du texte. Vous les classerez en fonction des différents emplois.

**2 Traduction.** Comparez les différentes traductions proposées ci-dessus et, en vous appuyant sur des exemples précis, dites quelle traduction se rapproche le plus, selon vous, du texte latin.

**3 Analyse**

**a.** Étudiez la façon dont Ovide fait la transition entre le livre II et le livre III (étudiez notamment la reprise des mots et le parallèle fait entre « le combat de l'amour » et la guerre de Troie).

**b.** De quelle façon Ovide s'y prend-il pour prendre la défense des femmes ?

**4 Version.** Traduisez les vers 733 à 746 du livre II.

Vers 29 à 56 > traduction p. 204-205

Femina nec flammas nec saevos discutit arcus ;
Parcius haec video tela nocere viris.
Saepe viri fallunt : tenerae non saepe puellae,
Paucaque, si quaeras, crimina fraudis habent.
Phasida jam matrem fallax dimisit Jason :
Venit in Aesonios altera nupta sinus.
Quantum in te, Theseu, volucres Ariadna marinas
Pavit, in ignoto sola relicta loco !
Quaere, novem cur una viae dicantur, et audi
Depositis silvas Phyllida flesse comis.
Et famam pietatis habet, tamen hospes et ensem
Praebuit et causam mortis, Elissa, tuae.
Quid vos perdiderit, dicam ? nescistis amare :
Defuit ars vobis ; arte perennat amor.
Nunc quoque nescirent : sed me Cytherea docere
Jussit, et ante oculos constitit ipsa meos.
Tum mihi « quid miserae, dixit, meruere puellae ?
Traditur armatis vulgus inerme viris.
Illos artifices gemini fecere libelli :
Haec quoque pars monitis erudienda tuis.
Probra Therapnaeae qui dixerat ante maritae,
Mox cecinit laudes prosperiore lyra.
Si bene te novi (cultas ne laede puellas !)
Gratia, dum vives, ista petenda tibi est. »
Dixit, et e myrto (myrto nam vincta capillos
Constiterat) folium granaque pauca dedit ;
Sensimus acceptis numen quoque : purior aether
Fulsit, et e toto pectore cessit onus.

# 17. « Carpe diem »

Vers 57 à 100 ➤ traduction p. 205-206

*Ovide vient de faire le constat que les femmes ne savent pas se faire aimer. Il avertit donc le lecteur que Vénus lui a demandé d'enseigner cet art aux femmes.*

**Dum facit ingenium[1], petite hinc praecepta, puellae,**
**Quas pudor et leges et sua jura sinunt.**
**Venturae[2] memores[3] jam nunc estote[4] senectae :**
**Sic nullum vobis tempus abibit iners.**
**Dum licet, et vernos[5] etiamnum editis annos,**
**Ludite : eunt anni more[6] fluentis aquae ;**
**Nec quae praeteriit, iterum revocabitur unda,**
**Nec quae praeteriit, hora redire potest.**
**Utendum est aetate : cito pede labitur aetas,**
**Nec bona tam sequitur, quam bona prima fuit.**
**Hos ego, qui canent[7], frutices violaria[8] vidi :**
**Hac mihi de spina grata corona data est.**
**Tempus erit, quo tu, quae nunc excludis amantes,**
**Frigida deserta nocte jacebis anus,**
**Nec tua frangetur nocturna janua rixa,**
**Sparsa nec invenies limina mane rosa.**
**Quam cito (me miserum !) laxantur corpora rugis[9],**
**Et perit in nitido[10] qui fuit ore color.**
**Quasque fuisse tibi canas a virgine juras,**
**Spargentur subito per caput omne comae.**
**Anguibus exuitur[11] tenui cum pelle vetustas,**
**Nec faciunt cervos cornua jacta senes :**
**Nostra sine auxilio fugiunt bona ; carpite florem,**
**Qui, nisi carptus erit, turpiter[12] ipse cadet.**
**Adde quod et partus faciunt seniora juventae**
**Tempora : continua messe[13] senescit ager.**
**Latmius Endymion[14] non est tibi, Luna[15], rubori[16],**
**Nec Cephalus[17] roseae praeda pudenda deae[18].**

**Ut Veneri, quem luget adhuc, donetur Adonis[19] :**
**Unde habet Aenean[20] Harmoniamque[21] suos ?**
**Ite per exemplum, genus o mortale, dearum,**
**Gaudia nec cupidis vestra negate viris.**
**Ut[22] jam decipiant, quid perditis ? omnia constant ;**
**Mille licet sumant[23], deperit inde nihil.**
**Conteritur ferrum, silices tenuantur ab usu :**
**Sufficit et damni pars caret illa metu.**
**Quis vetet adposito lumen de lumine sumi ?**
**Quisve cavo vastas in mare servet aquas ?**
**Et tamen ulla viro mulier « non expedit »[24] inquit ?**
**Quid, nisi quam sumes, dic mihi, perdis aquam ?**
**Nec vos prostituit mea vox, sed vana timere**
**Damna vetat : damnis munera vestra carent.**
**Sed me flaminibus venti majoris iturum[25],**
**Dum sumus in portu, provehat aura levis.**

## NOTES

1. **facio, is, ere, feci, factum ingenium :** donner de l'esprit ; *le sujet de ce verbe est Vénus.*
2. **venturae :** *participe futur de* venio, is, ire, veni, ventum.
3. **memor, oris + génitif :** qui se souvient de.
4. **estote :** *impératif futur.*
5. **vernus, a, um :** de printemps.
6. **more + génitif :** à la manière de.
7. **caneo, es, ere, ui, – :** être blanc de vieillesse.
8. **violarium, ii, n :** le parterre de violettes.
9. **ruga, ae, f :** la ride.
10. **nitidus, a, um :** florissant de jeunesse.
11. **exuitur :** *de* exuo, is, ere, ui, utum, ôter.
12. **turpiter :** d'une manière hideuse.
13. **messis, is, f :** la moisson.
14. **Endymion, onis, m :** Endymion. *Ce petit-fils de Jupiter avait obtenu la faveur d'un sommeil éternel. Il restait toujours jeune et était aimé de Diane qui venait souvent le voir sur le mont Latmos, en Carie.*
15. **Luna, ae, f :** *il s'agit de Diane.*
16. **tibi est rubori :** être un sujet de honte pour toi (*double datif*).
17. **Cephalus :** Céphale, *second époux de l'Aurore, qu'elle enleva à Procris et dont elle eut un fils.*
18. **roseae [...] deae :** *il s'agit de l'Aurore, qui est représentée répandant une pluie de roses. Son épithète homérique est « aux doigts de rose ».*
19. **Adonis, idis, m :** Adonis, *fils de Myrrha et Cynire, célèbre pour sa beauté. Sa mère enceinte de lui fut changée en arbre qui porte la myrrhe. L'arbre s'ouvrit au moment de la naissance de son fils et ce dernier fut élevé par les nymphes. Vénus tomba amoureuse de lui et se mit à dédaigner le séjour et l'amour des dieux. Mars, courroucé, blessa mortellement Adonis à la cuisse. Vénus pleura longtemps le jeune homme et le changea en anémone.*
20. **Aeneas, ae, m :** Énée, *prince troyen, fils de Vénus et d'un mortel, Anchise.*
21. **Harmonia, ae, f :** Harmonie *ou* Hermione, *fille de Mars et de Vénus, mariée à Cadmus.*
22. **ut :** à supposer que (*concessif*).
23. **sumo, is, ere, sumpsi, sumptum :** se saisir de.
24. **non expedit :** ce n'est pas à propos.
25. **me iturum :** *accusatif, complément d'objet direct de* provehat.

## Traduction des vers 57 à 68

❑❑❑❑❑❑❑ **1. Traduction de Desaintange (1807)**

Belles, dans ce moment où m'inspire ma verve,
Écoutez mes leçons, Vénus est ma Minerve.
Voulez-vous profiter de vos plus beaux instants ?
Jeunes, souvenez-vous de la fuite du temps.
Tandis que vous pouvez avouer vos années,
Jouissez : comme l'eau s'écoulent les journées ;
Comme le flot qui fuit et qui ne revient plus,
Tous les moments passés sont à jamais perdus.
Le bel âge s'envole, et le jour qui succède,
Chaque jour est moins beau que le jour qui précède.
Profitez-en. J'ai vu, sur ce gazon fleuri,
Cueillir la violette et le muguet fleuri ;
Sur cette épine, hélas ! j'ai vu la rose éclore,
Et sa pourpre embaumer la corbeille de Flore.

❑❑❑❑❑❑❑ **2. Traduction de Henry Bornecque (1924), revue par Philippe Heuzé (© Les Belles Lettres, 1994)**

Tandis que Vénus m'inspire, cherchez ici des leçons, ô femmes ! Je parle des femmes que la pudeur, les lois et leur condition autorisent à en puiser ici. Dès à présent, songez à la vieillesse qui viendra : ainsi vous ne laisserez passer aucun moment sans en profiter. Pendant que vous le pouvez, et que vous êtes encore au printemps de la vie, amusez-vous ; les années s'en vont comme une eau qui s'écoule ; ni l'onde qui a passé ne remontera jusqu'à sa source ; ni l'heure qui a passé ne peut revenir. Il faut profiter de son âge ; il fuit d'un pied rapide, cet âge, et tout heureux qu'il soit, il est moins heureux que celui qui l'a précédé. À la place où vont ces broussailles flétries, j'ai vu fleurir des violettes ; ce buisson épineux m'a fourni jadis d'agréables couronnes.

## Entraînement au BAC

**1 Langue.** À l'aide de la scansion, déterminez les cas de spina, grata, corona, frigida, deserta, nocturna et janua.

**2 Traduction.** Comparez les différentes traductions proposées ci-dessus et, en vous appuyant sur des exemples précis, dites quelle traduction se rapproche le plus, selon vous, du texte latin.

**3 Analyse**

**a.** Étudiez les comparaisons dont Ovide fait usage pour convaincre les femmes de profiter de leur jeunesse. Quelles sont les précautions que prend Ovide pour ne pas être accusé de débauchage ?
**b.** Pour quelle raison Ovide fait-il mention de Diane et Vénus dans ce passage ?
**c.** Lisez les poèmes de Ronsard et de Queneau et dites quels sont les éléments que l'on trouve présents chez Ovide.

Quand vous serez bien vieille, au soir à la chandelle,
Assise auprès du feu, dévidant et filant,
Direz chantant mes vers, en vous émerveillant :
« Ronsard me célébrait du temps que j'étais belle. »

Lors vous n'aurez servante oyant telle nouvelle,
Déjà sous le labeur à demi sommeillant,
Qui au bruit de Ronsard ne s'aille réveillant,
Bénissant votre nom de louange immortelle.

Je serai sous la terre, et fantôme sans os
Par les ombres myrteux je prendrai mon repos ;
Vous serez au foyer une vieille accroupie,

Regrettant mon amour et votre fier dédain.
Vivez, si m'en croyez, n'attendez à demain :
Cueillez dès aujourd'hui les roses de la vie.

Pierre de Ronsard (1524-1585), *Sonnets pour Hélène*, Livre II, Sonnet 43 (1578).

... / ...

**À Cassandre**

Mignonne, allons voir si la rose
Qui ce matin avait déclose
Sa robe de pourpre au soleil,
À point perdu cette vêprée,
Les plis de sa robe pourprée,
Et son teint au vôtre pareil.

Las ! Voyez comme en peu d'espace,
Mignonne, elle a dessus la place,
Las, las ! Ses beautés laissé choir !
Ô vraiment marâtre Nature,
Puis qu'une telle fleur ne dure
Que du matin jusques au soir !

Donc, si vous me croyez, mignonne,
Tandis que votre âge fleuronne
En sa verte nouveauté,
Cueillez, cueillez votre jeunesse
Comme à cette fleur, la vieillesse
Fera ternir votre beauté.

Pierre de Ronsard (1524-1585), *Odes*, Ode 17 (1550-1552).

Si tu t'imagines
si tu t'imagines
fillette fillette
si tu t'imagines
xa va xa va xa
va durer toujours
la saison des za
la saison des za
saison des amours
ce que tu te goures
fillette fillette
ce que tu te goures

... / ...

Si tu crois petite
si tu crois ah ah
que ton teint de rose
ta taille de guêpe
tes mignons biceps
tes ongles d'émail
ta cuisse de nymphe
et ton pied léger
si tu crois petite
xa va xa va xa va
va durer toujours
ce que tu te goures
fillette fillette
ce que tu te goures

les beaux jours s'en vont
les beaux jours de fête
soleils et planètes
tournent tous en rond
mais toi ma petite
tu marches tout droit
vers sque tu vois pas
très sournois s'approchent
la ride véloce
la pesante graisse
le menton triplé
le muscle avachi
allons cueille cueille
les roses les roses
roses de la vie
et que leurs pétales
soient la mer étale
de tous les bonheurs

Raymond Queneau (1903-1976), *L'Instant fatal* (1948),
*in Œuvres complètes*, coll. « Bibliothèque de la Pléiade », © Gallimard.

**4** **Version.** Traduisez les vers 79 à 88.

Vers 101 à 198 ➤ traduction p. 206-208

**Ordior a cultu ; cultis bene Liber ab uvis**
**Provenit, et culto stat seges alta solo.**
**Forma dei munus : forma quota quaeque superbit ?**
**Pars vestrum tali munere magna caret.**
**Cura dabit faciem ; facies neglecta peribit,**
**Idaliae similis sit licet illa deae.**
**Corpora si veteres non sic coluere puellae,**
**Nec veteres cultos sic habuere viros ;**
**Si fuit Andromache tunicas induta valentes,**
**Quid mirum ? duri militis uxor erat.**
**Scilicet Ajaci conjunx ornata venires,**
**Cui tegumen septem terga fuere boum ?**
**Simplicitas rudis ante fuit : nunc aurea Roma est,**
**Et domiti magnas possidet orbis opes.**
**Aspice quae nunc sunt Capitolia, quaeque fuerunt :**
**Alterius dices illa fuisse Jovis.**
**Curia, consilio nunc est dignissima tanto,**
**De stipula Tatio regna tenente fuit.**
**Quae nunc sub Phoebo ducibusque Palatia fulgent,**
**Quid nisi araturis pascua bubus erant ?**
**Prisca juvent alios : ego me nunc denique natum**
**Gratulor : haec aetas moribus apta meis.**
**Non quia nunc terrae lentum subducitur aurum,**
**Lectaque diverso litore concha venit :**
**Nec quia decrescunt effosso marmore montes,**
**Nec quia caeruleae mole fugantur aquae :**
**Sed quia cultus adest, nec nostros mansit in annos**
**Rusticitas, priscis illa superstes avis.**
**Vos quoque nec caris aures onerate lapillis,**
**Quos legit in viridi decolor Indus aqua,**
**Nec prodite graves insuto vestibus auro,**
**Per quas nos petitis, saepe fugatis, opes.**

**Munditiis capimur : non sint sine lege capilli :**
**Admotae formam dantque negantque manus.**
**Nec genus ornatus unum est : quod quamque decebit**
**Eligat, et speculum consulat ante suum.**
**Longa probat facies capitis discrimina puri :**
**Sic erat ornatis Laodamia comis.**
**Exiguum summa nodum sibi fronte relinqui,**
**Ut pateant aures, ora rotunda volunt.**
**Alterius crines umero jactentur utroque :**
**Talis es adsumpta, Phoebe canore, lyra.**
**Altera succinctae religetur more Dianae,**
**Ut solet, attonitas cum petit illa feras.**
**Huic decet inflatos laxe jacuisse capillos :**
**Illa sit adstrictis impedienda comis ;**
**Hanc placet ornari testudine Cyllenea :**
**Sustineat similes fluctibus illa sinus.**
**Sed neque ramosa numerabis in ilice glandes,**
**Nec quot apes Hyblae, nec quot in Alpe ferae,**
**Nec mihi tot positus numero conprendere fas est :**
**Adicit ornatus proxima quaeque dies.**
**Et neglecta decet multas coma ; saepe jacere**
**Hesternam credas ; illa repexa modo est.**
**Ars casus simulat ; sic capta vidit ut urbe**
**Alcides Jolen, « hanc ego, dixit, amo » ;**
**Talem te Bacchus Satyris clamantibus « euhoe ! »**
**Sustulit in currus, Gnosi relicta, suos.**
**O quantum indulget vestro natura decori,**
**Quarum sunt multis damna pianda modis !**
**Nos male detegimur, raptique aetate capilli,**
**Ut Borea frondes excutiente, cadunt.**
**Femina canitiem Germanis inficit herbis,**
**Et melior vero quaeritur arte color :**
**Femina procedit densissima crinibus emptis,**
**Proque suis alios efficit aere suos.**
**Nec pudor est emisse ; palam venire videmus**
**Herculis ante oculos virgineumque chorum.**

Quid de veste loquar ? Nec nunc, segmenta, requiro
    Nec quae de Tyrio murice, lana, rubes.
Cum tot prodierint pretio leviore colores,
    Quis furor est census corpore ferre suos !
Aeris, ecce, color, tum cum sine nubibus aer,
    Nec tepidus pluvias concitat Auster aquas :
Ecce, tibi similis, quae quondam Phrixon et Hellen
    Diceris Inois eripuisse dolis ;
Hic undas imitatur, habet quoque nomen ab undis :
    Crediderim nymphas hac ego veste tegi.
Ille crocum simulat : croceo velatur amictu,
    Roscida luciferos cum dea jungit equos :
Hic Paphias myrtos, hic purpureas amethystos,
    Albentesve rosas, Threiciamve gruem ;
Nec glandes, Amarylli, tuae, nec amygdala desunt ;
    Et sua velleribus nomina cera dedit.
Quot nova terra parit flores, cum vere tepenti
    Vitis agit gemmas pigraque fugit hiemps,
Lana tot aut plures sucos bibit ; elige certos :
    Nam non conveniens omnibus omnis erit.
Pulla decent niveas : Briseida pulla decebant :
    Cum rapta est, pulla tum quoque veste fuit.
Alba decent fuscas : albis, Cephei, placebas :
    Sic tibi vestitae pressa Seriphos erat.
Quam paene admonui, ne trux caper iret in alas,
    Neve forent duris aspera crura pilis !
Sed non Caucasea doceo de rupe puellas,
    Quaeque bibant undas, Myse Caice, tuas.
Quid si praecipiam ne fuscet inertia dentes,
    Oraque suscepta mane laventur aqua ?

## 18. Cacher l'envers du décor

Vers 199 à 234 ➤ traduction p. 208-209

*Ovide a détaillé certains moyens de séduction : la coiffure, le vêtement, les soins du corps. Mais il tient à mettre la femme en garde : tous ces artifices doivent rester secrets afin de ne pas repousser les amants.*

**Scitis et[1] inducta candorem quaerere creta[2] :**
**Sanguine quae vero non rubet, arte rubet.**
**Arte supercilii[3] confinia nuda repletis,**
**Parvaque sinceras velat aluta[4] genas.**
**Nec pudor est oculos tenui signare favilla[5],**
**Vel prope te nato, lucide Cydne[6], croco[7].**
**Est mihi, quo dixi vestrae medicamina formae[8],**
**Parvus[9], sed cura grande[9], libellus, opus ;**
**Hinc quoque praesidium laesae petitote[10] figurae ;**
**Non est pro vestris ars mea rebus iners.**

**Non tamen expositas mensa deprendat amator**
**Pyxidas[11] : ars faciem dissimulata juvat.**
**Quem non offendat toto faex[12] inlita[13] vultu,**
**Cum fluit in tepidos pondere lapsa sinus ?**
**Oesypa[14] quid redolent ? quamvis mittatur Athenis**
**Demptus ab inmundo vellere[15] sucus ovis.**
**Nec coram mixtas cervae sumpsisse medullas[16],**
**Nec coram dentes defricuisse probem ;**
**Ista dabunt formam, sed erunt deformia visu :**
**Multaque, dum fiunt, turpia, facta placent ;**
**Quae nunc nomen habent operosi signa Myronis[17]**
**Pondus iners quondam duraque massa fuit ;**
**Anulus ut fiat, primo conliditur aurum ;**
**Quas geritis vestis, sordida lana fuit ;**
**Cum fieret, lapis asper erat : nunc, nobile signum,**
**Nuda Venus madidas exprimit imbre comas.**
**Tu quoque dum coleris, nos te dormire putemus ;**
**Aptius a summa conspiciere[18] manu.**

**Cur mihi[19] nota tuo causa est candoris in ore ?**
**Claude forem thalami ; quid rude prodis opus ?**
**Multa viros nescire decet ; pars maxima rerum**
**Offendat, si non interiora tegas.**
**Aurea quae pendent ornato signa theatro,**
**Inspice, quam tenuis : brattea[20] ligna tegit ;**
**Sed neque ad illa licet populo, nisi facta, venire,**
**Nec nisi summotis[21] forma paranda viris.**

## NOTES

1. **et :** *adverbial, il est à traduire par* aussi.
2. **creta, ae, f :** le fard.
3. **supercilium, ii, n :** le sourcil ; *au génitif, complément du nom* confinia. *Les Romaines jugeaient d'une grande beauté le fait que les sourcils se rejoignent.*
4. **aluta, ae, f :** la mouche ; *petit morceau d'étoffe noire qui sert à mettre en valeur le teint.*
5. **favilla, ae, f :** la cendre ; *les Romaines s'en servaient comme fard.*
6. **Cydnus, i, m :** *fleuve de Cilicie, en Asie Mineure.*
7. **crocum, i, n :** le safran.
8. **medicamina faciei feminae :** *œuvre d'Ovide dont il ne nous reste qu'une centaine de vers.*
9. **parvus :** *se rapporte à* libellus ; **grande :** *se rapporte à* opus.
10. **petitote :** *impératif futur.*
11. **pyxis, idis, f :** la boîte, le coffret.
12. **faex, faecis, f :** la lie.
13. **illino, is, ere, levi, litum :** appliquer sur.
14. **oesypum, i, n :** l'onguent. *Cet onguent était fait à partir des sucs huileux tirés des toisons de brebis avant qu'elles ne fussent lavées. Les auteurs nous apprennent que cet onguent avait une odeur épouvantable, ce qui était pour les Grecques et les Romaines un signe de bonne qualité.*
15. **vellus, eris, n :** la toison.
16. **medulla, ae, f :** la moelle.
17. **Myro, onis, m :** Myron, *sculpteur grec.*
18. **conspiciere :** *2e personne singulier du futur de l'indicatif passif.*
19. **mihi :** *datif, complément d'agent du participe parfait passif* nota.
20. **brattea, ae, f :** la feuille de métal.
21. **submoveo, es, ere, movi, motum :** éloigner.

## Traduction des vers 199 à 204

### 1. Traduction de Charles Héguin de Guerle (1836)

Vous savez emprunter à la céruse sa blancheur artificielle, et au carmin les couleurs que la nature vous a refusées. Votre art sait encore remplir les lacunes d'un sourcil trop peu marqué, et voiler, au moyen d'un cosmétique, les traces trop véridiques de l'âge. Vous ne craignez pas d'animer l'éclat de vos yeux avec une cendre fine, ou avec le safran qui croît sur les rives du Cydnus.

### 2. Traduction de Henry Bornecque (1924), revue par Philippe Heuzé (© Les Belles Lettres, 1994)

Vous savez aussi vous donner un teint éclatant en appliquant du fard ; celle dont le sang ne fait pas rougir naturellement la peau la fait rougir artificiellement. Vous savez remplir artificiellement l'intervalle qui sépare les sourcils et le cosmétique voile le teint naturel de vos joues. Et vous ne rougissez pas de marquer le tour des yeux avec de la cendre fine ou avec le safran qui naît sur tes rives, limpide Cydnus.

### 3. Traduction de Joël Gayraud (© Mille et une nuits, 2000)

❑❑❑❑❑❑❑ Vous savez également rafraîchir votre teint avec de la poudre : le maquillage donne une carnation que la nature n'offre pas toujours. Un peu de fard vous permet de combler le petit espace entre vos sourcils et une gaze discrète vient gommer la moindre imperfection sur vos joues. Vous ne craignez pas de souligner le contour de vos yeux de cendre fine ou de ce safran qui croît au bord des eaux claires du Cydnus.

❑❑❑❑❑❑❑

### 4. Traduction de Michel Grodent (© Éditions Complexe, 2005)

Vous savez comment vous enduire de craie pour avoir le teint pâle.
Si le sang ne vient pas empourprer vos joues naturellement,
Faites-les rougir artificiellement.
Vous avez plus d'un tour
Pour rapprocher les sourcils,
Pour mettre une petite mouche
Sur une peau toute blanche et vous pouvez
Vous farder les yeux avec de la cendre fine
Ou de la poudre de safran
Qui vient de Cilicie.

## Entraînement au BAC

**1 Langue.** Étudiez les infinitifs dans le texte.

**2 Traduction.** Dites quelle traduction se rapproche le plus du texte latin, en vous appuyant sur des exemples précis. Vous pouvez par exemple commenter la traduction du vers 7. Que pensez-vous de la traduction 4 ?

**3 Analyse**

**a.** Quelle image Ovide donne-t-il des soins de toilette des femmes ? Pourquoi donne-t-il autant de détails sur les produits utilisés ?

**b.** Étudiez les comparaisons entre la toilette de la femme et le travail de l'artiste.

**4 Version.** Traduisez les vers 209 à 218.

Vers 235 à 260 ➤ traduction p. 209-210

At non pectendos coram praebere capillos,
Ut jaceant fusi per tua terga, veto.
Illo praecipue ne sis morosa caveto
Tempore, nec lapsas saepe resolve comas.
Tuta sit ornatrix ; odi, quae sauciat ora
Unguibus et rapta bracchia figit acu.
Devovet, et tangit, dominae caput illa, simulque
Plorat ad invisas sanguinolenta comas.
Quae male crinita est, custodem in limine ponat,
Orneturve Bonae semper in aede Deae.
Dictus eram subito cuidam venisse puellae :
Turbida perversas induit illa comas.
Hostibus eveniat tam foedi causa pudoris,
Inque nurus Parthas dedecus illud eat.
Turpe pecus mutilum, turpis sine gramine campus,
Et sine fronde frutex, et sine crine caput.

Non mihi venistis, Semele Ledeve, docendae,
Perque fretum falso, Sidoni, vecta bove,
Aut Helene, quam non stulte, Menelae, reposcis,
Tu quoque non stulte, Troice raptor, habes.
Turba docenda venit, pulchrae turpesque puellae :
Pluraque sunt semper deteriora bonis.
Formosae non artis opem praeceptaque quaerunt :
Est illis sua dos, forma sine arte potens ;
Cum mare compositum est, securus navita cessat :
Cum tumet, auxiliis adsidet ille suis.

## 19. Les artifices féminins

**Vers 261 à 296 ➤ traduction p. 210**

*Ovide rappelle qu'il n'a pas écrit ce livre pour des femmes d'exception comme Hélène, Léda ou Sémélé. Ces femmes-là n'ont pas eu besoin des conseils du poète pour s'attirer les faveurs des dieux. Les mortelles ont, en revanche, besoin d'aide pour masquer leurs défauts.*

**Rara tamen mendo facies caret ; occule mendas[1],**
**Quaque[2] potes, vitium corporis abde tui.**
**Si brevis es, sedeas, ne stans videare[3] sedere,**
**Inque tuo jaceas quantulacumque toro ;**
**Hic quoque, ne possit fieri mensura cubantis,**
**Injecta lateant fac[4] tibi veste pedes.**
**Quae nimium gracilis, pleno velamina filo**
**Sumat, et ex umeris laxus amictus[5] eat ;**
**Pallida purpureis tangat sua corpora virgis,**
**Nigrior ad Phariae[6] confuge vestis opem.**
**Pes malus in nivea semper celetur aluta :**
**Arida nec vinclis crura resolve suis.**
**Conveniunt tenues scapulis[7] analeptrides[8] altis ;**
**Angustum circa fascia pectus eat.**
**Exiguo signet gestu, quodcumque loquetur,**
**Cui digiti pingues et scaber unguis erit ;**
**Cui gravis oris odor, numquam jejuna[9] loquatur**
**Et semper spatio distet ab ore viri.**
**Si niger aut ingens aut non erit ordine natus**
**Dens tibi, ridendo maxima damna feres.**

**Quis credat ? discunt etiam ridere puellae,**
**Quaeritur aque illis hac quoque parte decor.**
**Sint modici rictus, parvaeque utrimque[10] lacunae,**
**Et summos dentes ima labella tegant ;**
**Nec sua perpetuo contendant ilia risu :**
**Sed leve nescio quid femineumque sonet !**
**Est quae perverso distorqueat ora cachinno[11] :**

**Cum risu fusa est altera, flere putes [lata] ;**
**Illa sonat raucum quiddam atque inamabile ridet,**
**Ut rudit a scabra turpis asella[12] mola.**
**Quo non ars penetrat ? discunt lacrimare decenter,**
**Quoque volunt plorant tempore, quoque modo.**
**Quid, cum legitima fraudatur littera voce,**
**Blaesaque[13] fit jusso lingua coacta sono ?**
**In vitio decor est quaedam male reddere verba :**
**Discunt posse minus quam potuere loqui.**

## NOTES

1. **menda, ae, f :** le défaut physique.
2. **quaque :** autant que possible.
3. **videare :** *2e personne du singulier du subjonctif présent.*
4. **facere, avec le subjonctif seul :** faire en sorte que.
5. **amictus, us, m :** le vêtement de dessus, le manteau.
6. **Pharius, a, um :** *de Pharos, c'est-à-dire d'Égypte, réputée pour son lin.*
7. **scapulae, arum, f pl :** les épaules.
8. **analeptrides, um, f pl :** le rembourrage, les épaulettes.
9. **jejunus, a, um :** maigre, creux.
10. **utrimque :** des deux côtés, de part et d'autre.
11. **cachinnus, i, m :** l'éclat de rire, le rire bruyant.
12. **asella, ae, f :** la petite ânesse.
13. **blaesus, a, um :** bègue, qui balbutie.

## Traduction des vers 261 à 268

### 1. Traduction de Charles Héguin de Guerle (1836)

Cependant il est peu de visages sans défauts : cachez ces défauts avec soin ; et, autant que possible, dissimulez les imperfections de votre corps. Si vous êtes petite, asseyez-vous, de peur qu'étant debout on ne vous croie assise ; si vous êtes naine, étendez-vous sur votre lit ; et, ainsi couchée, pour qu'on ne puisse pas mesurer votre taille, jetez sur vos pieds une robe qui les cache. Trop mince, habillez-vous d'étoffes épaisses, et qu'un large manteau flotte sur vos épaules.

### 2. Traduction de Henry Bornecque (1924), revue par Philippe Heuzé (© Les Belles Lettres, 1994)

Cependant il est rare qu'une figure soit sans défaut : cachez ces défauts, et, autant que possible, dissimulez vos imperfections physiques. Si tu es petite, assieds-toi, de peur que, debout, on ne te croie assise, et étends ta menue personne sur le lit ; même là, couchée, pour qu'on ne puisse juger de ta taille, jette sur toi une robe qui cache tes pieds. Trop mince, habille-toi de vêtements en tissu qui étoffe ; qu'un large manteau pende de tes épaules.

❑❑❑❑❑❑❑ **3. Traduction de Joël Gayraud (© Mille et une nuits, 2000)**

Rare toutefois est un visage sans défauts. Ces défauts, cachez-les, et autant que possible, masquez toutes vos imperfections physiques. Si tu es petite, assieds-toi, de peur que, debout, tu n'aies l'air d'être assise et, en tout cas, étends-toi bien sur le lit. Là encore, bien qu'allongée, tu risquerais de trahir ta taille si tu ne passais pas une robe qui te couvre largement les pieds. Celle qui est trop mince adoptera des étoffes épaisses et jettera sur ses épaules un manteau ample.

❑❑❑❑❑❑❑ **4. Traduction de Michel Grodent (© Éditions Complexe, 2005)**

Un visage sans défauts, c'est rare.
Un corps aussi d'ailleurs. Dissimulez vos imperfections.
Vous êtes petite ? Asseyez-vous de peur que debout
Vous n'ayez l'air d'être assise. Couchez-vous vite sur un lit ;
Quand vous serez étendue, on ne pourra pas mesurer votre taille.
Vous êtes très mince ? Ne mettez que des vêtements bouffants,
Enveloppez vos épaules dans une large cape.
Ne laissez pas à l'air libre une jambe qui a tendance à peler.
Une épaule anguleuse se satisfera d'un discret coussinet,
Une poitrine plate, d'un avantageux rembourrage.

## Entraînement au BAC

**1 Langue.** Relevez, étudiez et justifiez l'emploi des négations dans tout le passage.

**2 Traduction.** Que remarquez-vous de particulier dans la traduction de M. Grodent ? Quelle est la traduction qui rend le mieux compte du texte latin ?

**3 Analyse**

**a.** Relevez les défauts physiques qui semblent atteindre les femmes selon Ovide.

**b.** Montrez que ce passage relève de la poésie didactique plutôt que de la poésie amoureuse.

**c.** En quoi peut-on dire que ce texte est une parodie de traité scientifique ?

**4 Version.** Traduisez les vers 281 à 290.

En complément, on pourra lire le poème de Charles Baudelaire, « Hymne à la beauté », extrait des *Fleurs du mal*, page suivante.

... / ...

**Hymne à la beauté**

Viens-tu du ciel profond ou sors-tu de l'abîme,
Ô beauté ? Ton regard, infernal et divin,
Verse confusément le bienfait et le crime,
Et l'on peut pour cela te comparer au vin.

Tu contiens dans ton œil le couchant et l'aurore ;
Tu répands des parfums comme un soir orageux ;
Tes baisers sont un philtre et ta bouche une amphore
Qui font le héros lâche et l'enfant courageux.

Sors-tu du gouffre noir ou descends-tu des astres ?
Le destin charmé suit tes jupons comme un chien ;
Tu sèmes au hasard la joie et les désastres,
Et tu gouvernes tout et ne réponds de rien.

Tu marches sur des morts, beauté, dont tu te moques ;
De tes bijoux l'horreur n'est pas le moins charmant,
Et le meurtre, parmi tes plus chères breloques,
Sur ton ventre orgueilleux danse amoureusement.

L'éphémère ébloui vole vers toi, chandelle,
Crépite, flambe et dit : bénissons ce flambeau !
L'amoureux pantelant incliné sur sa belle
A l'air d'un moribond caressant son tombeau.

Que tu viennes du ciel ou de l'enfer, qu'importe,
Ô beauté ! Monstre énorme, effrayant, ingénu !
Si ton œil, ton souris, ton pied, m'ouvrent la porte
D'un infini que j'aime et n'ai jamais connu ?

De Satan ou de Dieu, qu'importe ? Ange ou sirène,
Qu'importe, si tu rends, – fée aux yeux de velours,
Rythme, parfum, lueur, ô mon unique reine ! –
L'univers moins hideux et les instants moins lourds ?

Charles Baudelaire (1821-1867), *Les Fleurs du mal*, Poème XXI (1857).

Vers 297 à 380 ➤ traduction p. 210-212

**Omnibus his, quoniam prosunt, inpendite curam.**
**Discite femineo corpora ferre gradu.**
**Est et in incessu pars non contempta decoris :**
**Allicit ignotos ille fugatque viros.**
**Haec movet arte latus, tunicisque fluentibus auras**
**Accipit, extensos fertque superba pedes :**
**Illa velut conjunx Umbri rubicunda mariti**
**Ambulat, ingentes varica fertque gradus.**
**Sed sit, ut in multis, modus hic quoque : rusticus alter**
**Motus, concesso mollior alter erit.**
**Pars umeri tamen ima tui, pars summa lacerti**
**Nuda sit, a laeva conspicienda manu.**
**Hoc vos praecipue, niveae, decet : hoc ubi vidi,**
**Oscula ferre umero, qua patet usque, libet.**

**Monstra maris Sirenes erant, quae voce canora**
**Quamlibet admissas detinuere rates.**
**His sua Sisyphides auditis paene resolvit**
**Corpora, nam sociis inlita cera fuit.**
**Res est blanda canor : discant cantare puellae :**
**Pro facie multis vox sua lena fuit.**
**Et modo marmoreis referant audita theatris,**
**Et modo Niliacis carmina lusa modis.**
**Nec plectrum dextra, citharam tenuisse sinistra**
**Nesciat arbitrio femina docta meo.**
**Saxa ferasque lyra movit Rhodopeius Orpheus,**
**Tartareosque lacus tergeminumque canem.**
**Saxa tuo cantu, vindex justissime matris,**
**Fecerunt muros officiosa novos.**
**Quamvis mutus erat, voci favisse putatur**
**Piscis, Arioniae fabula nota lyrae.**
**Disce etiam duplici genialia nablia palma**
**Verrere : conveniunt dulcibus illa jocis.**

Sit tibi Callimachi, sit Coi nota poetae,
Sit quoque vinosi Teia Musa senis ;
Nota sit et Sappho (quid enim lascivius illa ?),
Cuique pater vafri luditur arte Getae.
Et teneri possis carmen legisse Properti,
Sive aliquid Galli, sive, Tibulle, tuum :
Dictaque Varroni fulvis insignia villis
Vellera, germanae, Phrixe, querenda tuae :
Et profugum Aenean, altae primordia Romae,
Quo nullum Latio clarius extat opus.
Forsitan et nostrum nomen miscebitur istis,
Nec mea Lethaeis scripta dabuntur aquis :
Atque aliquis dicet « nostri lege culta magistri
Carmina, quis partes instruit ille duas :
Deve tribus libris, titulo quos signat Amorum,
Elige, quod docili molliter ore legas :
Vel tibi composita cantetur Epistula voce :
Ignotum hoc aliis ille novavit opus. »
O ita, Phoebe, velis ! ita vos, pia numina vatum,
Insignis cornu Bacche, novemque deae !

Quis dubitet, quin scire velim saltare puellam,
Ut moveat posito bracchia jussa mero ?
Artifices lateris, scenae spectacula, amantur :
Tantum mobilitas illa decoris habet.
Parva monere pudet, talorum dicere jactus
Ut sciat, et vires, tessera missa, tuas :
Et modo tres jactet numeros, modo cogitet, apte
Quam subeat partem callida, quamque vocet.
Cautaque non stulte latronum proelia ludat,
Unus cum gemino calculus hoste perit,
Bellatorque sua prensus sine compare bellat,
Aemulus et coeptum saepe recurrit iter.
Reticuloque pilae leves fundantur aperto,
Nec, nisi quam tolles, ulla movenda pila est.
Est genus, in totidem tenui ratione redactum

**Scriptula, quot menses lubricus annus habet :**
**Parva tabella capit ternos utrimque lapillos,**
**In qua vicisse est continuasse suos.**
**Mille facesse jocos ; turpe est nescire puellam**
**Ludere : ludendo saepe paratur amor.**
**Sed minimus labor est sapienter jactibus uti :**
**Majus opus mores composuisse suos.**
**Tum sumus incauti, studioque aperimur in ipso,**
**Nudaque per lusus pectora nostra patent ;**
**Ira subit, deforme malum, lucrique cupido,**
**Jurgiaque et rixae sollicitusque dolor :**
**Crimina dicuntur, resonat clamoribus aether,**
**Invocat iratos et sibi quisque deos :**
**Nulla fides, tabulae. Quae non per vota petuntur ;**
**Et lacrimis vidi saepe madere genas.**
**Juppiter a vobis tam turpia crimina pellat,**
**In quibus est ulli cura placere viro.**

## 20. Une femme doit se montrer

**Vers 381 à 416 ➤ traduction p. 212-213**

*Comme il l'a fait pour les hommes dans le livre I, Ovide conseille aux femmes de sortir de chez elles et leur indique les endroits dans lesquels elles peuvent – et doivent – se rendre pour rencontrer des amants. Pour être appréciée, et donc aimée, il convient de se faire connaître !*

**Hos ignava jocos tribuit natura puellis ;**
**Materia ludunt uberiore viri.**
**Sunt illis celeresque pilae jaculumque trochique**
**Armaque et in gyros[1] ire coactus equus.**
**Nec vos Campus[2] habet, nec vos gelidissima Virgo[3],**
**Nec Tuscus[4] placida devehit amnis aqua.**
**At licet et prodest Pompeias ire per umbras[5],**
**Virginis[6] aetheriis cum caput ardet equis ;**
**Visite laurigero sacrata Palatia[7] Phoebo :**
**Ille Paraetonicas[8] mersit in alta rates ;**
**Quaeque soror conjunxque ducis monimenta[9] pararunt,**
**Navalique gener cinctus honore caput ;**
**Visite turicremas vaccae Memphitidos[10] aras,**
**Visite conspicuis terna theatra[11] locis.**
**Spectentur tepido maculosae sanguine harenae,**
**Metaque ferventi circueunda rota.**
**Quod latet, ignotum est : ignoti nulla cupido :**
**Fructus abest, facies cum bona teste caret.**
**Tu licet et Thamyram[12] superes et Amoebea[13] cantu,**
**Non erit ignotae gratia magna lyrae.**
**Si Venerem Cous[14] nusquam posuisset Apelles[15],**
**Mersa sub aequoreis illa lateret aquis.**
**Quid petitur sacris, nisi tantum fama, poetis[16] ?**
**Hoc votum nostri summa laboris habet.**
**Cura deum fuerunt olim regumque poetae :**
**Praemiaque antiqui magna tulere[17] chori.**
**Sanctaque majestas et erat venerabile nomen**
**Vatibus, et largae saepe dabantur opes.**

**Ennius[18] emeruit, Calabris[19] in montibus ortus,**
**Contiguus poni, Scipio magne[20], tibi.**
**Nunc hederae sine honore jacent, operataque doctis**
**Cura vigil Musis nomen inertis habet.**
**Sed famae vigilare juvat : quis nosset Homerum,**
**Ilias aeternum si latuisset opus ?**
**Quis Danaen[21] nosset, si semper clusa fuisset,**
**Inque sua turri perlatuisset anus ?**

## NOTES

1. **pila, ae, f :** la balle ; **jaculum, i, n :** le javelot ; **trochus, i, m :** le cerceau de métal garni d'anneaux cliquetants ; **gyrus, i, m :** la volte, le cercle.
2. **Campus, i, m :** le champ de Mars (*lieu des comices et lieu d'entraînement*).
3. **gelidissima Virgo :** *la fontaine virginale était située dans le champ de Mars et ceux qui venaient s'exercer se lavaient ensuite dans ses eaux. Elle amenait à Rome les eaux captées à l'est de la ville, qui étaient glaciales. Elle semble tirer son nom du fait que c'est une jeune fille qui la trouva.*
4. **Tuscus, a, um :** étrusque ; **Tuscus amnis :** le Tibre.
5. **Pompeias [...] umbras :** les ombres pompéiennes, *c'est-à-dire du portique de Pompée, situé sur le champ de Mars.*
6. **Virginis :** la Vierge, *c'est-à-dire Diane. Cette période correspond au mois d'août.*
7. **Palatium, ii, n :** le mont Palatin, le palais (*situé sur le mont Palatin*).
8. **Paraetonicus, a, um :** de Parétonium, *ville de Marmarique (Libye). Ces navires parétoniens, ou égyptiens, font référence à la bataille d'Actium (31 avant J.-C.) qui opposa la flotte d'Octave (Auguste) et celle d'Antoine (accompagné de Cléopâtre). Cette bataille marqua la fin de la république romaine. Ovide assimile ici Auguste à Phébus Apollon.*
9. **monimenta :** *il s'agit du portique d'Octavie (dédié à la sœur d'Auguste), du portique de Livie (dédié à la seconde épouse d'Auguste) et du portique, construit par Agrippa, gendre d'Auguste, en mémoire de la bataille d'Actium qu'il avait dirigée.*
10. **vaccae Memphitidos :** Isis, *déesse égyptienne – parfois honorée sous la forme d'une génisse – dont le culte était célébré à Rome.*
11. **terna theatra :** *les trois théâtres de Balbus, Marcellus et Pompée.*
12. **Thamyram :** *poète légendaire de Thrace qui fut privé de la vue et de la voix après un concours perdu contre les Muses.*
13. **Amoebea :** Amoebée, *joueur de harpe athénien.*
14. **Cous, a, um :** de l'île de Cos.
15. *Apelle est un peintre grec du IVe siècle avant J.-C. Aucune de ses œuvres ne nous est parvenue mais les descriptions qu'en font les anciens traduisent leur émerveillement. Son chef-d'œuvre fut une Vénus, appelée Vénus anadyomène, c'est-à-dire Vénus sortant des eaux.*
16. **sacris [...] poetis :** *en poésie, le complément d'agent du passif (quel que soit le temps) est parfois au datif.*
17. **tulere = tulerunt.**
18. *Ennius (IIe siècle avant J.-C.) est le premier poète à avoir chanté en vers héroïques les guerres des Romains. C'est lui qui sut adapter l'hexamètre dactylique au rythme latin. Il était l'ami de Scipion l'Africain et ses cendres furent déposées dans le tombeau du héros, sur la voie Appienne.*
19. **Calaber, bra, brum :** de Calabre, *région du sud de l'Italie.*
20. **Scipio, onis :** *il s'agit ici de Scipion l'Africain, général romain qui parvint à vaincre les Carthaginois.*
21. **Danaen, de Danae, es, f :** Danaé, *mère de Persée. Elle fut enfermée par son père dans une tour d'airain car un oracle lui avait annoncé que son petit-fils le détrônerait. Mais Jupiter entra dans la tour sous la forme d'une pluie d'or et s'unit à elle sous cette forme.*

## Traduction des vers 401 à 413

### 1. Traduction de Desaintange (1807)

Apelle peint Vénus : Cachée au fond des eaux,
Serait-elle Vénus sans le peintre de Cos.
Poètes, nous cherchons la gloire et sa fumée :
Le but de nos travaux, qu'est-il ? La renommée.
Des belles, des héros, les chantres d'autrefois
Étaient les favoris et des dieux et des rois ;
Leur nom était sacré, leur personne était sacrée ;
Leur Muse de grands dons fut souvent honorée.
Ennius, né jadis dans les monts calabrois,
Qui du grand Scipion a chanté les exploits,
Près du grand Scipion sous le marbre repose.
Le poète aujourd'hui qui veille, qui compose,
A le vain nom d'oisif ; ses vers sont délaissés ;
Et du lierre savant les honneurs savants sont passés.
Mais cherchons du renom l'honorable chimère.

### 2. Traduction de Charles Nisard (1838)

Si le peintre de Cos, Apelle, n'eût point exposé aux regards l'image de Vénus, la déesse serait encore ensevelie sous les flots de la mer. Où tendent les vœux du poète ? À la renommée ; c'est le prix que nous attendons de nos travaux. Autrefois les poètes étaient les favoris des héros et des rois ; et les chœurs, chez les anciens, obtinrent de grandes récompenses. Le nom de poète avait quelque chose d'imposant et de vénérable ; et à ce respect se joignaient souvent d'abondantes largesses. Ennius, né dans les montagnes de la Calabre, fut jugé digne d'être inhumé près de toi, grand Scipion ! Mais maintenant, le lierre poétique gît sans honneur, et les veilles laborieuses des Muses sont flétries du nom d'oisiveté. Nous aimons toutefois à veiller pour la gloire.

❑❑❑❑❑❑❑ **3. Traduction de Henry Bornecque (1924), revue par Philippe Heuzé (© Les Belles Lettres, 1994)**

Si le peintre de Cos, Apelle, n'avait pas exposé sa Vénus, elle serait encore plongée dans les eaux de la mer. Quelle est la seule ambition des poètes, ces chantres sacrés, sinon la gloire ? Ce souhait est le but dernier de nos travaux. Jadis les poètes étaient chers aux dieux et aux rois ; et les chœurs d'autrefois étaient comblés de récompenses ; aux poètes s'attachaient une majesté religieuse, de la vénération et souvent on leur donnait d'abondantes richesses. Ennius, né dans les montagnes de Calabre, fut jugé digne d'être enseveli près de toi, grand Scipion. Aujourd'hui le lierre poétique rampe sans prestige ; les travaux et les veilles consacrés aux doctes Muses reçoivent le nom d'oisiveté. Malgré cela nous aimons veiller dans l'espoir de la gloire.

❑❑❑❑❑❑❑ **4. Traduction de Joël Gayraud (© Mille et une nuits, 2000)**

Si Apelle, le peintre de Cos, n'avait jamais représenté Vénus, elle serait encore dans les profondeurs marines. Que recherchent les poètes, ces inspirés des dieux, si ce n'est la gloire ? Réaliser ce souhait constitue l'essentiel de nos travaux. Jadis les dieux et les rois avaient souci des poètes et leurs œuvres remportaient alors de grands prix. Ils jouissaient d'une majesté sacrée, d'un nom vénéré, et recevaient souvent d'immenses richesses. Ennius, qui naquit dans les montages de Calabre, a mérité, grand Scipion, d'être placé à tes côtés. Maintenant notre lierre rampe sans honneur et les nuits de labeur et d'étude consacrées aux Muses passe pour paresse. Cependant il nous plaît de veiller pour la gloire.

## Entraînement au BAC

**1** **Langue.** Relevez les datifs du texte et justifiez leur emploi.

**2** **Traduction.** Lisez attentivement les traductions proposées. Quels sont les vers dont la traduction diffère vraiment d'un traducteur à l'autre ?

**3** **Analyse**

**a.** Comparez ce passage avec son équivalent au livre I (vers 67 à 100, Les lieux conseillés aux hommes, p. 33-34).

**b.** Montrez que ce texte est en réalité une défense du travail du poète.

**4** **Version.** Traduisez les vers 381 à 392.

Vers 417 à 432 ➤ traduction p. 213-214

**Utilis est vobis, formosae, turba, puellae.**
**Saepe vagos ultra limina ferte pedes.**
**Ad multas lupa tendit oves, praedetur ut unam,**
**Et Jovis in multas devolat ales aves.**
**Se quoque det populo mulier speciosa videndam :**
**Quem trahat, e multis forsitan unus erit.**
**Omnibus illa locis maneat studiosa placendi,**
**Et curam tota mente decoris agat.**
**Casus ubique valet ; semper tibi pendeat hamus :**
**Quo minime credas gurgite, piscis erit.**
**Saepe canes frustra nemorosis montibus errant,**
**Inque plagam nullo cervus agente venit.**
**Quid minus Andromedae fuerat sperare revinctae,**
**Quam lacrimas ulli posse placere suas ?**
**Funere saepe viri vir quaeritur ; ire solutis**
**Crinibus et fletus non tenuisse decet.**

# 21. Bien choisir l'homme

Vers 433 à 466 traduction p. 214

*Les femmes doivent se promener dans Rome pour ne rater aucune occasion de rencontre, mais il convient de choisir judicieusement son compagnon.*

**Sed vitate viros cultum formamque professos[1],**
**Quique suas ponunt in statione comas.**
**Quae vobis dicunt, dixerunt mille puellis :**
**Errat et in nulla sede moratur amor.**
**Femina quid faciat, cum sit vir levior ipsa,**
**Forsitan et plures possit habere viros ?**
**Vix mihi credetis, sed credite : Troja maneret,**
**Praeceptis Priami si foret usa suis[2].**
**Sunt qui mendaci specie grassentur[3] amoris**
**Perque aditus talis[4] lucra pudenda petant.**
**Nec coma vos fallat liquido nitidissima nardo[5],**
**Nec brevis in rugas[6] lingula[7] pressa suas :**
**Nec toga decipiat filo tenuissima, nec si**
**Anulus in digitis alter et alter erit.**
**Forsitan ex horum numero cultissimus ille**
**Fur sit, et uratur vestis amore tuae.**
**« Redde meum ! » clamant spoliatae saepe puellae,**
**« Redde meum ! » toto voce boante[8] foro.**
**Has, Venus, e templis multo radiantibus auro**
**Lenta[9] vides lites Appiadesque[10] tuae.**
**Sunt quoque non dubia[11] quaedam mala[12] nomina fama :**
**Deceptae a multis crimen amantis habent.**
**Discite ab alterius vestris timuisse querellis ;**
**Janua fallaci ne sit aperta viro.**
**Parcite, Cecropides[13], juranti credere Theseo[14] :**
**Quos faciet testes, fecit et ante, deos.**
**Et tibi, Demophoon[15], Thesei criminis heres,**
**Phyllide decepta nulla relicta fides.**

**Si bene promittent, totidem promittite verbis :**
**Si dederint, et vos gaudia pacta date.**
**Illa potest vigiles flammas extinguere Vestae[16],**
**Et rapere e templis, Inachi[17], sacra tuis,**
**Et dare mixta viro tritis aconita[18] cicutis[19],**
**Accepto Venerem[20] munere siqua negat.**

## NOTES

1. **profiteor, eris, eri, fessus sum :** déclarer ouvertement, montrer ouvertement.
2. **suis :** comme les siens.
3. **grassor, aris, ari, atus sum :** s'avancer avec une idée d'attaque.
4. **aditus talis :** *accusatif pluriel* ; **aditus, us, m :** l'approche.
5. **nardum, i, n :** le nard (*utilisé pour parfumer les cheveux*).
6. **ruga, ae, f :** le pli du vêtement.
7. **lingula, ae, f :** la languette, la fine ceinture.
8. **boo, as, are, avi, – :** crier.
9. **lentus, a, um :** *ici* calme, indifférente.
10. **Appiades :** *groupe de nymphes ornant une fontaine située devant le temple de Vénus Genetrix.*
11. **non dubia :** *se rapporte à* fama (*ablatif*).
12. **mala :** *se rapporte à* nomina (*accusatif*).
13. **Cecropis, idis, f :** descendante de Cécrops (*premier roi d'Athènes*), Athénienne.
14. **Theseus, i, m :** Thésée, *roi d'Athènes. Il vainquit le Minotaure avec l'aide d'Ariane, fille de Minos, qui lui donna une pelote de fil pour sortir du labyrinthe. Thésée emmena Ariane éprise de lui mais l'abandonna à Naxos où Bacchus la consola et l'épousa* (➤ TEXTE 7, p. 62).
15. **Demophoon, ontis, m :** Démophoon, *fils de Thésée ét de Phèdre. Il partit à la guerre de Troie et sur le chemin du retour, il s'arrêta à Daulis, en Phocide, où il fut accueilli par la reine Phyllis qui tomba amoureuse de lui. Après quelques mois, il dut rentrer à Athènes mais promit de revenir à une date précise, ce qu'il ne fit pas. Par désespoir, la reine se jeta dans la mer et fut transformée en amandier. Démophoon arriva quelques jours plus tard et l'amandier fleurit.*
16. **Vesta, ae, f :** Vesta *ou* Hestia, *déesse du foyer. Chez les Romains, les Vestales, prêtresses de la déesse, étaient chargées d'entretenir le feu sacré. Les jeunes filles qui laissaient le feu s'éteindre, ou qui trahissaient leur vœu de virginité, étaient punies parfois très cruellement puisqu'elles étaient enterrées vivantes.*
17. **Inachis, idis, f :** fille d'Inachus, Io (*ici au vocatif*). *Jupiter tomba amoureux d'elle et la changea en vache pour tromper la méfiance de Junon. Mais Junon demanda à son époux de lui offrir la génisse et la confia à Argus, le géant aux cent yeux. Mercure tua le gardien et délivra Io, que Junon fit poursuivre par un taon. La vache parcourut un long périple et finit par arriver en Égypte où elle retrouva sa forme initiale. Elle y donna naissance à Epaphos et mourut. Elle fut assimilée à Isis.*
18. **aconitum i, n :** l'aconit, *plante qui peut servir de violent poison.*
19. **cicuta, ae, f :** la ciguë.
20. **venus, eris, f :** l'amour.

## Traduction des vers 433 à 442

❑ ❑ ❑ ❑ ❑ ❑ ❑

### 1. Traduction de Desaintange (1807)

Mais fuyez ces galants, damerets éventés,
Parfumant leurs cheveux d'amidon cimentés ;
Tout ce qu'ils vous diront, ils le disent aux belles,
Et chez eux de l'amour rien ne fixe les ailes.
Eh ! que ferez-vous donc, si les hommes, si nous,
Nous sommes plus légers et plus femmes que vous ?
Vous ne m'en croirez pas ; mais vous devez m'en croire :
Troie aurait maintenu sa puissance et sa gloire,
Si Troie eût de Priam écouté les avis.
Il est certains galants, d'un gain sordide épris,
Qui d'un amour trompeur vendent la complaisance.

❑ ❑ ❑ ❑ ❑ ❑ ❑

### 2. Traduction de Henry Bornecque (1924), revue par Philippe Heuzé (© Les Belles Lettres, 1994)

Mais évitez les hommes qui font étalage de leur élégance et de leur beauté et dont chaque cheveu a sa place assignée. Ce qu'ils vous disent, ils l'ont dit à mille autres : leur amour vagabond ne se fixe nulle part. Que peut faire une femme contre un homme plus licencieux qu'elle et qui a peut-être plus d'amants ? Vous aurez peine à me croire, croyez-moi tout de même. Troie subsisterait encore, si elle avait écouté les conseils de Priam, son roi. Parmi ces hommes, il en est qui s'insinuent sous les dehors d'un amour mensonger, et qui, par cette voie, ne cherchent qu'un gain honteux.

❑ ❑ ❑ ❑ ❑ ❑ ❑

### 3. Traduction de Michel Grodent (© Éditions Complexe, 2005)

Évitez les bellâtres qui mettent sans arrêt de nouveaux vêtements
Et dont chaque cheveu a l'air d'être bien à sa place.
Ce qu'ils vous disent, ils l'ont dit à mille autres avant vous :
Leur cœur est volage et ne sait se fixer.
Que peut faire une femme contre un homme plus frivole qu'elle ?
De plus, parmi ces séducteurs, certains ne sont que des voleurs.
Ils ne vous troussent que pour mieux détrousser.

## Entraînement au BAC

**1 Langue.** Justifiez l'emploi des modes et des temps dans la phrase Troja maneret, / Praeceptis Priami si foret usa suis (vers 439-440) et dans la phrase Si bene promittent, totidem promittite verbis : / Si dederint, et vos gaudia pacta date (vers 461-462).

**2 Traduction.** Commentez les différentes traductions des vers 436 à 438. Quelle traduction vous semble la plus proche du texte latin ? Appuyez-vous sur des exemples précis pour étayer votre réponse.

**3 Analyse**

**a.** Quels sont les hommes dont les femmes doivent s'écarter selon Ovide ?

**b.** Quel est le principal défaut qu'Ovide reproche à certains hommes ? Quel est l'intérêt de l'évocation de Thésée et de son fils ?

**c.** Sur quelle recommandation se clôt ce passage ?

**4 Version.** Traduisez les vers 456 à 466.

## 22. Les lettres d'amour

Vers 467 à 498 ➤ traduction p. 214-215

*Une femme doit aussi apprendre à écrire des lettres qui plairont aux hommes, tout en sachant déjouer les pièges que peut apporter une correspondance amoureuse secrète.*

Fert animus propius consistere. Supprime[1] habenas,
Musa, nec admissis excutiare rotis !
Verba vadum[2] temptent abiegnis[3] scripta tabellis,
Accipiat missas apta ministra notas.
Inspice, quodque leges, ex ipsis collige[4] verbis
Fingat[5], an[6] ex animo[7] sollicitusque roget,
Postque brevem rescribe moram. Mora semper amantes
Incitat, exiguum si modo tempus habet.
Sed neque te facilem[8] juveni promitte roganti
Nec tamen e duro[9], quod petit ille, nega.
Fac timeat speretque simul, quotiensque remittes[10],
Spesque magis veniat certa minorque metus.
Munda sed e medio[11] consuetaque verba, puellae,
Scribite ; sermonis publica forma placet.
A ! quotiens dubius scriptis exarsit[12] amator,
Et nocuit[13] formae barbara lingua bonae !
Sed quoniam, quamvis vittae[14] careatis honore,
Est vobis vestros fallere cura viros,
Ancillae puerique manu ferat arta[15] tabellas,
Pignora nec puero credite vestra novo.
Perfidus ille quidem, qui talia pignora servat,
Sed tamen Aetnaei fulminis instar habet.
Vidi ego pallentes isto terrore puellas
Servitium miseras tempus in omne pati.
Judice me[16] fraus est concessa repellere fraudem,
Armaque in armatos sumere jura sinunt.
Ducere consuescat multas manus una figuras,
(A ! pereant, per quos ista monenda mihi)
Nec nisi deletis tutum[17] rescribere ceris,

**Ne teneat geminas una tabella manus[18] ;**
**Femina dicatur scribenti semper amator ;**
**Illa sit in vestris, qui fuit ille, notis.**

## NOTES

1. **supprimo, is, ere, pressi, pressum :** contenir, arrêter.
2. **vadum, i, n :** le gué, le bas-fond.
3. **abiegnus, a, um :** de sapin.
4. **colligo, is, ere, legi, lectum :** recueillir, conclure.
5. **fingo, is, ere, finxi, fictum :** façonner, modeler, inventer.
6. **an :** *introduit la deuxième partie de l'interrogation indirecte dépendant de* inspice, observe pour voir si.
7. **ex animo :** du fond du cœur, sincèrement.
8. **facilem :** *attribut du complément d'objet direct* te.
9. **e duro :** durement.
10. **remitto, is, ere, misi, missum :** renvoyer (*ici* une lettre).
11. **e medio :** d'usage courant.
12. **exardesco, is, ere, arsi, arsum :** s'enflammer.
13. **noceo, es, ere, ui, itum + datif :** causer du tort à, nuire à.
14. **vitta, ae, f :** la bandelette, le ruban.
15. **artus, a, um :** serré, étroit (*ici au sens de* discret).
16. **me judice :** à mon avis.
17. **nec [...] tutum :** et il n'est pas prudent.
18. **geminas [...] manus :** *c'est-à-dire une double écriture.*

## Traduction des vers 483 à 486

❑ ❑ ❑ ❑ ❑ ❑ ❑ **1. Traduction de Desaintange (1807)**

Puisque sans affecter les dehors d'une prude,
À tromper vos maris vous mettez votre étude,
Prenez pour ce message un esclave prudent.

❑ ❑ ❑ ❑ ❑ ❑ ❑ **2. Traduction de Charles Héguin de Guerle (1836)**

Mais vous qui, sans prétendre aux honneurs de la chasteté, voulez cependant tromper vos époux, sans qu'ils s'en doutent, ne faites porter vos tablettes que par une suivante ou un esclave d'une adresse éprouvée ; et ne confiez pas ces preuves de votre tendresse à un amant novice.

❑ ❑ ❑ ❑ ❑ ❑ ❑ **3. Traduction de Henry Bornecque (1924), revue par Philippe Heuzé (© Les Belles Lettres, 1994)**

Mais puisque, sans porter la bandelette sacrée de l'épouse, vous avez comme des maris et voulez les tromper, ayez une servante ou une esclave dont la main discrète porte vos tablettes, et ne confiez pas ce gage de votre amour à un jeune esclave nouveau.

❑ ❑ ❑ ❑ ❑ ❑ ❑ **4. Traduction de Joël Gayraud (© Mille et une nuits, 2000)**

Mais bien que vous ne portiez pas les rubans de l'épouse légitime, vous avez envie de tromper vos maris ; pour cela faites écrire vos billets par la main d'une servante ou d'un esclave et ne confiez pas vos gages d'amour à un jeune inconnu.

## Entraînement au BAC

**1 Langue.** Analysez la forme excutiare (v. 468).

**2 Traduction.** Relevez et commentez toutes les différences entre les traductions. Commentez notamment la traduction de l'expression vittae honore.

**3 Analyse**

**a.** Quelle précaution Ovide semble-t-il prendre au vers 483 ? pour quelle raison d'après vous ?

**b.** À quoi Ovide incite-t-il les femmes qui veulent avoir un amant ?

**c.** Quels points communs voyez-vous entre ce passage de *L'Art d'aimer* et les extraits des *Liaisons dangereuses* ?

*Valmont écrit à Madame de Merteuil pour lui raconter la lettre qu'il a reçue de la Présidente de Tourvel, femme mariée qu'il entend séduire.*

Lettre 70

Le vicomte de Valmont à la marquise de Merteuil

Celle-ci vient de m'envoyer un projet de capitulation. Toute sa lettre annonce le désir d'être trompée. Il est impossible d'en offrir un moyen plus commode et aussi plus usé. Elle veut que je sois *son* ami. Mais moi, qui aime les méthodes nouvelles et difficiles, je ne prétends pas l'en tenir quitte à si bon marché ; et assurément je n'aurai pas pris tant de peine auprès d'elle, pour terminer par une séduction ordinaire.

Mon projet, au contraire, est qu'elle sente, qu'elle sente bien la valeur et l'étendue de chacun des sacrifices qu'elle me fera ; de ne pas la conduire si vite, que le remords ne puisse la suivre ; de faire expirer sa vertu dans une lente agonie ; de la fixer sans cesse sur ce désolant spectacle ; et de ne lui accorder le bonheur de m'avoir dans ses bras, qu'après l'avoir forcée à n'en plus dissimuler le désir. Au fait, je vaux bien peu, si je ne vaux pas la peine d'être demandé. Et puis-je me venger moins d'une femme hautaine, qui semble rougir d'avouer qu'elle m'adore ?

J'ai donc refusé la précieuse amitié et m'en suis tenu à mon titre d'amant. Comme je ne me dissimule pas que ce titre, qui ne paraît d'abord qu'une dispute de mots, est pourtant d'une importance réelle à obtenir, j'ai mis beaucoup de soin à ma lettre, et j'ai tâché d'y mettre ce désordre, qui peut seul peindre le sentiment. J'ai enfin déraisonné le plus qu'il m'a été possible : car sans déraisonnement, point de tendresse ; et c'est je crois, par cette raison, que les femmes nous sont si supérieures dans les lettres d'amour.

J'ai fini la mienne par une cajolerie, et c'est encore une suite de mes profondes observations. Après que le cœur d'une femme a été exercé quelque temps, il a besoin de repos ; et j'ai remarqué qu'une cajolerie était, pour toutes, l'oreiller le plus doux à leur offrir.

Pierre Choderlos de Laclos (1741-1803), *Les Liaisons dangereuses* (1782), Lettre 70 (extrait).

*Valmont écrit à Cécile Volanges, jeune ingénue qu'il a séduite, afin de l'aider à écrire à Danceny, son amant.*

Lettre 73

Le vicomte de Valmont à Cécile Volanges

L'ami qui vous sert a su que vous n'aviez rien de ce qu'il vous fallait pour écrire, et il y a déjà pourvu. Vous trouverez dans l'antichambre de l'appartement que vous occupez, sous la grande armoire à main gauche, une provision de papier, de plumes et d'encre, qu'il renouvellera quand vous voudrez, et qu'il lui semble que vous pouvez laisser à cette même place, si vous n'en trouvez pas de plus sûre.

Il vous demande de ne pas vous offenser, s'il a l'air de ne faire aucune attention à vous dans le cercle, et de ne vous y regarder que comme un enfant. Cette conduite lui paraît nécessaire pour inspirer la sécurité dont il a besoin, et pouvoir travailler plus efficacement au bonheur de son ami et au vôtre. Il tâchera de faire naître les occasions de vous parler, quand il aura quelque chose à vous apprendre ou à vous remettre ; et il espère y parvenir, si vous mettez du zèle à le seconder.

Il vous conseille aussi de lui rendre, à mesure, les lettres que vous aurez reçues, afin de risquer moins de vous compromettre.

Il finit par vous assurer que si vous voulez lui donner votre confiance, il mettra tous ses soins à adoucir la persécution qu'une mère trop cruelle fait éprouver à deux personnes, dont l'une est déjà son meilleur ami, et l'autre lui paraît mériter l'intérêt le plus tendre.

Du château de... ce 14 septembre 17**.

Pierre Choderlos de Laclos (1741-1803), *Les Liaisons dangereuses* (1782), Lettre 73.

**4** **Version.** Traduisez les vers 469 à 479.

Vers 499 à 524 ➤ traduction p. 215-216

**Si licet a parvis animum ad majora referre,**
**Plenaque curvato pandere vela sinu,**
**Pertinet ad faciem rabidos compescere mores :**
**Candida pax homines, trux decet ira feras.**
**Ora tument ira : nigrescunt sanguine venae :**
**Lumina Gorgoneo saevius igne micant.**
**« I procul hinc, dixit, non es mihi, tibia, tanti »,**
**Ut vidit vultus Pallas in amne suos.**
**Vos quoque si media speculum spectetis in ira,**
**Cognoscat faciem vix satis ulla suam.**
**Nec minus in vultu damnosa superbia vestro :**
**Comibus est oculis alliciendus amor.**
**Odimus inmodicos (experto credite) fastus :**
**Saepe tacens odii semina vultus habet.**
**Spectantem specta, ridenti mollia ride :**
**Innuet, acceptas tu quoque redde notas.**
**Sic ubi prolusit, rudibus puer ille relictis**
**Spicula de pharetra promit acuta sua.**
**Odimus et maestas : Tecmessam diligat Ajax ;**
**Nos hilarem populum femina laeta capit.**
**Numquam ego te, Andromache, nec te, Tecmessa, rogarem,**
**Ut mea de vobis altera amica foret.**
**Credere vix videor, cum cogar credere partu,**
**Vos ego cum vestris concubuisse viris.**
**Scilicet Ajaci mulier maestissima dixit**
**« Lux mea » quaeque solent verba juvare viros ?**

## 23. Chacun donne ce qu'il peut

Vers 525 à 576 ➤ traduction p. 216-217

*Ovide désire apprendre aux femmes que tous les hommes ne sont pas les mêmes et que chacun peut avoir des qualités. Les poètes sont néanmoins au-dessus des autres pour ce qui est de l'amour.*

**Quis vetat a magnis ad res exempla minores**
**Sumere, nec nomen pertimuisse ducis ?**
**Dux bonus huic centum commisit vite regendos,**
**Huic equites, illi signa tuenda dedit :**
**Vos quoque, de nobis quem quisque erit aptus ad usum,**
**Inspicite, et certo ponite quemque loco.**
**Munera det dives : jus qui profitebitur, adsit :**
**Facundus causam saepe clientis agat :**
**Carmina qui facimus, mittamus carmina tantum :**
**Hic chorus ante alios aptus amare sumus.**
**Nos facimus placitae late praeconia formae :**
**Nomen habet Nemesis, Cynthia nomen habet :**
**Vesper et Eoae novere Lycorida terrae :**
**Et multi, quae sit nostra Corinna, rogant.**
**Adde, quod insidiae sacris a vatibus absunt,**
**Et facit ad mores ars quoque nostra suos.**
**Nec nos ambitio, nec amor nos tangit habendi :**
**Contempto colitur lectus et umbra foro.**
**Sed facile haeremus, validoque perurimur aestu,**
**Et nimium certa scimus amare fide.**
**Scilicet ingenium placida mollitur ab arte,**
**Et studio mores convenienter eunt.**
**Vatibus Aoniis faciles estote, puellae :**
**Numen inest illis, Pieridesque favent.**
**Est deus in nobis, et sunt commercia caeli :**
**Sedibus aetheriis spiritus ille venit.**
**A doctis pretium scelus est sperare poetis ;**
**Me miserum ! scelus hoc nulla puella timet.**

**Dissimulate tamen, nec prima fronte rapaces**
**Este : novus viso casse resistet amans.**
**Sed neque vector equum, qui nuper sensit habenas,**
**Comparibus frenis artificemque reget,**
**Nec stabiles animos annis viridemque juventam**
**Ut capias, idem limes agendus erit.**
**Hic rudis et castris nunc primum notus Amoris,**
**Qui tetigit thalamos praeda novella tuos,**
**Te solam norit, tibi semper inhaereat uni :**
**Cingenda est altis saepibus ista seges.**
**Effuge rivalem : vinces, dum sola tenebis ;**
**Non bene cum sociis regna Venusque manent.**
**Ille vetus miles sensim et sapienter amabit,**
**Multaque tironi non patienda feret :**
**Nec franget postes, nec saevis ignibus uret,**
**Nec dominae teneras adpetet ungue genas,**
**Nec scindet tunicasve suas tunicasve puellae,**
**Nec raptus flendi causa capillus erit.**
**Ista decent pueros aetate et amore calentes ;**
**Hic fera composita vulnera mente feret.**
**Ignibus heu lentis uretur, ut umida faena,**
**Ut modo montanis silva recisa locis.**
**Certior hic amor est : brevis et fecundior ille ;**
**Quae fugiunt, celeri carpite poma manu.**

## Vers le commentaire

**1** Étudiez la métaphore du général en chef : quels sont les avantages qu'il est possible de retirer des différents amants ? De quelle façon Ovide amène-t-il le fait que les meilleurs amants sont les poètes ?

**2** Qui sont Tibulle, Properce et Gallus ? Faites une recherche et dites pourquoi Ovide juge opportun de les citer ici.

**3** Montrez que, dans la première partie du texte, les conseils d'Ovide sont intéressés.

**4** Étudiez les métaphores qui différencient l'amant jeune de l'amant expérimenté. Quels sont les avantages de l'un et de l'autre ? Que désire montrer Ovide ?

Vers 577 à 610 ➤ traduction p. 217-218

**Omnia tradantur (portas reseravimus hosti),**
**Et sit in infida proditione fides.**
**Quod datur ex facili, longum male nutrit amorem :**
**Miscenda est laetis rara repulsa jocis.**
**Ante fores jaceat, « crudelis janua » dicat,**
**Multaque summisse, multa minanter agat.**
**Dulcia non ferimus : suco renovemur amaro ;**
**Saepe perit ventis obruta cumba suis ;**
**Hoc est, uxores quod non patiatur amari :**
**Conveniunt illas, cum voluere, viri ;**
**Adde forem, et duro dicat tibi janitor ore**
**« Non potes » ; exclusum te quoque tanget amor.**
**Ponite jam gladios hebetes : pugnetur acutis ;**
**Nec dubito, telis quin petar ipse meis.**
**Dum cadit in laqueos captus quoque nuper amator,**
**Solum se thalamos speret habere tuos.**
**Postmodo rivalem partitaque foedera lecti**
**Sentiat : has artes tolle, senescit amor.**
**Tum bene fortis equus reserato carcere currit,**
**Cum quos praetereat quosque sequatur habet.**
**Quamlibet extinctos injuria suscitat ignes :**
**En, ego (confiteor !) non nisi laesus amo.**
**Causa tamen nimium non sit manifesta doloris,**
**Pluraque sollicitus, quam sciet, esse putet.**
**Incitat et ficti tristis custodia servi,**
**Et nimium duri cura molesta viri.**
**Quae venit ex tuto, minus est accepta voluptas :**
**Ut sis liberior Thaide, finge metus.**
**Cum melius foribus possis, admitte fenestra,**
**Inque tuo vultu signa timentis habe.**
**Callida prosiliat dicatque ancilla « perimus ».**
**Tu juvenem trepidum quolibet abde loco.**
**Admiscenda tamen Venus est secura timori,**
**Ne tanti noctes non putet esse tuas.**

## 24. Comment déjouer la surveillance ?

Vers 611 à 658 ➤ traduction p. 218-219

*Après avoir donné aux femmes des conseils sur la façon de se faire aimer, Ovide leur enseigne les ruses à employer pour vivre leurs amours en toute liberté et en toute sécurité.*

**Qua vafer[1] eludi possit ratione maritus,**
**Quaque vigil[2] custos, praeteriturus eram[3].**
**Nupta virum timeat ; rata[4] sit custodia nuptae ;**
**Hoc decet, hoc leges duxque pudorque jubent.**
**Te quoque servari, modo[5] quam vindicta[6] redemit,**
**Quis ferat ? Ut fallas, ad mea sacra veni.**
**Tot licet[7] observent, adsit modo[8] certa voluntas,**
**Quot fuerant Argo[9] lumina, verba dabis[10].**
**Scilicet obstabit custos ne scribere possis,**
**Sumendae detur cum tibi tempus aquae[11],**
**Conscia[12] cum possit scriptas portare tabellas**
**Quas tegat in tepido fascia[13] lata sinu ?**
**Cum possit sura[14] chartas celare ligatas**
**Et vincto[15] blandas sub pede ferre notas ?**
**Caverit haec[16] custos, pro charta conscia tergum**
**Praebeat inque suo corpore verba ferat.**
**Tuta quoque est fallitque oculos e[17] lacte recenti**
**Littera (carbonis[18] pulvere tange ; leges),**
**Fallet et, umiduli[19] quae fiet acumine lini,**
**Et feret occultas pura tabella notas.**
**Adfuit Acrisio[20] servandae cura puellae ;**
**Hunc tamen illa suo crimine fecit avum[21].**
**Quid faciat custos, cum sint tot in Urbe theatra,**
**Cum spectet junctos illa libenter equos[22],**
**Cum sedeat Phariae sistris[23] operata juvencae[24],**
**Quoque sui comites ire vetantur, eat,**
**Cum fuget a templis oculos Bona Diva virorum,**
**Praeterquam siquos illa venire jubet[25],**
**Cum, custode foris tunicas servante puellae,**

**Celent furtivos balnea multa jocos,**
**Cum quotiens opus est, fallax aegrotet[26] amica**
**Et cedat lecto quamlibet aegra suo,**
**Nomine cum doceat quid agamus adultera clavis[27],**
**Quasque petas, non det janua sola vias ?**
**Fallitur et multo custodis cura Lyaeo[28],**
**Illa vel Hispano lecta sit uva jugo.**
**Sunt quoque quae faciant altos medicamina somnos**
**Victaque Lethaea[29] lumina nocte premant.**
**Nec male deliciis odiosum conscia tardis**
**Detinet et longa jungitur ipsa mora.**
**Quid juvat ambages praeceptaque parva movere,**
**Cum minimo custos munere possit emi ?**
**Munera, crede mihi, capiunt hominesque deosque :**
**Placatur donis Juppiter ipse datis.**
**Quod sapiens, faciet stultus quoque ; munere gaudet**
**Ipse quoque accepto munere mutus erit.**
**Sed semel est custos longum redimendus in aevum :**
**Saepe dabit, dederit quas semel, ille manus.**

## NOTES

1. **vafer, fra, frum :** rusé, habile.
2. **vigil, ilis, m :** le veilleur, le garde de nuit.
3. **praeteriturus eram :** j'étais sur le point de laisser de côté (*le participe futur exprime l'intention*).
4. **ratus, a, um :** fixé, constant.
5. **modo :** il y a peu.
6. **vindicta, ae, f :** la baguette, *dont l'*assertor libertatis *touchait l'esclave qu'on voulait affranchir.*
7. **licet + subjonctif :** bien que.
8. **modo + subjonctif :** si seulement.
9. **Argus, i, m :** *Argus, fils d'Arestor, avait cent yeux. Cinquante yeux restaient ouverts pendant que les autres se reposaient. Junon lui confia la surveillance d'Io mais Mercure endormit le gardien et lui coupa la tête. Junon prit ses yeux et les plaça sur la queue du paon.*
10. **verba dare :** payer de mots (tromper).
11. **sumendae [...] aquae :** *l'adjectif verbal remplace le gérondif.*
12. **conscius, a, um :** confident, complice.
13. **fascia, ae, f :** le soutien-gorge, le corsage.
14. **sura, ae, f :** le mollet.
15. **vincio, is, ire, vinxi, vinctum :** lier, attacher.
16. **haec :** *neutre pluriel.*
17. **ex + ablatif :** *indique la matière.*
18. **carbo, onis, m :** le charbon.
19. **umidulus, a, um :** un peu humide.
20. **Acrisius, ii, m :** *Acrisius, roi d'Argos, enferma sa fille Danaé dans une tour d'airain pour éviter qu'elle ait une descendance. Jupiter s'introduisit dans cette prison sous la forme d'une pluie d'or et de son union avec Danaé naquit Persée.*
21. **avum :** *attribut du complément d'objet direct du verbe* fecit, hunc.
22. **junctos [...] equos :** les courses de char.
23. **sistrum, i, n :** le sistre (*sorte de crécelle utilisée dans le culte d'Isis*).
24. **Phariae [...] juvencae :** la génisse d'Égypte, Isis.
25. *Isis était assimilée à Déméter et son culte était un culte à mystères.*
26. **aegroto, as, are, –, – :** être malade ; fallax *est employé de façon adverbiale.*
27. **adultera clavis :** la fausse clé.
28. **Lyaeus, i :** *un des noms de Bacchus ; désigne ici* le vin.
29. **Lethaeus, a, um :** qui donne l'oubli, le sommeil.

## Traduction des vers 649 et 650

❑❑❑❑❑❑❑ **1. Traduction de Charles Héguin de Guerle (1836)**
Votre confidente peut encore écarter un odieux Cerbère par l'appât du plaisir et le retenir longtemps par ses caresses.

❑❑❑❑❑❑❑ **2. Traduction de Charles Nisard (1838)**
La suivante, de concert avec sa maîtresse, peut encore amuser ce monstre, et l'obliger d'oublier son devoir.

❑❑❑❑❑❑❑ **3. Traduction de Henry Bornecque (1924), revue par Philippe Heuzé (© Les Belles Lettres, 1994)**
Un heureux stratagème aussi, c'est qu'une complice occupe votre odieux gardien par des plaisirs qui paralysent sa surveillance et se donne à lui pour le retenir longtemps.

❑❑❑❑❑❑❑ **4. Traduction de Michel Grodent (© Éditions Complexe, 2005)**
Une servante très dévouée peut aussi fort bien
Détourner l'attention de votre fameux cerbère.
Comment ?
En se donnant à lui le temps nécessaire.

## Entraînement au BAC

**1** **Langue.** Quelle est la construction utilisée au vers 639 ? Rappelez les règles d'utilisation de cette tournure. Transformez ensuite cette phrase en une proposition subordonnée temporelle.

**2** **Traduction.** Comparez les différentes traductions des vers 649 et 650. Pourquoi certains traducteurs emploient-ils l'expression « cerbère » qui n'est pas dans le texte ? Quelle traduction se rapproche le plus du texte latin (vous justifierez votre réponse par des exemples précis).

**3** **Analyse**
**a.** Relevez les champs lexicaux de la surveillance et de la tromperie.
**b.** Quelle précaution Ovide prend-il pour ne pas être accusé d'incitation à la débauche ?
**c.** En quoi peut-on néanmoins dire que ce texte est subversif ?

**4** **Version.** Traduisez les vers 616 à 626.

Vers 659 à 688 ➤ traduction p. 219

Questus eram, memini, metuendos esse sodales :
Non tangit solos ista querella viros.
Credula si fueris, aliae tua gaudia carpent,
Et lepus hic aliis exagitatus erit.
Haec quoque, quae praebet lectum studiosa locumque
Crede mihi, mecum non semel illa fuit.
Nec nimium vobis formosa ancilla ministret :
Saepe vicem dominae praebuit illa mihi.

Quo feror insanus ? quid aperto pectore in hostem
Mittor, et indicio prodor ab ipse meo ?
Non avis aucupibus monstrat, qua parte petatur :
Non docet infestos currere cerva canes.
Viderit utilitas : ego coepta fideliter edam :
Lemniasi et gladios in mea fata dabo.
Efficite (et facile est), ut nos credamus amari :
Prona venit cupidis in sua vota fides.
Spectet amabilius juvenem, suspiret ab imo
Femina, tam sero cur veniatque roget :
Accedant lacrimae, dolor et de paelice fictus,
Et laniet digitis illius ora suis :
Jamdudum persuasus erit ; miserebitur ultro,
Et dicet « cura carpitur ista mei ».
Praecipue si cultus erit speculoque placebit,
Posse suo tangi credet amore deas.
Sed te, quaecumque est, moderate injuria turbet,
Nec sis audita paelice mentis inops.
Nec cito credideris : quantum cito credere laedat,
Exemplum vobis non leve Procris erit.
Est prope purpureos colles florentis Hymetti
Fons sacer et viridi caespite mollis humus :

## 25. Céphale et Procris

Vers 689 à 746 ➤ traduction p. 219-221

*Ovide veut prouver que la jalousie n'est pas une bonne chose. Croire à l'existence d'une rivale peut se révéler très dangereux.*

**Silva nemus non alta facit ; tegit arbutus herbam,**
**Ros maris et lauri nigraque myrtus olent :**
**Nec densum foliis buxum fragilesque myricae,**
**Nec tenues cytisi cultaque pinus abest.**
**Lenibus inpulsae zephyris auraque salubri**
**Tot generum frondes herbaque summa tremit.**
**Grata quies Cephalo : famulis canibusque relictis**
**Lassus in hac juvenis saepe resedit humo,**
**« Quaeque meos releves aestus, cantare solebat,**
**Accipienda sinu, mobilis aura, veni. »**
**Conjugis ad timidas aliquis male sedulus aures**
**Auditos memori detulit ore sonos ;**
**Procris ut accepit nomen, quasi paelicis, Aurae,**
**Excidit, et subito muta dolore fuit ;**
**Palluit, ut serae lectis de vite racemis**
**Pallescunt frondes, quas nova laesit hiemps,**
**Quaeque suos curvant matura cydonia ramos,**
**Cornaque adhuc nostris non satis apta cibis.**
**Ut rediit animus, tenues a pectore vestes**
**Rumpit, et indignas sauciat ungue genas ;**
**Nec mora, per medias passis furibunda capillis**
**Evolat, ut thyrso concita Baccha, vias.**
**Ut prope perventum, comites in valle relinquit,**
**Ipsa nemus tacito clam pede fortis init.**
**Quid tibi mentis erat, cum sic male sana lateres,**
**Procri ? quis adtoniti pectoris ardor erat ?**
**Jam jam venturam, quaecumque erat Aura, putabas**
**Scilicet, atque oculis probra videnda tuis.**
**Nunc venisse piget (neque enim deprendere velles),**
**Nunc juvat : incertus pectora versat amor.**

Credere quae jubeant, locus est et nomen et index,
Et quia mens semper quod timet, esse putat.
Vidit ut oppressa vestigia corporis herba,
Pulsantur trepidi corde micante sinus.
Jamque dies medius tenues contraxerat umbras,
Inque pari spatio vesper et ortus erant :
Ecce, redit Cephalus silvis, Cyllenia proles,
Oraque fontana fervida pulsat aqua.
Anxia, Procri, lates : solitas iacet ille per herbas,
Et « Zephyri molles auraque, dixit, ades. »
Ut patuit miserae jucundus nominis error,
Et mens et rediit verus in ora color.
Surgit, et oppositas agitato corpore frondes
Movit, in amplexus uxor itura viri :
Ille feram vidisse ratus, juvenaliter arcus
Corripit, in dextra tela fuere manu.
Quid facis, infelix ? non est fera, supprime tela !
Me miserum ! jaculo fixa puella tuo est.
« Ei mihi ! conclamat. Fixisti pectus amicum ;
Hic locus a Cephalo vulnera semper habet.
Ante diem morior, sed nulla paelice laesa :
Hoc faciet positae te mihi, terra, levem.
Nomine suspectas jam spiritus exit in auras :
Labor, io, cara lumina conde manu ! »
Ille sinu dominae morientia corpora maesto
Sustinet, et lacrimis vulnera saeva lavat :
Exit, et incauto paulatim pectore lapsus
Excipitur miseri spiritus ore viri.

## Vers le commentaire

**1** Étudiez le champ lexical de la nature. À quel genre peut-on rattacher cet extrait ?

**2** Relevez le champ lexical de la tristesse et du désespoir.

**3** En quoi ce passage diffère-t-il du reste de l'œuvre ?

**4** Quel est l'intérêt d'un tel passage dans le recueil ? Que veut montrer Ovide ?

**5** Comparez ce passage avec le texte des *Métamorphoses* (Livre VII, vers 661-865). Quels sont les éléments de la légende communs aux deux œuvres ? Pourquoi Ovide se concentre-t-il ici sur la fin du mythe uniquement ?

Vers 747 à 812 ➤ traduction p. 221-222

Sed repetamus opus : mihi nudis rebus eundum est,
Ut tangat portus fessa carina suos.
Sollicite expectas, dum te in convivia ducam,
Et quaeris monitus hac quoque parte meos.
Sera veni, positaque decens incede lucerna :
Grata mora venies ; maxima lena mora est.
Etsi turpis eris, formosa videbere potis,
Et latebras vitiis nox dabit ipsa tuis.
Carpe cibos digitis : est quiddam gestus edendi :
Ora nec immunda tota perungue manu.
Neve domi praesume dapes, sed desine citra
Quam capis ; es paulo quam potes esse minus ;
Priamides Helenen avide si spectet edentem,
Oderit, et dicat « stulta rapina mea est ».
Aptius est, deceatque magis potare puellas :
Cum Veneris puero non male, Bacche, facis.
Hoc quoque, qua patiens caput est, animusque pedesque
Constant : ne, quae sunt singula, bina vide.
Turpe jacens mulier multo madefacta Lyaeo :
Digna est concubitus quoslibet illa pati.
Nec somnis posita tutum succumbere mensa :
Per somnos fieri multa pudenda solent.
Ulteriora pudet docuisse : sed alma Dione
« Praecipue nostrum est, quod pudet, inquit, opus. »
Nota sibi sint quaeque : modos a corpore certos
Sumite : non omnes una figura decet.
Quae facie praesignis erit, resupina jaceto :
Spectentur tergo, quis sua terga placent.
Milanion umeris Atalantes crura ferebat :
Si bona sunt, hoc sunt aspicienda modo.
Parva vehatur equo : quod erat longissima, numquam
Thebais Hectoreo nupta resedit equo.
Strata premat genibus, paulum cervice reflexa,
Femina per longum conspicienda latus.

**Cui femur est juvenale, carent quoque pectora menda,**
**Stet vir, in obliquo fusa sit ipsa toro.**
**Nec tibi turpe puta crinem, ut Phylleia mater,**
**Solvere, et effusis colla reflecte comis.**
**Tu quoque, cui rugis uterum Lucina notavit,**
**Ut celer aversis utere Parthus equis.**
**Mille joci Veneris ; simplex minimique laboris,**
**Cum jacet in dextrum semisupina latus.**
**Sed neque Phoebei tripodes nec corniger Ammon**
**Vera magis vobis, quam mea Musa, canet :**
**Siqua fides arti, quam longo fecimus usu,**
**Credite : praestabunt carmina nostra fidem.**
**Sentiat ex imis Venerem resoluta medullis**
**Femina, et ex aequo res juvet illa duos.**
**Nec blandae voces jucundaque murmura cessent,**
**Nec taceant mediis improba verba jocis.**
**Tu quoque, cui Veneris sensum natura negavit,**
**Dulcia mendaci gaudia finge sono.**
**Infelix, cui torpet hebes locus ille, puella est,**
**Quo pariter debent femina virque frui.**
**Tantum, cum finges, ne sis manifesta, caveto :**
**Effice per motum luminaque ipsa fidem.**
**Quid juvet, et voces et anhelitus arguat oris ;**
**A ! pudet, arcanas pars habet ista notas.**
**Gaudia post Veneris quae poscet munus amantem,**
**Illa suas nolet pondus habere preces.**
**Nec lucem in thalamos totis admitte fenestris ;**
**Aptius in vestro corpore multa latent.**

**Lusus habet finem : cygnis descendere tempus,**
**Duxerunt collo qui juga nostra suo.**
**Ut quondam juvenes, ita nunc, mea turba, puellae**
**Inscribant spoliis « Naso magister erat ».**

# QUESTIONS D'ENSEMBLE

1 Relevez les passages dans lesquels Ovide se présente comme un maître de l'amour.

2 Faites un bilan sur la dimension didactique de *L'Art d'aimer*.

3 Relevez les références à la mythologie. Quel peut être l'intérêt de tels passages ?

4 Repérez les passages dans lesquels Ovide prend des précautions vis-à-vis de la morale.

5 Dans certains passages, au contraire, l'auteur prévient que son traité est valable pour tous : repérez-les.

6 Comparez les lieux préconisés par Ovide dans les livres I et III. Que constatez-vous ?

7 Repérez les passages qui se font écho entre les livres I, II et III.

8 Étudiez l'art de la feinte et de la dissimulation dans *L'Art d'aimer*.

9 Étudiez la figure de la femme dans *L'Art d'aimer*.

10 En présentant un exposé argumenté, dites si, selon vous, *L'Art d'aimer* méritait l'exil de son auteur.

# L'ART D'AIMER

## Livre I

***Préambule.*** S'il est quelqu'un de notre peuple à qui l'art d'aimer soit inconnu, qu'il lise ce poème, et, instruit par sa lecture, qu'il aime. C'est l'art avec lequel la voile et la rame sont maniées qui permet aux vaisseaux de voguer rapidement, l'art qui permet aux chars de courir légèrement : l'art doit gouverner l'Amour. Automédon excellait à manier un char et les rênes flexibles ; Tiphys était le pilote de la poupe hémonienne[1]. Moi, Vénus m'a donné comme maître au jeune Amour ; c'est le Tiphys et l'Automédon de l'Amour que l'on me nommera.

Il est farouche, à la vérité, souvent rebelle à mes leçons, mais c'est un enfant, âge souple et qui se laisse guider. Le fils de Philyra[2] forma par les sons de la cithare Achille enfant, et, grâce à cet art apaisant, dompta son âme farouche. Lui qui terrifia si souvent ses compagnons, si souvent ses ennemis, on croit qu'il trembla devant ce vieillard chargé d'années ; ses mains, dont Hector devait sentir le poids, quand son maître le demandait, il les présentait aux verges. Chiron fut le précepteur du petit-fils d'Éaque[3] ; je suis, moi, celui de l'Amour. Tous deux sont redoutables, étant nés tous deux d'une déesse[4]. Mais le taureau finit par prêter sa nuque au poids de la charrue ; tout généreux qu'il soit, le cheval ronge le frein. De même l'Amour m'obéit, bien qu'il me perce le cœur de ses flèches, et qu'il agite et brandisse ses torches. Plus violemment et qu'il agite et brandisse ses torches. Plus violemment l'Amour m'a transpercé, plus violemment il m'a embrasé, mieux je saurai me venger des blessures qu'il m'a faites.

Je n'irai pas, Phébus, prétendre faussement que tu m'as inspiré ce traité ; ce ne sont pas non plus les chants ni les vols d'un oiseau qui m'ont instruit ; je n'ai pas vu Clio et les sœurs de Clio, pendant que je gardais les troupeaux dans tes vallées, Ascra[5]. C'est l'expérience qui me dicte cet ouvrage : écoutez un

---

* Le compte-lignes placé à gauche du texte indique la correspondance avec les vers du texte d'Ovide (exemple : la traduction des vers 1 à 5 du texte latin s'étend de la première ligne à celle notée « 5 »).

** Tous les intertitres (en italique gras) et toutes les notes sont issus de la traduction des éditions des Belles Lettres.

1. Il s'agit du navire Argo, bâti avec des bois du Pélion, montagne de Thessalie, primitivement nommée Hémonie.
2. Chiron.
3. Achille.
4. L'Amour fils de Vénus, Achille fils de Thétis.
5. Patrie d'Hésiode.

poète instruit par la pratique. Je vais chanter la vérité : favorise mon dessein, mère de l'Amour.

Loin d'ici, étroites bandelettes, insigne de la pudeur, et toi, volant, qui couvres la moitié des pieds[6]. Ce que nous chanterons, c'est l'amour que ne frappe pas la loi, ce sont les liaisons permises ; mon poème n'offrira rien de répréhensible.

***Plan.*** Avant tout, préoccupe-toi de trouver l'objet de ton amour, soldat qui, pour la première fois, affrontes des combats où tu es neuf. Consacre tes efforts ensuite à toucher la jeune fille qui t'a plu, et, en troisième lieu, à faire durer ton amour. Voilà nos limites ; voilà la carrière où notre char laissera sa trace ; voilà la borne que devra serrer la roue lancée à toute vitesse.

***Où chercher ? À Rome même.*** Tandis que, libre encore, tu vas où tu veux, la bride sur le cou, choisis celle à qui tu puisses dire : « Toi seule me plais ». Elle ne tombera pas du ciel, glissant parmi l'air subtil ; il te faut chercher la femme qui charmera tes yeux. Il sait bien, le chasseur, où tendre les filets à cerfs ; il sait bien la vallée que hantent les grognements du sanglier ; l'oiseleur connaît le bocage ; celui qui tient l'hameçon suspendu connaît les eaux où nagent beaucoup de poissons. Toi aussi, qui recherches un objet qui fixe ton amour pour longtemps, apprends d'abord où l'on rencontre en abondance la jeune fille.

Tes recherches ne te forceront pas à mettre à la voile, et, pour trouver, tu n'auras pas à parcourir une longue route. Andromède, Persée a été la chercher chez les noirs Indiens[7], et un Phrygien a enlevé une Grecque[8] ; je le veux bien. Tant et de si belles filles se rencontreront à Rome, que l'on peut dire : « Notre ville possède tout ce qu'a pu produire l'univers. » Autant le Gargare est fertile en blé, autant Méthymne est fertile en grappes, autant l'onde cache de poissons, le feuillage d'oiseaux, le ciel d'étoiles, autant il y a de femmes à Rome, où tu habites ; la mère d'Énée a fixé sa demeure dans la ville de son cher fils. Si tu es séduit par des charmes jeunes et encore dans leur développement, à tes yeux s'offrira, intacte, une jeune fille. Préfères-tu une beauté épanouie ? Mille, dans l'épanouissement de leur beauté, te plairont, et, malgré toi, tu ne sauras où fixer tes vœux. Que si, par hasard, tu aimes un âge déjà mûr et plus expert, la troupe, crois-moi, sera encore plus compacte.

***Promenades et édifices publics.*** Tu n'as qu'à faire lentement les cent pas soit à l'ombre du Portique de Pompée, quand le soleil vient toucher le dos du Lion d'Hercule[9], soit à l'endroit où la mère a ajouté ses présents à ceux de son fils[10], ouvrage magnifique par ses marbres étrangers ; n'évite pas non plus le Portique, garni de tableaux anciens qui porte le nom de Livie, sous lequel il

6. N'étaient portées que par les matrones.
7. Andromède était éthiopienne.
8. Il s'agit de l'enlèvement d'Hélène par Pâris.
9. En juillet.
10. Le portique d'Octavie, contigu au théâtre de Marcellus.

a été dédié, ni celui[11] où l'on voit les petites-filles de Bélus qui ont osé tramer la mort de leurs malheureux cousins, et leur père cruel debout, une épée à la main.

N'oublie pas davantage les fêtes d'Adonis, pleuré par Vénus, et les cérémonies religieuses, célébrées le septième jour de la semaine par les Juifs de Syrie.

Ne fuis pas non plus le temple de la génisse, déesse égyptienne, vêtue de lin : de beaucoup de femmes elle fait ce qu'elle a été elle-même pour Jupiter.

***Au forum.*** Les forums mêmes – qui pourrait le croire ? – conviennent à l'Amour, et, tout bruyants qu'ils soient, souvent une flamme y est née. Au pied du temple en marbre consacré à Vénus, la nymphe Appias frappe l'air d'eaux jaillissantes[12]. En ce lieu, souvent un jurisconsulte devient l'esclave de l'Amour et celui qui a fait prendre des précautions aux autres n'en prend pas pour lui-même. Souvent, en ce lieu, un beau parleur ne peut pas trouver ses mots ; de nouveaux intérêts viennent l'occuper et c'est sa propre cause qu'il lui faut plaider. De son temple, tout voisin, Vénus rit de lui : tout à l'heure, il était patron ; maintenant il désire être client.

***Au théâtre.*** Mais chasse surtout sur les gradins des théâtres : ces lieux t'offriront plus que tu ne peux désirer. Là tu trouveras de quoi aimer, de quoi lutiner, de quoi faire une conquête d'un jour, de quoi nouer une liaison durable. Comme on voit, très nombreuses, les fourmis aller et venir en longue colonne, traînant avec leurs mandibules le grain qui fait leur nourriture habituelle, ou comme les abeilles, lorsqu'elles ont trouvé les régions boisées qu'elles affectionnent et les pâturages odoriférants, butinent les fleurs et le thym, ainsi les femmes, dans leurs atours les plus élégants, se pressent aux jeux où va la foule ; leur nombre a souvent fait hésiter mon choix. C'est pour voir qu'elles viennent ; mais elles viennent aussi pour être vues ; l'endroit est dangereux pour la chaste pudeur.

C'est toi qui, le premier, Romulus, as jeté le trouble dans les jeux, lorsque l'enlèvement des Sabines fit le bonheur de tes hommes, privés de femmes. Alors un voile ne couvrait pas un théâtre de marbre et la scène n'était pas arrosée de la rouge essence du safran. À ce moment les branchages, fournis par les bois du Palatin et disposés sans apprêt, constituaient un fond de scène où l'art n'intervenait pas. Sur des gradins de gazon s'assirent les spectateurs, qui, d'un feuillage quelconque[13], protégeaient leur chevelure hirsute. Chacun regarde derrière soi, repère de l'œil la femme qu'il désire et roule silencieusement mille pensées dans son cœur. Et tandis qu'au rythme grossier d'un joueur de flûte toscan, un baladin frappe trois fois du pied le sol aplani, au milieu des applaudissements (les applaudissements alors étaient spontanés), le roi donna

11. Le portique d'Apollon, sur le Palatin.
12. Le singulier pour le pluriel. Les Appiades étaient un groupe de nymphes qui ornaient une fontaine, devant le temple de Vénus.
13. Alors le théâtre n'était pas recouvert d'un velum.

à son peuple le signal qu'il fallait attendre pour saisir la proie. Aussitôt ils s'élancent avec des cris qui trahissent leur dessein et ils portent sur les vierges leurs mains avides. Comme on voit, devant les aigles, fuir les colombes, troupe très craintive, et, à l'aspect des loups fuir la toute jeune brebis, de même les jeunes filles montrèrent leur crainte devant ces hommes qui se précipitaient contre toutes les lois. Aucune ne garda ses couleurs ; car toutes craignaient, bien que la crainte ne se marquât pas de la même façon. Les unes s'arrachent les cheveux, d'autres restent sur leur siège sans connaissance ; certaines sont rendues muettes par la douleur, quelques-unes appellent en vain leur mère ; telle se plaint, telle est interdite ; celle-ci demeure à sa place, celle-là prend la fuite. On entraîne de force ces femmes, proie destinée au lit nuptial, et plus d'une a pu s'embellir de sa crainte même. Si quelqu'une se montrait trop rebelle et repoussait son compagnon, l'homme la soulevait, la portait seul, pressée avec passion contre sa poitrine et lui disait : « Pourquoi gâter par des larmes tes jolis yeux ? Ce que ton père est pour ta mère, je le serai pour toi ». Romulus, toi seul as su donner ces occasions aux soldats ; donne-moi les mêmes occasions et je serai soldat.

C'est assurément par fidélité à cette antique coutume que, maintenant encore, le théâtre est plein de pièges pour les belles.

***Au cirque.*** Ne néglige pas non plus les courses où rivalisent des chevaux généreux. Le cirque, avec son nombreux public, offre de multiples occasions. Pas besoin du langage des doigts pour exprimer tes secrets, et les signes de tête ne sont pas nécessaires pour que tu aies une marque d'assentiment. Assieds-toi contre celle qui te plaît, tout près, nul ne t'en empêche ; approche ton flanc le plus possible du sien ; heureusement la dimension des places force les gens, bon gré mal gré, à se serrer, et les dispositions du lieu obligent la belle à se laisser toucher. Cherche alors à engager une conversation qui servira de trait d'union, et que tes premières paroles soient des banalités. À qui sont les chevaux qui viennent là ? demanderas-tu avec empressement, et, immédiatement, son cheval favori, quel qu'il soit, doit être le tien. Mais quand s'avancera la procession nombreuse[14] avec ses éphèbes qui combattent[15], alors applaudis avec enthousiasme Vénus, qui tient son sort en ta main.

Si, comme il arrive, il vient à tomber de la poussière sur la poitrine de ta belle, que tes doigts l'enlèvent ; s'il n'y a pas de poussière, enlève tout de même celle qui n'y est pas : tout doit servir de prétexte à tes soins officieux. Le manteau, trop long, traîne-t-il à terre ? Prends-en le bord, et, avec empressement, soulève-le du sol malpropre. Aussitôt, récompense de ton zèle officieux, sans que ta belle puisse s'en fâcher, tes yeux verront des jambes qui en valent la peine.

14. La procession qui, au début des jeux du cirque, descendait du Capitole, traversait le forum et le forum boarium, puis pénétrait dans le cirque, dont elle faisait le tour. Les images des dieux y figuraient dans des voitures ou sur des civières.
15. Dans les jeux dits troyens.

Regarde également tous ceux qui seront assis derrière vous : que leur genou ne vienne pas s'appuyer trop fort contre son dos délicat. De petites complaisances captivent ces âmes légères ; plus d'un s'est félicité d'avoir arrangé un coussin d'une main prévenante. On n'a pas regretté non plus d'avoir agité l'air avec un léger éventail et d'avoir placé un tabouret creux sous un pied délicat.

Toutes ces facilités pour un nouvel amour, tu les trouveras au cirque, et de même au forum, parmi le public impatient, lorsqu'on a semé le sable de funeste présage[16]. Là souvent le fils de Vénus a combattu sur ce sable et celui qui regardait les blessures d'autrui a été blessé lui-même. On parle, on touche une main, on demande un programme, on engage un pari sur le vainqueur, et voici qu'une blessure vous fait gémir, que l'on sent une flèche rapide et que l'on joue soi-même un rôle dans les jeux que l'on regarde.

***La naumachie d'Auguste.*** Et lorsque, il n'y a pas longtemps, César nous offrit le spectacle d'un combat naval, où parurent des vaisseaux perses et des vaisseaux des enfants de Cécrops[17], que d'hommes vinrent de l'une et l'autre mer, que de femmes de l'une et l'autre mer ! Le monde immense et Rome ne faisaient qu'un. Dans cette foule, qui n'a trouvé un objet à aimer ? Hélas ! combien sentirent pour une étrangère les tourments de l'amour !

***Le triomphe.*** Voici que César se dispose à dompter ce qui reste de l'univers ; maintenant, extrémités de l'Orient, vous serez à nous. Parthes, vous serez châtiés. Réjouissez-vous, Crassus, dans votre sépulture, et vous, enseignes, qui avez eu le malheur de supporter des mains barbares. Votre vengeur est là ; dès ses premières années il se montre un chef, et, enfant[18], il dirige des guerres au-dessus des capacités d'un enfant. Âmes timides, ne prenez pas la peine de compter les anniversaires des dieux : chez les Césars, le courage devance les années. Leur génie céleste se révèle avant l'âge et supporte mal le préjudice et les lenteurs du temps. Il était encore petit, le héros de Tirynthe[19] et ses mains étouffèrent deux serpents et dès le berceau il était déjà digne de Jupiter. Et toi, toujours enfant, que tu fus grand, Bacchus, lorsque l'Inde vaincue craignit ton thyrse !

Sous les auspices, avec l'âme de ton père, enfant, tu prendras les armes et tu vaincras avec l'âme et sous les auspices de ton père. Un tel début convient à un si grand nom, toi qui, aujourd'hui prince de la jeunesse, dois l'être un jour des vieillards. Tu as des frères ; venge l'injure faite à des frères. Tu as un père ; défends les droits d'un père. Celui qui t'a donné tes armes, c'est le père de la patrie, qui est aussi le tien ; l'ennemi, lui, arrache le pouvoir à la résistance d'un père[20]. Tu porteras, toi, des armes sacrées, lui des flèches parjures. On

16. Parce qu'on y donnait des jeux de gladiateurs.
17. Des Athéniens, Cécrops avait été le premier roi d'Athènes.
18. C. César, petit-fils d'Auguste, avait vingt ans.
19. Hercule semble avoir été élevé dans cette ville d'Argolide.
20. Le roi des Parthes avait tué son père pour avoir le pouvoir.

verra, devant tes étendards, marcher la sainte justice. Inférieurs par leur cause, puissent-ils être inférieurs aussi par les armes ! Que mon héros apporte au Latium les richesses de l'Orient. Dieu Mars, et toi, dieu César, à son départ, accordez-lui votre appui divin, car, de vous deux, l'un est dieu, l'autre le sera. Oui, je le présage, tu vaincras, et je fais vœu de composer en ton honneur un poème, où ma bouche devra bien trouver pour toi des accents éloquents. Tu t'avanceras, tu exhorteras ton armée avec mes paroles ; pourvu qu'elles ne soient pas indignes de ton ardeur ! Je peindrai les Parthes tournant le dos, les Romains présentant leur poitrine, et les traits que, de son cheval, l'ennemi lance tout en s'éloignant du combat. Toi qui fuis pour vaincre, ô Parthe, que laisses-tu donc au vaincu ? Ô Parthe, désormais c'est un présage funeste qu'a pour toi Mars, ton dieu favori.

Donc nous verrons ce beau jour où toi, plus beau que tout, tu t'avanceras couvert d'or[21], tiré par quatre chevaux blancs. On verra s'avancer devant toi les généraux ennemis, le cou chargé de chaînes, pour qu'ils ne puissent pas, comme auparavant, chercher leur salut dans la fuite. À ce spectacle assisteront pleins de joie et pêle-mêle jeunes gens et jeunes filles, tous le cœur dilaté par ce jour où tu triompheras ; si l'une d'elles demande le nom des rois, ou bien quels sont ces lieux, ces montagnes, ces rivières dont on porte la représentation, réponds toujours ; n'attends pas les questions ; même quand tu ne sais pas, parle comme si tu connaissais la chose à fond. Voici l'Euphrate, le front ceint de roseaux ; celui qui porte cette longue chevelure bleu sombre, c'est le Tigre ; ceux qui viennent, dis que ce sont les Arméniens ; cette femme est la Perse, elle descend de Danaé ; voici une ville qui exista dans les vallées des Achéménides[22]. Ce captif ou cet autre étaient des généraux ; et tu trouveras des noms à mettre sur leur visage, exacts, si tu peux, du moins vraisemblables.

***À table.*** On rencontre aussi des occasions à table, dans les repas, et le bon vin n'est pas la seule chose à y chercher. Là, souvent, quand Bacchus avait bu, l'Amour au teint de rose a attiré à lui de ses bras délicats et tenu ferme les cornes[23] du dieu, et lorsque le vin est venu imbiber les ailes altérées de Cupidon, il reste là et demeure lourdement accroché à l'endroit qu'il a choisi. Alors il agite bien avec vélocité ses ailes humides, mais les gouttes mêmes dont l'Amour éclabousse font du mal. Le vin prépare les cœurs et les rend aptes aux ardeurs amoureuses ; les soucis fuient et se noient dans des libations multiples. Alors naît le rire ; alors le pauvre prend de la hardiesse ; alors disparaît la douleur, ainsi que nos soucis et les rides de notre front. Alors les âmes s'ouvrent en une franchise bien rare à notre époque ; c'est que le dieu chasse les artifices. Là souvent le cœur des jeunes hommes a été ravi par des belles ; Vénus après le vin, c'est du feu sur le feu. Mais n'accorde pas trop de foi à la trompeuse clarté de la lampe : pour juger de

**21.** La *toga picta*, que portait le triomphateur, était de pourpre semée d'étoiles d'or.
**22.** Les souverains perses, que l'on rattachait à Achéménès, grand-père de Cyrus.
**23.** Dans l'Antiquité, symbole de force.

la beauté, la nuit et le vin sont mauvais. C'est de jour et en plein air que Pâris regarda les déesses et dit à Vénus : « Tu l'emportes sur tes deux rivales, Vénus ». La nuit dissimule les défauts, elle est indulgente à toutes les imperfections ; à ces heures-là, toute femme semble belle. Prends le jour comme conseiller pour juger des pierres précieuses ou de la laine teinte en pourpre ; prends-le comme conseiller pour juger des traits du visage et des formes du corps.

***En dehors de Rome.*** Faut-il dénombrer les réunions de femmes, propres à la chasse aux belles ? J'aurai plutôt compté le nombre des grains de sable. Faut-il parler de Baïes et de la côte qui touche Baïes et des sources chaudes où fume une eau sulfureuse ? En les quittant, plus d'un, le cœur percé d'une blessure, s'est écrié : « Non, ces eaux ne sont pas aussi salubres qu'on le dit. »

Voici, près de Rome[24], le temple de Diane dans son bois, et le pouvoir qu'une main criminelle acquiert par le glaive. Parce qu'elle est vierge, parce qu'elle hait les traits de Cupidon, la déesse a fait bien des blessures parmi ses fidèles, en fera bien d'autres.

***Moyens de plaire.*** Où choisir l'objet de ton amour, où tendre tes filets ? Voilà les indications que jusqu'ici t'a données Thalie, traînée sur des roues inégales[25]. Maintenant ce sont les moyens de captiver celle qui t'a plu que je voudrais t'indiquer ; c'est le point le plus important de mon traité. Tous et partout, galants, prêtez-moi docilement votre attention et que mes promesses trouvent un auditoire recueilli.

***Confiance en toi.*** Avant tout, que ton esprit soit bien persuadé que toutes les femmes peuvent être prises : tu les prendras ; tends seulement tes filets. Les oiseaux se tairont au printemps, en été les cigales, le chien du Ménale[26] fuira devant le lièvre, avant que la femme résiste aux sollicitations caressantes d'un homme. Celle même, dont tu pourras croire qu'elle ne veut pas, voudra. L'amour furtif est agréable à l'homme ; il l'est aussi à la femme : mais l'homme sait mal dissimuler, la femme cache mieux ses désirs. Si le sexe fort s'entendait pour ne pas faire les avances, la femme, vaincue, prendrait bientôt le rôle de les faire. Dans les molles prairies, c'est la femelle qui appelle le taureau par ses mugissements ; c'est toujours la femelle qui par son hennissement appelle l'étalon aux sabots de corne. La passion masculine est plus réservée et moins furieuse : la flamme de l'homme respecte les lois de la nature.

Parlerai-je de Byblis[27], qui brûla pour son frère d'un amour coupable, et qui, en se pendant, se punit courageusement de son crime ?

**24.** À Aricie, petite ville du Latium à vingt-cinq kilomètres de Rome. Le pontife de Diane était renouvelé tous les ans. Le sacerdoce était le prix de celui qui, dans un combat à main armée, avait triomphé de tous ses rivaux.

**25.** Allusion au distique élégiaque.

**26.** Montagne d'Arcadie.

**27.** Byblis, fille de Milétos, sœur de Caunus.

Myrrha[28] aima son père, mais d'une affection qui n'était pas filiale ; maintenant une enveloppe d'écorce l'étreint et nous la cache. Ses larmes, que répand un arbre odoriférant, nous servent de parfum, et elle a donné son nom à l'essence.

Il advint que, au fond des vallées ombreuses de l'Ida couvert de forêts, vivait un taureau blanc, gloire du troupeau. Son front était marqué d'un petit point noir entre les cornes ; il n'avait que cette tache ; tout le reste de son corps avait la blancheur du lait. Les génisses de Gnose et celles de Cydon[29] souhaitaient de l'avoir porté sur leur dos. Mais Pasiphaé brûlait d'être sa maîtresse ; jalouse, elle haïssait les belles génisses. Le fait que je chante est avéré ; non, la terre aux cent villes, si menteuse soit-elle, la Crète ne peut le nier. Pasiphaé, dit-on, d'une main inhabile coupait elle-même pour le taureau des feuillages nouveaux, les herbes les plus tendres. Elle accompagne le troupeau, et, pour l'accompagner, elle ne pense plus à son mari : sur Minos, un taureau l'emportait. Pourquoi, Pasiphaé, revêtir ces robes magnifiques ? Celui que tu souhaites pour amant est insensible à ta richesse. Pourquoi ce miroir lorsque tu vas rejoindre le troupeau dans les montagnes ? Pourquoi si souvent arranger tes cheveux ? Quelle folie ! Crois ton miroir tout de même, lorsqu'il te dit que tu n'es pas une génisse. Comme tu voudrais voir des cornes pousser sur ton front ! Si tu aimes Minos, ne cherche pas d'amant, ou, si tu veux tromper ton époux, trompe-le avec un homme. À travers les bois et les pâtis, la reine, abandonnant sa couche, va, pareille à la Bacchante poussée par le dieu Aonien[30]. Ah ! combien de fois a-t-elle jeté sur une vache des regards jaloux et dit : « Pourquoi donc celle-là plaît-elle à celui qui possède mon cœur ? Regardez comme elle gambade devant lui sur l'herbe tendre ! Et la sotte croit sans doute que cela lui sied. » Elle dit et, sur l'heure, elle a ordonné qu'elle soit emmenée de l'immense troupeau et que l'innocente soit traînée sous le joug recourbé, ou bien elle l'a fait tomber devant les autels dans un sacrifice sans piété, et, pleine d'allégresse, elle a tenu dans ses mains les entrailles de sa rivale. Toutes les fois qu'elle s'est concilié la divinité en immolant ses rivales, elle dit, tenant leurs entrailles : « Allez maintenant plaire à mon bien-aimé », et elle demande avec instance à être soit Europe, soit Io, l'une parce qu'elle est génisse[31], l'autre parce qu'un taureau la porta sur son dos. Cependant le chef du troupeau, abusé par l'image d'une vache d'érable, la rendit grosse, et le fruit qu'elle mit au jour révéla le père.

28. Myrrha (ou, suivant certains poètes, Smyrna ou Zmyrna), fille de Cinyras, transformée en myrrhe.
29. Villes célèbres de Crète.
30. Bacchus, dont la mère Sémélé habitait Thèbes, capitale de la Béotie, anciennement Aonie.
31. Io fut changée en génisse par la jalousie de Junon ; Jupiter prit la forme d'un taureau pour enlever Europe.

Si la Crétoise[32] s'était défendue d'aimer Thyeste (qu'il est difficile à une femme de pouvoir brûler toujours pour le même homme !), on n'aurait pas vu Phébus s'arrêter au milieu de sa route, détourner son char, et ramener ses chevaux vers l'Aurore.

La fille de Nisus, pour avoir coupé furtivement les cheveux brillants de son père[33], porte autour de son aine et de ses flancs une ceinture de chiens dévorants.

Après avoir échappé à Mars sur terre, à Neptune sur les ondes, le fils d'Atrée[34] fut la funeste victime de sa femme.

Qui n'a versé des larmes sur la flamme qui consuma l'Ephyréenne Creüse[35], et sur la mère qui, sanglante, massacra ses enfants ?

Le fils d'Amyntor, Phénix, pleura la perte de ses yeux.

Coursiers d'Hippolyte, vous l'avez écartelé, dans votre épouvante.

Pourquoi, Phinée, crever les yeux de tes fils innocents ? Ce supplice retombera sur ta tête.

Voilà, chez les femmes, tous les transports inspirés par la passion : elle est plus ardente que la nôtre et plus folle. Donc va ; n'hésite pas à espérer triompher de toutes les femmes ; sur mille, il y en aura une à peine pour te résister. Qu'elles cèdent ou qu'elles résistent, elles aiment toujours qu'on leur fasse la cour ; même si tu es repoussé, l'échec est pour toi sans danger. Mais pourquoi serais-tu repoussé, quand on trouve toujours du plaisir à une volupté nouvelle, et que l'on est plus séduit par ce qu'on n'a pas que par ce qu'on a ? La moisson est toujours plus riche dans le champ d'autrui, et le troupeau du voisin a les mamelles plus gonflées.

***Complicité de la servante.*** Mais d'abord lie connaissance avec la servante de la femme que tu veux séduire : tu dois t'y employer. C'est elle qui te facilitera les premiers pas. Assure-toi de la part qu'elle a dans la confidence de sa maîtresse, et de sa complicité assurée et discrète pour tes amours. Afin de la gagner, emploie les promesses, emploie les prières ; ce que tu demandes, il lui sera facile de te le procurer, si elle veut. Elle choisira le moment favorable (les médecins aussi tiennent compte du moment) où l'âme de la maîtresse est bien disposée et se prête à la séduction.

Cette âme se prêtera à la séduction, lorsqu'elle s'épanouit d'allégresse, comme la moisson dans un champ fertile. Quand le cœur est joyeux, quand il n'est pas resserré par la douleur, il s'ouvre de lui-même ; alors grâce à son art caressant, Vénus s'y glisse. Tant qu'elle fut dans le deuil, Ilion se défendit les armes à la main ; dans l'allégresse, elle accueillit le cheval qui portait les guerriers.

---

**32.** Aéropé, petite-fille de Minos, roi de Crète.

**33.** Il s'agit de Scylla. Dans les cheveux de Nisus résidait le destin de la cité.

**34.** Agamemnon.

**35.** Les quatre personnages nommés ici furent victimes de la jalousie, le premier de Médée, le second et le troisième de leur père, le dernier de sa seconde femme.

Il faut également attaquer la belle lorsque l'affront d'avoir une rivale provoquera son ressentiment ; alors tu travailleras à ce qu'elle ne reste pas sans vengeance. Le matin, en peignant ses cheveux, que la servante l'excite, et prête à la voile le secours de la rame. Qu'elle murmure tout bas, en soupirant doucement : « Non, je ne pense pas que tu puisses, toi, lui rendre la pareille. » Alors elle parlera de toi, alors elle ajoutera les mots qui persuadent et jurera que, fou d'amour, tu en meurs. Mais hâte-toi, avant que la voile ne pende et que la brise ne tombe. La colère est comme la glace fragile : elle disparaît si l'on attend.

Tu me demandes s'il est utile de séduire aussi la servante. C'est une pratique bien risquée. Telle, pour t'avoir accordé ses faveurs, est plus zélée, telle autre moins active. L'une te destine comme amant à sa maîtresse, l'autre à elle-même. Hasardeux est le succès : même s'il doit seconder ton audace, mon avis à moi est de s'abstenir. Car ce n'est pas à travers les précipices et les écueils aigus que je tracerai la route ; en me prenant pour guide, aucun homme ne s'égarera. Si pourtant la servante, quand elle donne ou reçoit un billet, te plaît par sa beauté autant que par son zèle, tâche d'abord de posséder la maîtresse ; que la suivante vienne ensuite ; mais ce n'est point par elle que doit commencer ton tribut à Vénus. Un conseil seulement, si tu as quelque foi dans mon traité, et que mes paroles ne soient pas emportées sur la mer par un vent impétueux. Ne tente pas l'aventure ou pousse-la jusqu'au bout. Plus de dénonciateur, lorsque la suivante est de moitié dans le crime. L'oiseau ne peut guère voler avec des ailes enduites de glu ; des amples filets, le sanglier sort malaisément ; une fois blessé par l'hameçon qu'il vient d'avaler, le poisson ne saurait s'en détacher. Presse vivement celle que tu as attaquée et ne l'abandonne que vainqueur. Mais cache-toi bien ! Si tu caches bien tes intelligences avec elle, tu seras toujours informé de ce que fera ton amie.

***Les circonstances favorables.*** Croire que seuls ceux qui se livrent aux travaux pénibles de la culture ou bien les marins doivent consulter le temps, c'est se tromper. Il ne faut pas en tout temps confier Cérès aux champs trompeurs, ni lancer en tout temps le navire creux sur l'eau verte ; de même il n'est pas toujours sûr de s'attaquer à une tendre beauté : souvent, selon le temps choisi, on réussira plus ou moins bien. Si l'on touche à l'anniversaire de la naissance, ou bien aux calendes que Vénus aime à voir succéder directement à Mars[36], quand le cirque n'est pas orné de statuettes, comme auparavant, mais voit exposées les richesses des rois[37], diffère de rien entreprendre : alors approche l'hiver funeste, alors approchent les Pléiades[38], alors le tendre

36. Le 1er avril, fête de Vénus, c'est-à-dire des femmes.

37. Sans doute les Saturnales. À cette occasion, il y aurait eu au cirque une exposition d'objets modestes d'abord, ensuite de plus en plus précieux.

38. Il s'agit du coucher de la Pléiade (8-11 novembre), qui amène ordinairement des tempêtes.

chevreau se plonge dans les eaux de l'Océan[39]. Alors c'est le bon moment pour se reposer ; alors, si l'on ose affronter la mer, c'est à peine si l'on sauve du naufrage les débris du navire. Toi, tu commenceras ta cour le jour où l'Allia, qui fit verser tant de pleurs, fut teint du sang latin, ou bien le jour où, peu convenable pour s'occuper d'affaires, revient le septième jour fêté par le Syrien de Palestine. Prends bien garde à l'anniversaire de ton amie, et que le jour où il faut faire un cadeau soit néfaste à tes yeux ! Tu auras beau t'en défendre, elle t'arrachera quelque chose : la femme a trouvé l'art de s'approprier l'argent d'un amant passionné. Un colporteur aux manières dégagées viendra chez ton amie, toujours prête à acheter ; il déballera ses marchandises devant toi qui es assis là ; elle te demandera d'y jeter un coup d'œil, pour te fournir l'occasion de montrer ton goût ; ensuite elle te donnera des baisers ; ensuite elle te demandera de faire certaines emplettes. Elle jurera qu'elles lui suffiront pour de nombreuses années ; aujourd'hui elle en a besoin ; aujourd'hui c'est une occasion. En vain tu allégueras que tu n'as pas d'argent sur toi ; elle te demandera d'écrire un billet, et tu regretteras de savoir écrire. Que sera-ce, lorsque, pour demander des cadeaux, elle a préparé le gâteau comme si c'était son anniversaire, et renaît toutes les fois qu'elle en a besoin ? Que sera-ce, lorsque, en proie au plus violent chagrin, elle verse des pleurs sur une perte supposée, et feint qu'une pierre précieuse est tombée du creux de son oreille ? Les femmes demandent souvent de leur donner des choses qu'elles te rendront plus tard ; ce que tu auras donné, elles ne veulent pas le rendre ; autant de perdu pour toi, sans que l'on te sache gré de ta perte. Non vraiment, si je voulais énumérer tous les abominables artifices des courtisanes, dix bouches et autant de langues ne me suffiraient pas.

***Les lettres et les paroles.*** Que la cire répandue sur des tablettes bien polies sonde le gué ; que la cire soit la première confidente de tes intentions.

Qu'elle porte des compliments, des mots qui respirent l'amour ; qui que tu sois, ajoute des prières sans retenue. Si les restes d'Hector furent remis à Priam, c'est que les prières du vieillard touchèrent Achille. La colère des dieux cède aux accents d'une voix suppliante. Promets, promets ; cela ne coûte rien ; en promesses tout le monde peut être riche. L'espérance, du moment qu'on y ajoute foi, dure longtemps : c'est une déesse trompeuse, mais bien utile. Si tu as fait quelque cadeau, on peut t'éconduire par tactique : on aura profité du passé et l'on n'aura rien perdu. Mais, le cadeau que tu n'as pas fait, tu peux sembler toujours sur le point de le faire. C'est ainsi qu'un champ stérile trompe souvent l'espoir de son maître ; c'est ainsi que, pour ne pas rester sur sa perte, un joueur ne cesse de perdre, et que les dés rappellent sans cesse ses mains avides. Le point difficile, le travail délicat, c'est d'obtenir les premières faveurs sans avoir fait de présent : pour n'avoir pas accordé par

39. Au commencement d'octobre.

pure bienveillance ce qu'elle a accordé, la belle accordera plus encore. Qu'elle parte donc, cette première lettre, où les mots complimenteurs ont labouré la cire, qu'elle sonde les cœurs et éclaire la route. Une lettre portée par une pomme trompa Cydippe, et sans le savoir la jeune fille se trouva engagée par ses propres paroles[40].

Étudiez les arts libéraux, je vous le conseille, jeunes Romains, mais pas seulement pour défendre un accusé tremblant ; aussi bien que le peuple, que le juge austère, que le sénat choisi entre tous les citoyens, la femme, vaincue, rendra les armes à votre éloquence. Mais cachez vos forces et n'étalez pas votre faconde. Supprimez de vos paroles toute expression pédantesque. Peut-on, à moins d'avoir perdu l'esprit, adresser toute une déclamation à sa tendre amie ? Souvent une lettre a puissamment contribué à en faire détester l'auteur. Que ton style soit naturel, tes mots usuels, mais tendres, si bien que l'on croie t'entendre parler. Si elle refuse ton billet et le renvoie sans le lire, espére qu'elle le lira et persiste. Avec le temps le jeune taureau indocile s'accoutume à la charrue ; avec le temps le cheval apprend à souffrir le dur frein. Un frottement continuel use un anneau de fer ; à fendre continuellement la terre, le soc recourbé se détruit. Quoi de plus dur que la pierre, de plus fluide que l'eau ? Cependant cette pierre dure est creusée par cette eau fluide. Pénélope même, si tu persistes, avec le temps tu triompheras d'elle. Pour prendre Pergame tu sais qu'il a fallu longtemps, mais elle a été prise. Supposons que ta belle ait lu ta lettre et ne veuille pas répondre : ne la force pas. Fais en sorte seulement qu'elle lise jusqu'au bout tes phrases tendres. Après avoir voulu les lire, elle voudra répondre à ce qu'elle aura lu : tout ce que tu désires viendra en son ordre et par degrés. Peut-être recevras-tu d'abord une lettre de mauvais augure, où elle te demandera de cesser tes poursuites : ce qu'elle te demande, elle craint de l'obtenir ; ce qu'elle ne demande pas, elle le souhaite, elle souhaite que tu sois plus pressant ; poursuis et bientôt tu verras tes vœux accomplis.

***Occasions de savoir.*** Cependant, si ta belle se fait transporter étendue dans sa litière, approche-toi d'elle furtivement, et, pour éviter que l'oreille d'un fâcheux ne recueille tes paroles, autant que possible explique-toi habilement par des signes à double entente. Si c'est un vaste portique que parcourt, à pied, sa promenade oisive, là aussi associe ta flânerie à la sienne. Arrange-toi pour marcher tantôt devant elle et tantôt derrière, tantôt pour précipiter ta marche, tantôt pour la ralentir. Et tu ne craindras pas d'avancer durant quelque temps en dehors des colonnes ou de marcher tout contre elle. Ne souffre pas que, sans toi, elle aille, dans tout l'éclat de sa beauté, s'asseoir sur les gradins du théâtre : un spectacle te sera offert par ses épaules. Tu pourras la regarder, tu pourras l'admirer, tu pourras lui dire mille choses par le mouvement des

40. Acontius avait écrit sur une pomme : « Je jure par Artémis d'épouser Acontius ». Il lança le fruit à Cydippe, qui le prit, lut machinalement la formule du serment, lequel l'engageait.

sourcils, mille choses par des gestes. Applaudis le mime qui représente la jeune fille[41] ; applaudis tous ceux qui jouent le rôle d'amant. Se lève-t-elle, lève-toi ; tant qu'elle reste assise, reste assis ; suivant la volonté de ta maîtresse, sache perdre ton temps.

***La tenue.*** Mais ne va pas friser tes cheveux au fer, ni user tes jambes par le frottement de la pierre ponce. Laisse ces soins à ceux[42] qui, par des hurlements dans le mode phrygien, célèbrent la déesse du mont Cybèle. Une beauté sans apprêt sied aux hommes : lorsque la fille de Minos[43] fut enlevée par Thésée, celui-ci n'avait pas ajusté sur ses tempes sa chevelure au moyen d'épingles. Hippolyte fut aimé de Phèdre, malgré son extérieur négligé. On vit plaire à une déesse un hôte des forêts, Adonis. C'est par la simple élégance que doivent plaire les hommes : que leur peau soit hâlée par les exercices du Champ de Mars ; que leur toge aille bien et n'ait pas de taches. Que ta chaussure soit bien souple ; que les agrafes ne soient pas rouillées. Que ton pied ne soit pas perdu et ne nage pas dans un soulier trop large ; qu'une coupe maladroite n'enlaidisse pas et ne hérisse pas ta chevelure ; que tes cheveux, que ta barbe soient taillés par une main experte, que tes ongles soient bien coupés et propres, qu'aucun poil ne se dresse dans les narines ; qu'une haleine désagréable ne sorte pas d'une bouche malodorante, et que l'odeur du mâle, père du troupeau[44], ne blesse pas les narines. Tout le reste, abandonne-le soit aux jeunes filles lascives, soit aux hommes dont le vice est de chercher l'amour d'un homme.

***La chaleur du vin.*** Mais Liber appelle son poète[45] ; lui aussi protège les amants et favorise la flamme dont il brûle lui-même.

L'enfant de Gnose[46] errait éperdue sur des plages inconnues, à l'endroit où la petite île de Dia[47] est battue des flots de la mer ; dans le simple appareil où elle était sortant du sommeil, vêtue d'une tunique retroussée, les pieds nus, ses cheveux couleur de safran flottant sur ses épaules, elle criait la cruauté de Thésée aux ondes qui n'entendaient pas sa voix, et des larmes inondaient les joues délicates de la pauvre abandonnée. Elle criait et pleurait à la fois, mais l'un et l'autre lui séaient bien ; ses larmes ne la rendaient pas plus laide. Et la malheureuse, recommençant à frapper de ses paumes ses seins si tendres, « le perfide m'a quittée ; que vais-je devenir ? » disait-elle, « que vais-je devenir ? »

On entendit des cymbales retentir sur tout le rivage, ainsi que des tambours frappés par des mains frénétiques. Elle s'évanouit de peur et sa voix s'arrêta ; plus de sang dans son corps privé de vie. Voici les Mimallonides[48], les cheveux

---

**41.** Dans le mime, les rôles de jeunes filles étaient tenus par des hommes.
**42.** Les prêtres de Cybèle étaient des eunuques, comme on sait.
**43.** Ariane.
**44.** Le bouc.
**45.** Bacchus, avec lequel fut confondu le dieu italique Liber, communique l'inspiration aux poètes.
**46.** Ariane était la fille de Minos, qui habitait Gnose.
**47.** Petite île rocheuse en face de Gnose.
**48.** Autre nom des Bacchantes.

épars sur le dos ; voici les légers Satyres, avant-coureurs du dieu ; voici Silène, le vieillard ivre ; il a peine à se tenir sur son âne qui plie sous son poids et montre son habileté à tenir vigoureusement la crinière. Tandis qu'il suit les Bacchantes, que les Bacchantes le fuient et le harcèlent tout à la fois ; tandis que, mauvais cavalier, il presse du bâton sa monture à quatre pattes, il glisse du coursier à longues oreilles et tombe sur la tête, et Satyres de crier : « Allons, lève-toi, père[49], lève-toi. »

Cependant le dieu, sur son char, couronné de raisins, lâchait les rênes dorées aux tigres qui le traînaient. La jeune fille perdit tout à la fois les couleurs, le souvenir de Thésée et la voix. Trois fois elle voulut fuir, trois fois la frayeur la retint. Elle frissonna, comme tremble l'épi stérile agité par le vent, comme tremble le roseau léger dans l'humide marais. Le dieu lui dit : « Je viens pour te vouer un amour plus fidèle ; cesse de craindre ; c'est Bacchus qui sera ton époux, fille de Gnose. Comme présent je te donne le ciel ; au ciel tu seras un astre que l'on contemple ; souvent le vaisseau indécis se dirigera sur la Couronne de la Crétoise[50] ». Il dit et, de peur que les tigres n'effraient Ariane, saute de son char (la trace de ses pas s'imprime sur le sol) ; il la serre contre sa poitrine et l'enlève (en effet elle n'aurait pu résister) ; est-il rien de difficile à la puissance d'un dieu ? Les uns chantent « Hyménée », d'autres crient : « Evius, Evohé[51] ». C'est ainsi que sur la couche sacrée s'unissent la jeune épouse et le dieu.

Lors donc que devant toi seront servis les présents de Bacchus, si une femme est ta voisine sur le lit de table, prie le dieu de la nuit[52], au culte nocturne, de ne pas permettre que le vin te porte à la tête. Alors tu pourras, à mots couverts, dire mille choses que ta voisine sentira dites pour elle, tracer discrètement de tendres signes avec un peu de vin, pour qu'elle lise sur la table qu'elle est maîtresse de ton cœur, et la fixer dans les yeux avec des yeux qui avouent ta flamme. Souvent un visage muet a une voix et un verbe éloquents. Tâche de t'emparer le premier de la coupe qu'auront touchée ses lèvres charmantes, et du côté où elle aura bu, bois aussi. Tous les mets que ses doigts ont effleurés, prends-en, et, les prenant, effleure sa main.

Désire plaire également à l'amant de ta belle ; il vous sera plus utile, devenu ton ami. Si le sort[53] t'accorde la royauté du festin, cède-lui cette royauté ; donne-lui la couronne posée sur ta tête ; même si, par sa place au festin, il est ton inférieur ou ton égal, laisse-le toujours se servir avant toi et ne néglige pas de dire comme lui. C'est un moyen sûr et fréquent de tromper en se cachant

49. Nom de respect.

50. Constellation, qui, par sa forme, reproduisait la couronne donnée par Vénus à Bacchus comme cadeau de noce.

51. *Evius* est un des noms de Bacchus ; *évohé*, tiré de Evius, le cri de joie des Bacchantes.

52. Bacchus, ainsi nommé à cause des orgies nocturnes où son culte était célébré.

53. Les Romains connaissaient eux aussi la coutume grecque de tirer au sort la royauté du festin.

sous les dehors de l'amitié, mais tout sûr et fréquent que soit le moyen, il est coupable. C'est ainsi qu'un mandataire étend aussi son mandat exagérément et croit devoir examiner plus de choses que ne le comportent ses fonctions. Quelle est la juste mesure à conserver en buvant ? Nous allons te l'indiquer. Que ton intelligence et tes pieds restent à même de remplir leur office. Évite surtout les discussions qu'anime le vin et la trop grande propension aux combats cruels. Eurytion[54] périt pour avoir bu stupidement les vins qu'on lui offrait : combien mieux la table et le vin se prêtent-ils à d'agréables passe-temps. Si tu as de la voix, chante ; si tes bras sont gracieux en leurs mouvements, danse[55] ; si tu as d'autres moyens de plaire, plais. L'ivresse, si elle est véritable, te fera tort ; si elle est feinte, elle peut t'être utile. Tâche que ta langue artificieusement prononce en hésitant des mots balbutiés, pour que toutes tes actions ou tes paroles un peu hardies soient attribuées à des libations trop copieuses. Dis : « Bonne santé à celle que j'aime ; bonne santé à celui qui partage sa couche », mais souhaite intérieurement[56] « Male mort à son amant ».

***Les compliments.*** Lorsque les convives quitteront la table, la foule même te fournira le moyen et l'occasion de l'approcher. Faufile-toi dans la foule, glisse-toi près d'elle pendant qu'elle s'en va, pince-lui la taille de tes doigts et touche son pied de ton pied. Voici le moment de l'entretien : fuis loin d'ici, rustique Pudeur ! C'est l'audace que secondent le hasard et Vénus. Ta faconde n'a pas besoin de nos conseils : désire seulement, de toi-même tu seras éloquent. Il te faut jouer l'amant et, dans tes paroles, donner les apparences d'être blessé d'amour ; ne néglige aucun moyen pour le persuader. Et il n'est pas difficile d'être cru : toute femme se juge digne d'être aimée ; si laide soit-elle, il n'en est pas qui ne se trouve bien. Souvent d'ailleurs celui qui faisait semblant commence à aimer réellement, souvent il devient réellement ce qu'au début il feignait d'être. Aussi, jeunes femmes, montrez-vous indulgentes même pour les apparences ; il deviendra réel, l'amour qui tout à l'heure était joué. C'est le moment de gagner furtivement le cœur par des mots caressants comme l'onde en coulant s'insinue sous la rive. N'hésite pas à louer le visage, les cheveux, les doigts fuselés et le pied mignon. C'est un plaisir pour les plus chastes que d'entendre l'éloge de leurs attraits : même les vierges soignent et aiment leurs attraits. Sinon, pourquoi, aujourd'hui encore, Junon et Pallas rougiraient-elles d'avoir perdu leur cause dans les bois de Phrygie[57] ? Quand on loue son plu-

54. Aux noces de Pirithoüs avec Hippodamie, le centaure Eurytion voulut enlever Hippodamie. Les autres centaures se jetèrent sur les autres femmes. D'où un combat entre les centaures et les Lapithes (Hippodamie était lapithe) ; Eurytion y trouva la mort.

55. La danse, pour les Anciens, consistait surtout en mouvements et attitudes gracieuses. Après, ou à côté de la danse, les Romains avaient un goût très vif pour le chant.

56. La hardiesse est dans la pensée qui accompagne les paroles et dans l'expression même.

57. Sur le mont Ida. Il y a ici une nouvelle allusion au jugement de Pâris, dont il a déjà été question précédemment au vers 245.

mage, l'oiseau de Junon[58] le déploie ; le regarde-t-on en silence, il cache ses richesses ; les chevaux qui disputent le prix de la course aiment les applaudissements donnés à leur crinière bien peignée et à leur gracieuse encolure.

***Les promesses.*** Et promets hardiment : les promesses entraînent les femmes ; prends tous les dieux à témoin de tes engagements. Jupiter, du haut des cieux, voit en riant les parjures des amants[59] et ordonne aux autans[60] éoliens, de les emporter et de les annuler. Par le Styx même, Jupiter avait coutume de faire de faux serments à Junon : lui-même favorise aujourd'hui ceux qui suivent son exemple. Il est utile que des dieux existent, et, comme c'est utile, croyons qu'ils existent ; portons l'encens et le vin sur leurs antiques foyers. Et ils ne sont pas plongés dans un repos sans préoccupations et semblable au sommeil ; menez une vie pure ; la divinité vous voit. Rendez le dépôt qui vous est confié ; suivez les lois que vous dicte la piété ; gardez-vous de toute fraude, gardez vos mains pures de sang. Ne vous jouez, si vous êtes sage, que des femmes. Vous le pouvez impunément. Dans ce seul cas, le mal n'est pas plus honteux que la bonne foi. Trompe celles qui te trompent. Dans la plupart des cas, c'est une engeance sans scrupules ; elles ont tendu des pièges ; qu'elles y tombent !

L'Égypte, dit-on, fut privée des pluies qui fertilisent ses campagnes et connut une sécheresse de neuf années. Thrasius[61] vient trouver Busiris et lui dit qu'il pouvait apaiser Jupiter en versant le sang d'un étranger. « Eh bien ! lui répond Busiris, c'est toi tout le premier qui seras la victime offerte à Jupiter, et c'est toi l'étranger qui donnera de l'eau à l'Égypte. » Phalaris[62] aussi fit brûler dans le taureau les membres du cruel Perillus[63] ; le malheureux inventeur arrosa son œuvre de son sang. Double exemple de justice ! Rien de plus juste que de faire périr par leur propre invention ceux qui ont inventé un moyen d'envoyer à la mort. Donc, si c'est à bon droit que les parjures sont punis par le parjure, que la femme abusée regrette d'avoir donné l'exemple !

***Larmes, baisers, hardiesse.*** Les larmes également sont utiles : avec des larmes tu amollirais le diamant. Tâche que ta bien-aimée voie, si tu peux, tes joues humides. Si les larmes te font défaut (car elles ne viennent pas toujours à commandement), mouille-toi les yeux avec la main.

Quel est l'homme expérimenté qui ne mêlerait pas les baisers aux paroles d'amour ? Même si elle ne les rend pas, prends-les sans qu'elle les rende. D'abord elle résistera peut-être et t'appellera « insolent » ; tout en résistant, elle désirera d'être vaincue. Mais ne va pas lui faire mal par des baisers maladroits sur ses lèvres délicates, et garde bien qu'elle puisse se plaindre de ta rudesse.

**58.** Le paon.
**59.** Sorte d'adage qu'on rencontre déjà dans la poésie grecque la plus ancienne.
**60.** Pour les vents en général.
**61.** Devin cypriote ; Busiris était roi d'Égypte. C'est chez les Grecs le type de la cruauté.
**62.** Tyran d'Agrigente au VIe siècle avant J.-C. Pindare parle déjà de son taureau.
**63.** Perillos ou Perilaos, fondateur d'Agrigente, qui avait construit le taureau.

Prendre un baiser et ne pas prendre le reste, c'est mériter de perdre[64] même les faveurs accordées ! Qu'attendais-tu, après un baiser, pour réaliser tous tes vœux ? Hélas ! tu as fait preuve de grossièreté, et non de retenue. Ç'aurait été de la violence, dis-tu ; mais cette violence est agréable aux femmes ; ce qu'elles aiment à donner, souvent elles veulent l'accorder malgré elles. Une femme, prise de force brusquement par un vol amoureux, s'en réjouit ; cette insolence vaut pour elle un présent. Mais celle que l'on pouvait forcer, et qui se retire intacte, peut bien affecter la joie sur son visage ; elle sera triste. Phébé fut violée ; sa sœur fut victime d'un viol[65] ; l'une et l'autre n'en aimèrent pas moins celui qui les avait prises.

Une histoire bien connue, mais qui mérite d'être racontée, c'est la liaison de la jeune fille de Scyros[66] avec le héros hémonien[67]. Déjà la déesse qui, sur le mont Ida, avait été jugée digne de vaincre ses deux rivales, avait récompensé, pour son malheur, celui qui avait rendu cet hommage à sa beauté. Déjà d'un autre continent une nouvelle bru était venue chez Priam, et, dans les murs d'Ilion, il y avait une épouse grecque. Tous les Grecs avaient juré d'obéir au mari offensé, car le ressentiment d'un seul homme était devenu la cause de tous. Achille (quelle honte ! s'il n'eût cédé aux prières d'une mère) dissimulait son sexe sous une longue robe. Que fais-tu, petit-fils d'Eaque ? Filer la laine, ce n'est pas ton rôle. C'est un autre art de Pallas[68] qui doit te donner la gloire. Qu'as-tu à faire des corbeilles à ouvrage ? C'est à porter un bouclier que ton bras est destiné. Pourquoi cette laine dans la main qui doit terrasser Hector ? Jette loin de toi ces fuseaux laborieusement entourés de laine : ce que doit brandir ta main, c'est la lance du mont Pélion[69]. Par hasard, dans le même lit couchait une fille de sang royal[70] ; ce fut elle qui s'aperçut, par son déshonneur, que son compagnon était un homme. C'est à la force qu'elle céda (du moins il faut le croire), mais elle ne fut pas fâchée d'avoir à céder à la force. Souvent elle lui dit : « Reste », quand Achille déjà se hâtait de partir ; car il avait déposé la quenouille pour saisir ses armes redoutables. La violence, où est-elle ici ? Pourquoi, d'une voix caressante, retenir, Déidamie, l'artisan de ton déshonneur ?

La pudeur interdit à la femme de commencer certaines caresses, mais il lui est agréable de les recevoir quand un autre en prend l'initiative. Oui ! un

**64.** Nous n'avons pas pu rendre le rapprochement data-perdere.
**65.** Phoebé et Hilaira, les filles de Leukippos, subirent les outrages de Castor et de Pollux.
**66.** Déidamie, fille du roi Lycomède. – L'île de Scyros (aujourd'hui Skyro) est située au nord-ouest de l'Eubée.
**67.** Achille était de Phthie, en Thessalie, pays dont le nom primitif était Hémonie.
**68.** Pallas est la déesse de la guerre menée prudemment, comme des travaux manuels féminins.
**69.** Lance dont Chiron fit présent à Pélée et qui, ensuite, passa entre les mains de son fils.
**70.** *Cf.* note 66.

homme compte trop sur ses avantages physiques, s'il attend que la femme commence à faire les avances. C'est à l'homme de commencer, à l'homme de dire les mots qui prient, à elle de bien accueillir les prières d'amour. Veux-tu la prendre ? Demande. Elle ne désire que cette demande. Explique la cause et l'origine de ton amour. C'est Jupiter qui abordait les héroïnes de la légende et il les abordait en suppliant ; malgré sa puissance aucune ne vint le provoquer. Mais si tes prières se heurtent à l'éloignement d'un orgueil dédaigneux, ne va pas plus loin et bats en retraite ! Combien désirent ce qui leur échappe et détestent ce qui est à leur portée ! Sois moins pressant, tu ne seras plus repoussé. Et l'espoir d'arriver à tes fins ne doit pas toujours apparaître dans tes demandes ; pour que ton amour progresse, cache-le sous le nom d'amitié. J'ai vu des beautés farouches être dupes de ce manège : leur courtisan était devenu leur amant.

***La pâleur du teint.*** Un teint éclatant choque chez un marin : l'eau de la mer et les rayons du soleil ont dû le noircir. Il choque également chez un laboureur, qui, toujours en plein air, retourne la terre avec la charrue au soc recourbé ou avec la lourde herse. Toi aussi qui, dans les jeux, brigues la couronne de Pallas[71], si ta peau est blanche, on en sera choqué. Mais tout amant doit être pâle ; c'est le teint qui convient à l'amant ; voilà ce qui lui sied. Bien des gens pourraient croire que cela n'a jamais servi à rien. Et pourtant pâle était Orion[72], quand, amoureux de Sidé, il errait dans les bois ; pâle Daphnis, amoureux d'une Naïade indifférente. La maigreur doit trahir[73], elle aussi, les tourments de ton âme, et n'aie pas honte de couvrir d'une petite écharpe ta chevelure brillante[74]. Le corps maigrit par les veilles, les soucis, et la douleur qu'engendre un violent amour. Pour voir tes vœux couronnés, inspire la pitié, afin qu'en t'apercevant on dise aussitôt : « Il est amoureux ».

***Aucune confidence.*** Dois-je m'en plaindre ou avertir simplement que l'on ne distingue plus ce qui est permis et ce qui ne l'est pas ? C'est un mot que l'amitié, un mot sans contenu que la bonne foi. Hélas ! on ne peut sans danger faire à son ami l'éloge de celle qu'on aime. S'il croit à tes éloges, aussitôt il te supplante. On me dira : « Mais le petit-fils d'Actor[75] n'a pas souillé le lit d'Achille ; Pirithoüs[76] n'a rien fait pour que Phèdre ne restât pas fidèle ; Hermione[77] était aimée par Pylade de la même affection que Phébus avait pour

---

**71.** La couronne de rameaux d'olivier, arbre consacré à Pallas.
**72.** Chasseur béotien légendaire.
**73.** Dans l'érotique ancienne, la maigreur passait, comme la pâleur (voir v. 727), pour un signe d'amour.
**74.** On sait que les Romains enduisaient leurs cheveux de parfum.
**75.** Patrocle.
**76.** Pirithoüs était l'ami intime de Thésée, mari de Phèdre.
**77.** Femme d'Oreste, dont Pylade était l'ami intime. Comme on le voit, Ovide cite trois couples d'amis célèbres dans l'Antiquité.

Pallas[78] ou Castor et Pollux pour toi, fille de Tyndare[79]. » Nourrir aujourd'hui le même espoir, c'est espérer que le tamaris donnera des fruits ou chercher du miel au milieu d'un fleuve. Rien ne plaît que ce qui est honteux ; chacun ne pense qu'à son plaisir, et même celui que procure la douleur d'autrui a son charme. Quel scandale ! ce n'est pas son ennemi que doit craindre un amant. Fuis ceux que tu crois fidèles, tu seras à l'abri du danger. Un parent, un frère, un ami cher, défie-t'en ; les sujets de crainte réels, voilà ceux qui te les fourniront.

***Il faut adapter ces conseils aux caractères féminins.*** J'allais finir ici, mais les cœurs des femmes ne sont pas tous les mêmes, bien au contraire ; vous trouverez mille âmes diverses ; pour les prendre, employez mille moyens. Aussi bien la même terre ne donne-t-elle pas toutes les productions : telle convient à la vigne, telle à l'olivier ; celle-ci porte en abondance de vertes moissons. Dans les poitrines, il y a autant de caractères différents que de visages dans le monde. L'homme habile s'accommodera à ces innombrables variétés de caractères ; nouveau Protée, tantôt il s'amenuisera en ondes fluides, tantôt il sera un lion, un arbre, un sanglier au poil hérissé. Le poisson se prend ici au filet, ici à l'hameçon ; ailleurs il est attiré dans les nasses creuses qu'on amène à soi au moyen d'une corde bien tendue. Et la même méthode ne conviendra pas à tous les âges : une biche âgée découvrira le piège de plus loin ; si tu te montres savant auprès d'une novice, trop entreprenant auprès d'une prude, aussitôt elle se défiera et se tiendra sur ses gardes. C'est ainsi que, parfois, la femme qui a craint de se livrer à un homme honnête se laisse honteusement tomber dans les bras de quelqu'un qui ne le vaut pas.

***Conclusion.*** Une partie de ma tâche me reste, une est épuisée. Jetons ici l'ancre et arrêtons notre navire.

**78.** C'est-à-dire d'une affection fraternelle.
**79.** Hélène, sœur de Castor et de Pollux.

# Livre II

***But du livre II.*** Chantez : « Io Péan[1] » et chantez encore : « Io Péan ». La proie poursuivie est tombée dans mes filets. L'amant joyeux couronne d'un vert laurier mes poèmes, qu'il met au-dessus des œuvres du vieillard d'Ascra[2] et de celui de Méonie. Tel le fils de Priam, lorsque, à son départ de la belliqueuse Amyclée[3], il ouvrit au vent ses voiles blanches, en compagnie de la femme de son hôte, qu'il avait enlevée. Tel celui qui t'emmenait[4], sur son char vainqueur, Hippodamie, transportée par des roues étrangères.

Pourquoi cette hâte, jeune homme ? Ton navire est encore au milieu des eaux, et le port, où je tends, est bien loin. Ce n'est pas assez que mes vers aient amené à toi celle que tu aimes : mon art te l'a fait prendre, mon art doit te la conserver. Et il ne faut pas moins de talent pour garder les conquêtes que pour les faire : dans l'un, il y a du hasard, l'autre sera l'œuvre de l'art.

***Difficulté du sujet : Dédale et Icare.*** Maintenant, plus que jamais, déesse Cythère et toi, son fils, assistez-moi. Maintenant, toi aussi, Erato[5], car tu dois ton nom à l'amour. Je médite une grande entreprise, dire par quel art on peut fixer l'amour, cet enfant si volage dans le vaste univers. Il est léger et il a deux ailes qui lui permettent de s'échapper ; il est difficile d'en régler les mouvements.

Pour s'opposer à la fuite de son hôte[6], Minos avait barré tous les chemins : des ailes fournirent une voie audacieuse. Quand Dédale eut enfermé l'homme à moitié taureau et le taureau à moitié homme[7], fruit des amours d'une mère criminelle : « Mets, dit-il, un terme à mon exil, ô Minos, le plus juste des mortels ; que mes cendres soient déposées dans la terre de mes pères[8]. Victime des destins injustes, je n'ai pu vivre dans ma patrie ; du moins, permets-moi d'y mourir. Permets à mon fils d'y retourner, si le vieillard ne peut trouver grâce devant toi ; si tu ne veux pas pardonner à l'enfant[9], pardonne au vieillard ». Telles étaient ses paroles ; mais il pouvait bien prononcer celles-là et beaucoup d'autres encore. Minos ne permettait pas à Dédale de s'en retourner. Dès qu'il l'eut compris : « Voilà, voilà, Dédale, se dit-il, l'occasion de montrer ton ingéniosité. Minos est maître de la terre, est maître des eaux ; ni la terre, ni l'eau ne se prêtent à notre fuite ; reste la route du ciel ; c'est par

1. Chant d'allégresse en l'honneur d'Apollon.
2. Le premier est Hésiode, le second Homère.
3. Ville au sud-est de Sparte.
4. Pélops qui emmenait Hippodamie loin de Pise, sa patrie.
5. Une des Muses. Il semble que son nom se rattache bien à la même racine que *eran*, « aimer ».
6. Dédale, qu'il avait enfermé dans le labyrinthe.
7. Le Minotaure.
8. Athènes.
9. Icare.

le ciel que nous tenterons de passer. Excuse mon entreprise, Jupiter qui règne dans les cieux. Ce que je veux, ce n'est pas violer la région des astres ; mais, pour fuir un maître, je n'ai pas d'autre voie que la tienne. Si le Styx m'offrait une route, nous passerions à la nage les eaux du Styx. Puisqu'il n'en est rien, je suis contraint de modifier les conditions de ma nature. »

Souvent le génie est éveillé par le malheur. Aurait-on jamais cru que l'homme pût emprunter la voie des airs ? Pour remplacer les rames des oiseaux, Dédale dispose régulièrement des plumes et attache son léger ouvrage avec des fils de lin ; l'extrémité est rendue solide par de la cire amollie au feu. Déjà le travail de cet instrument nouveau était terminé. L'enfant, tout joyeux, retournait dans ses mains la cire et les plumes sans savoir que cet appareil était préparé pour lui. « Voilà les seuls vaisseaux que nous ayons pour regagner notre patrie ; voilà notre seul moyen d'échapper à Minos. L'air n'a pu nous être fermé par Minos, qui a fermé toutes les autres issues ; l'air nous reste ; fends-le grâce à mon invention. Mais ce n'est pas la vierge de Tégée[10], ni le compagnon de Bootès, Orion armé d'un glaive, qu'il faudra regarder [pour te diriger] ; c'est sur moi que tu dois régler ta marche avec les ailes que je t'aurai données ; j'irai devant pour montrer la route ; ne t'occupe que de me suivre ; guidé par moi, tu seras en sûreté. Si, à travers les couches de l'éther, nous nous approchons du soleil, la cire n'en pourra supporter la chaleur ; si, descendant, nous agitons nos ailes trop près de la mer, nos plumes, en battant, seraient mouillées par les eaux marines. Vole entre les deux. Prends garde également aux vents, mon fils ; où te guidera leur souffle, laisse tes ailes te porter. » Tout en donnant ces conseils, il ajuste les ailes à son fils et lui montre à les mouvoir, comme une oiselle qui instruit ses petits débiles. Ensuite il adapte à ses propres épaules l'appareil fait pour lui-même et balance timidement son corps dans sa nouvelle route. Sur le point de prendre son vol, le père embrasse à plusieurs reprises son jeune fils et des larmes qu'il ne peut retenir coulent sur ses joues.

Il y avait une colline, moins haute qu'une montagne, mais qui dominait le sol égal de la plaine. C'est de là qu'ils s'élancèrent de compagnie pour leur fuite malheureuse. Dédale remue ses ailes et se retourne pour regarder celles de son fils, non sans poursuivre régulièrement sa course. Déjà la nouveauté de leur route les charme et, bannissant toute crainte, grâce à cet art audacieux, Icare prend un vol plus hardi. Un pêcheur les aperçut, tandis qu'il cherchait à prendre les poissons à l'aide de son roseau flexible, et sa main laissa ce qu'elle avait commencé[11]. Déjà se voyait à leur gauche Samos (Naxos, Paros et Délos chère au dieu de Claros[12] étaient derrière eux), à leur droite Lébynthos et Calymné ombragée de forêts et Astypalaea environnée d'eaux poissonneuses, lorsque l'enfant, avec l'imprudente témérité de son âge, s'éleva plus haut vers

10. Callisto, fille du roi de Tégée, est notre « grande Ourse », Bootès notre « Bouvier ».
11. C'est-à-dire lâcha sa ligne.
12. Apollon, qui avait un temple à Claros.

le ciel et abandonna son père. Les liens [de ses ailes] se relâchent, la cire fond aux approches du dieu [Soleil] et il a beau agiter ses bras, il ne peut se soutenir dans l'air subtil. Du haut des cieux, il regarde l'eau avec épouvante ; la peur qui le fait trembler voile ses yeux de ténèbres. La cire avait coulé. Il agite ses bras dépouillés ; il s'affole et ne sait plus comment se soutenir. Il tombe, et, en tombant, il s'écrie : « Mon père, mon père, je suis entraîné. » Pendant qu'il disait ces mots, l'eau verte lui ferma la bouche. Cependant le père infortuné, et qui n'est plus père, s'écrie : « Icare ! Icare ! cria-t-il, où es-tu et sous quel pôle du ciel voles-tu » ? Il criait « Icare » et il aperçut les plumes sur les eaux. Le corps de l'enfant fut confié à la terre ; la mer porte son nom[13].

***Moyens illusoires de faire durer l'amour.*** Minos ne put empêcher un homme de fuir à l'aide de ses ailes, et moi je prétends fixer un dieu volage ! On se tromperait, en ayant recours aux artifices d'Hémonie[14], ou bien en employant ce que l'on arrache au front d'un poulain[15]. Pour faire durer l'amour, les herbes de Médie ne serviront à rien, non plus que les formules des Marses et leurs chants magiques. La princesse née sur les bords du Phase[16] aurait retenu le fils d'Eson[17] et Circé Ulysse, si les enchantements pouvaient entretenir l'amour. Et il n'y a rien à attendre des philtres qui feraient pâlir les jeunes filles ; les philtres troublent l'esprit et engendrent la folie.

***Moyens conseillés. Être aimable.*** Loin de nous tous les moyens défendus. Pour être aimé, sois aimable, ce à quoi ne suffira pas la beauté des traits ou du corps. Quand même tu serais Nirée, aimé du vieil Homère, ou Hylas à la beauté délicate, que les Naïades enlevèrent par un crime, si tu veux conserver ton amie et n'avoir jamais la surprise d'être abandonné par elle, joins les dons de l'esprit aux avantages du corps. La beauté est un bien fragile : tout ce qui s'ajoute aux années la diminue ; elle se flétrit par sa durée même ; ni les violettes, ni les lis à la corolle ouverte ne sont toujours en fleurs, et, la rose une fois tombée, l'épine se dresse seule. Toi aussi, bel adolescent, tu connaîtras bientôt les cheveux blancs ; tu connaîtras bientôt les rides, qui sillonnent le corps. Forme-toi maintenant l'esprit, bien durable, qui sera l'appui de ta beauté : seul il subsiste jusqu'au bûcher funèbre. Ne considère pas comme un soin futile de cultiver ton intelligence par les arts libéraux et de bien savoir les deux langues[18]. Ulysse n'était pas beau, mais il était beau parleur ; cela suffit pour que des divinités marines[19] ressentent pour lui les tourments de l'amour. O ! combien de fois Calypso gémit de sa hâte à vouloir partir et lui affirma que les eaux ne se prêteraient pas au mouvement des rames ! Elle lui demandait sans

13. La mer Icarienne, partie de la mer Égée.
14. La Thessalie, dont les femmes passaient pour magiciennes.
15. Sorte d'excroissance sur le front du poulain et qui passait pour un philtre.
16. Fleuve qui coule en Colchide, pays de Médée.
17. Jason.
18. Le grec et le latin.
19. Calypso et Circé.

cesse de lui raconter encore la chute de Troie et il lui en faisait le récit d'une manière presque toujours différente. Ils s'étaient arrêtés sur le rivage : là aussi, la belle Calypso veut entendre la fin sanglante du chef des Odrysiens[20]. Lui, avec une baguette légère (justement il tenait une baguette), pour la satisfaire, dessine dans l'épaisseur du sable. « Voici Troie, dit-il (il représenta des murs sur le rivage) ; ici sera le Simoïs ; suppose que là est mon camp. Il y avait une plaine (il représente une plaine), où nous versâmes le sang de Dolon, la nuit qu'il convoitait les chevaux du héros d'Hémonie[21]. Là se dressaient les tentes du Sithonien[22] Rhésus ; c'est par là que je suis revenu avec ses chevaux, enlevés de nuit ». Il allait dessiner d'autres objets, quand une vague vint emporter Troie, le camp de Rhésus et Rhésus lui-même. Alors la déesse : « Quelle confiance pour ton voyage crois-tu trouver en ces eaux qui, sous tes yeux, ont effacé de si grands noms ? » Donc, qui que tu sois, crains de te fier à une forme trompeuse ; possède quelque chose de plus que la beauté du corps.

***Avoir un caractère agréable.*** Ce qui gagne surtout les cœurs, c'est une adroite bienveillance : la rudesse engendre la haine et les guerres cruelles. Nous haïssons l'épervier, qui passe sa vie dans les combats, et le loup accoutumé à fondre sur les troupeaux timides. Mais l'homme ne tend pas de pièges à l'hirondelle, qui est inoffensive, et sur les tours on laisse l'oiseau de Chaonie[23] habiter librement. Loin de nous les querelles et les combats d'une langue mordante : de douces paroles, voilà l'aliment du tendre amour. Qu'il y ait des querelles pouvant écarter le mari de la femme et la femme du mari et leur faire croire sans cesse qu'ils sont en procès l'un avec l'autre, permis à des épouses ; la dot de la femme, ce sont les querelles ; l'amie, elle, doit toujours entendre les mots qu'elle souhaite. Ce n'est pas un ordre de la loi qui vous a réunis dans un même lit ; votre loi, à vous, c'est l'amour. Présente-toi avec de tendres caresses et des mots qui charment l'oreille, afin que ton amie se réjouisse de ta venue. Ce n'est point aux riches que je viens enseigner l'amour ; celui qui donne n'a pas besoin de mes leçons. On a toujours de l'esprit, quand on peut dire, toutes les fois que l'on veut : « Accepte ceci ». À celui-là nous cédons le pas : ce que je puis trouver plaît moins que lui. C'est pour les pauvres que je compose ce poème, parce que, pauvre, j'ai aimé ; lorsque je ne pouvais donner des cadeaux, je donnais de belles paroles. Le pauvre doit être circonspect dans son amour ; il doit écarter toute parole déplacée ; il doit supporter bien des choses que ne souffrirait pas un amant riche. Je me souviens que, dans un moment de colère, je mis en désordre les cheveux de ma maîtresse : que de jours de bonheur m'enleva cette colère ! Je ne pense pas avoir déchiré sa tunique et je ne m'en

**20.** Rhésus, roi de Thrace.
**21.** Achille, né à Phthie, en Thessalie. *Cf.* note 14, page 188.
**22.** Peuple de Thrace.
**23.** La colombe, qui rendait les oracles dans un bois sacré près de Dodone, ville d'Épire ; les Chaoniens sont un ancien peuple d'Épire.

aperçus pas ; mais elle l'avait affirmé et je dus lui en racheter une autre de mes deniers. Mais vous, si vous êtes raisonnables, évitez les fautes de votre maître, et craignez, comme moi, d'en porter la peine. Contre les Parthes, la guerre, mais avec notre amie, la paix, le badinage et tout ce qui peut exciter l'amour.

***La persévérance est nécessaire.*** Si ton amour reçoit un accueil peu caressant et peu affable, supporte tout et tiens bon : bientôt elle s'adoucira. Courbez une branche d'arbre avec précaution ; elle se plie ; tu la brises, si tu fais sur elle l'essai de toutes tes forces. En suivant avec précaution le fil de l'eau, on passe un fleuve à la nage, ce dont on ne viendrait pas à bout si l'on nageait contre le courant. Avec de la patience, on dompte les tigres et les lions de Numidie ; le taureau, à la campagne, se soumet peu à peu au joug de la charrue. Quelle femme fut plus farouche qu'Atalante la Nonacrienne[24] ? Pourtant, toute farouche qu'elle fut, elle succomba aux mérites d'un homme[25]. Souvent, dit-on, à l'ombre des forêts, Milanion pleura son destin et les rigueurs de la jeune fille. Souvent, par son ordre, il porta sur ses épaules les filets qui trompent le gibier, souvent il perça de sa lance terrible les sangliers farouches. Il sentit également une blessure causée par l'arc bien tendu d'Hylaeus[26] ; mais il connaissait encore mieux un autre arc[27]. Je ne t'ordonne pas de gravir, les armes à la main, les forêts du Ménale[28], ni de porter des filets sur tes épaules ; je ne t'ordonne pas non plus d'offrir ta poitrine aux flèches. Mon traité, prudent, te donnera des ordres plus faciles à suivre.

***De la complaisance aussi.*** Cède à la contre-attaque ; c'est en cédant que tu sortiras vainqueur. Borne-toi à jouer le rôle qu'elle t'imposera. Elle blâme ; blâme ; tout ce qu'elle approuve, approuve-le ; ce qu'elle dira, dis-le ; ce qu'elle niera, nie-le. Elle rit, ris avec elle ; si elle pleure, ne manque pas de pleurer. Que l'expression de ton visage se règle sur la sienne. Elle veut jouer ; sa main agite les dés d'ivoire ; toi, agite-les maladroitement, et après les avoir maladroitement agités, passe-lui la main. Si tu joues aux osselets, pour lui éviter de perdre et d'avoir à payer, arrange-toi pour avoir souvent les chiens funestes[29] ; si l'on fait marcher les pièces sur le damier, fais en sorte que ses ennemis de verre[30] triomphent de tes soldats. Tiens toi-même son ombrelle déployée ; toi-même fais-lui place dans la foule, si elle la traverse ; empresse-toi d'approcher l'escabeau de son lit confortable ; ôte ou mets les sandales à son pied délicat. Souvent aussi, bien que frissonnant toi-même de froid, il te faut réchauffer sur ton sein les mains gelées de ton amie. Et ne juge pas

24. C'est-à-dire l'Arcadienne, Nonacrie étant une ville de l'Arcadie du nord.
25. Milanion.
26. Centaure, rival de Milianion.
27. Allusion aux flèches de l'amour qui l'avaient percé.
28. Montagne d'Arcadie.
29. Le coup du chien, le plus malheureux, consistait à amener le même nombre sur les quatre dés.
30. Les pions étaient en cristal ou en verre.

honteux (fût-ce honteux, cela doit te plaire), toi, un homme libre, de lui tenir le miroir. Le dieu[31] qui, après avoir lassé sa belle-mère de mettre des monstres sur sa route, mérita d'être admis au ciel, qu'il avait d'abord porté, tenait, à ce que l'on croit, la corbeille à ouvrage parmi les vierges d'Ionie et travaillait la laine grossière. Aux ordres de sa maîtresse obéit le héros de Tirynthe. Va maintenant, hésite à supporter ce qu'il a supporté ! Si l'on te dit de venir au Forum, arrange-toi pour y être toujours avant l'heure dite et ne le quitte que bien tard. « Trouve-toi à tel endroit », t'a-t-elle dit. Cours-y[32], toute affaire cessante, et que la foule ne retarde pas ta route. Le soir, quand elle retourne chez elle, après un festin, si elle demande un esclave, offre-toi encore. Elle est à la campagne et te dit : « Viens. » L'Amour hait tout retard : si tu n'as pas de voiture, fais la route à pied. Rien ne doit t'arrêter, ni le mauvais temps, ni la canicule qui altère, ni la chute de neige qui fait la route éclatante.

***Ne pas se laisser arrêter par les obstacles.*** L'amour est une espèce de service militaire. Arrière, hommes lâches ; ce ne sont pas des hommes pusillanimes qui doivent garder ces étendards. La nuit, l'hiver, de longues routes, de cruelles douleurs, toutes les épreuves, voilà ce qu'on endure dans ce camp du plaisir. Souvent tu devras supporter la pluie que, du ciel, verse à flots un nuage, et souvent, transi de froid, tu coucheras sur la terre nue. Le dieu du Cynthe[33] garda, dit-on, les vaches d'Admète, roi de Phéres et vécut pauvrement dans une humble cabane. Ce que Phébus n'a pas jugé indigne de lui, qui le jugerait indigne ? Dépouille tout orgueil, si tu veux être aimé longtemps. Si tu n'as pas une route sûre et facile pour rejoindre ta bien-aimée, si tu trouves devant toi une porte verrouillée, eh bien ! laisse-toi glisser, chemin périlleux par la partie ouverte du toit ; qu'une fenêtre élevée t'offre aussi une route furtive. Ta maîtresse sera transportée de joie, et saura qu'elle est la cause du péril que tu as couru pour elle, ce sera le gage assuré de ton amour. Tu aurais pu souvent, Léandre[34], te priver de voir celle que tu aimais ; tu passais l'Hellespont à la nage, pour bien lui montrer tes sentiments.

***Se concilier les bonnes grâces de la domesticité.*** Ne rougis pas non plus de gagner les bonnes grâces des servantes, selon leur rang ; ne rougis pas de gagner celles des esclaves. Salue chacun par son nom (cela ne coûte rien) et par calcul, serre leurs humbles mains dans les tiennes. Mais, de plus, le jour de la Fortune[35], fais un petit cadeau à l'esclave qui te le demandera : la dépense est légère. Fais-en également à la servante, le jour où les Gaulois, trompés par les

---

**31.** Hercule.

**32.** Je n'ai pu rendre occurras par un composé de « courir ».

**33.** Apollon. Le mont Cynthus se trouvait dans l'île de Délos où il était né.

**34.** Léandre, d'Abydos, traversait chaque nuit l'Hellespont à la nage pour retrouver à Sestos Héro, qu'il aimait.

**35.** Le 24 juin, anniversaire du jour où Servius Tullius dédia le temple de la Fortune.

vêtements des servantes romaines, furent punis de leur erreur[36]. Crois-moi, mets ce petit monde dans tes intérêts : et surtout, n'oublie pas le portier ni l'esclave qui veille à la porte de la chambre à coucher.

***Quels cadeaux faire ?*** Je ne te conseille pas de faire à ton amie des cadeaux somptueux : qu'ils soient modestes, mais choisis et offerts habilement. À l'époque où la campagne étale ses richesses, où les branches plient sous le poids des fruits, qu'un jeune esclave lui apporte une corbeille pleine de cadeaux rustiques. Tu pourras dire que tu les as reçus de ta campagne, eussent-ils été achetés sur la Voie Sacrée[37] ; qu'il apporte des raisins ou ces châtaignes qu'aimait Amaryllis[38] ; mais aujourd'hui elle ne les aime plus[39]. Tu peux même envoyer une grive ou une colombe, pour lui montrer que tu penses à elle. Il est d'ailleurs honteux que par ces moyens on achète l'espérance d'une mort, un vieillard sans enfant. Ah ! périssent ceux qui font des présents un coupable usage !

Dois-je te conseiller de lui envoyer aussi des vers tendres ? Hélas ! la poésie n'est guère en honneur. On loue la poésie, mais on veut des gros cadeaux : pourvu qu'il soit riche, le barbare lui-même plaît. Notre âge est vraiment l'âge d'or : c'est l'or qui procure les plus grands honneurs, l'or qui gagne l'amour. Oui, Homère, tu viendrais toi-même, accompagné des Muses, si tu n'apportais rien, on te mettrait à la porte, Homère. Il y a tout de même des femmes cultivées, mais un très petit nombre ; les autres ne sont pas cultivées mais veulent le paraître. Faites, dans vos vers, l'éloge des unes et des autres ; et vos vers, bons ou mauvais, que le lecteur les fasse valoir par le charme de son débit. Aux unes et aux autres, des vers en leur honneur, composés durant une nuit de veille, leur tiendront peut-être lieu d'un petit présent.

Et ce que tu ferais de toi-même, ce que tu crois utile, arrange-toi pour que toujours ton amie te le demande. Tu as promis la liberté à l'un de tes esclaves ; arrange-toi pour qu'il la sollicite de toi par ton amie. Tu fais grâce à un esclave d'un châtiment, grâce des fers pénibles ; ce que tu avais l'intention de faire, qu'elle te le doive ! Que l'avantage soit pour toi, mais laisse-lui l'honneur : tu ne perdras rien à lui donner le rôle d'une personne toute-puissante.

***Être en admiration perpétuelle.*** Mais, si tu as à cœur de conserver l'amour de ton amie, fais en sorte qu'elle te croie émerveillé de sa beauté. Porte-t-elle un manteau en pourpre de Tyr ? Vante les manteaux en pourpre de Tyr. Porte-t-elle un tissu de Cos ? Pense que le tissu de Cos lui va bien. Est-elle brillante

**36.** Le 7 juillet. Après la retraite des Gaulois, les peuples voisins de Rome, et non les Gaulois, sommèrent le sénat romain de leur livrer toutes les femmes de condition libre. Sur le conseil d'une servante, les servantes romaines revêtirent les habits de leurs maîtresses, se rendirent au camp des ennemis, les enivrèrent et assurèrent ainsi le succès des armes romaines. Aussi le 7 juillet était-il la fête des servantes.

**37.** Où l'on trouvait les marchands de fruits.

**38.** Allusion à l'églogue II de Virgile.

**39.** Ces présents sont devenus trop modestes à ses yeux.

d'or ? Dis-lui qu'à tes yeux elle a plus de prix que l'or. Si elle a choisi la bure[40], loue la bure qu'elle a choisie. Si elle t'apparaît vêtue de la seule tunique, crie : « Tu m'embrases » ; mais timidement prie-la de se garantir du froid. Elle est coiffée en bandeaux simples ? Vante les bandeaux. Le fer a-t-il bouclé ses cheveux ? Cheveux bouclés, il faut que vous plaisiez. Admire ses bras, quand elle danse, sa voix, quand elle chante, et, dès qu'elle cesse, plains-toi qu'elle ait fini. Même vos étreintes et ce qui fait ton bonheur, tu pourras les célébrer et les voluptés secrètes de la nuit. Fût-elle plus farouche que l'effrayante Méduse, elle deviendra douce et bienveillante pour son amoureux. Garde-toi seulement de paraître, dans ces paroles, déguiser ta pensée, et que ton visage ne démente pas ton langage. L'art est utile, quand il est caché ; s'il est découvert, il donne à rougir et détruit justement la confiance pour toujours.

***Donner des preuves de dévouement.*** Souvent, aux approches de l'automne, lorsque l'année est la plus belle, et que le raisin gonflé d'un jus vermeil est presque rouge, lorsque nous éprouvons tour à tour un froid qui nous resserre ou une chaleur qui nous détend, cette inconstance de l'air donne de la langueur. Puisse ton amie rester bien portante ! Mais si quelque indisposition la force à garder le lit, si, malade, elle ressent la maligne influence du ciel, qu'elle voie bien alors ton amour et ton dévouement ! Alors sème le grain que, plus tard, tu moissonneras à pleine faux. Ne te laisse point rebuter par les laideurs de la maladie ; que tes mains fassent tout ce que la malade autorisera ; qu'elle te voie pleurer ; qu'aucune répugnance ne te fasse repousser son baiser et que ses lèvres desséchées boivent tes larmes ! Fais beaucoup de vœux pour sa santé, mais toujours à haute voix, et, toutes les fois que cela pourra lui être agréable, aie des songes de bon augure à lui raconter. Fais venir, pour purifier le lit et la chambre, une vieille femme dont la main tremblante porte le soufre et les œufs. Toutes ces attentions laisseront des traces, celles d'un cher amour. Bien des gens, par ces moyens, ont trouvé le chemin d'un testament. Toutefois, que tes bons offices n'aillent pas te rendre odieux à la malade ; ton tendre empressement doit avoir ses bornes. Ne la détourne pas de manger ; ne lui présente pas la coupe de breuvage amer ; laisse ton rival le préparer.

***La force de l'habitude développe l'amour.*** Mais le vent auquel tu avais livré tes voiles en quittant le port n'est plus celui qui, une fois en pleine mer, te convient. L'amour, encore jeune et peu sûr de lui, se fortifie à l'usage ; nourris-le bien, et, avec le temps, il deviendra solide. Ce taureau que tu redoutes, tu avais l'habitude de le caresser lorsqu'il était veau ; cet arbre, à l'ombre duquel tu te couches, n'a d'abord été qu'une mince tige ; petit à sa source, le fleuve grossit en avançant, et, dans son cours, reçoit l'eau de mille affluents. Fais en sorte que ta belle s'habitue à toi ; rien n'est plus puissant que l'accoutumance ; pour la créer, ne recule devant aucun ennui. Que ton amie te voie toujours ;

**40.** On se servait plus particulièrement de ce genre d'étoffe pour les manteaux, entre autres pour les manteaux de voyage.

qu'elle t'entende toujours ; que la nuit et le jour lui montrent ton visage. Lorsque tu auras plus de raisons de croire qu'elle peut te rechercher, lorsque ton absence lui causera quelque inquiétude, laisse-lui un peu de repos ; un champ reposé rend largement ce qu'on lui confie, et une terre aride aspire avec avidité les eaux du ciel. Phyllis[41] montra pour Démophoon une flamme plus modérée, tant qu'il fut là ; elle s'enflamma davantage, lorsqu'il eut mis à la voile. Pénélope était tourmentée par l'absence du prudent Ulysse ; celui que tu aimais, le petit-fils de Phylakos[42], était absent, ô Laodamie.

Mais il est plus sûr que ton absence soit courte : avec le temps les regrets languissent, l'absent s'évanouit, un nouvel amour se glisse. Durant l'absence de Ménélas, Hélène, pour ne point reposer seule la nuit, trouva asile sur la tiède poitrine de son hôte. Quelle sottise fut la tienne, Ménélas ! Tu partais seul, laissant sous le même toit ton hôte et ton épouse. À un vautour, tu confies, insensé, de timides colombes ; au loup des montagnes tu confies une bergerie bien garnie. Non, Hélène n'est pas coupable, son amant n'est pas criminel. Il fait ce que toi-même, ce que n'importe qui aurait fait. Tu les forces à l'adultère, en leur fournissant et le temps et le lieu. Quel autre conseil que le tien a suivi ta jeune femme ? Que pouvait-elle faire ? Son mari n'est pas là, mais il y a là un hôte qui n'est pas un rustre et elle craint de coucher seule dans le lit que tu as abandonné. Que le fils d'Atrée pense ce qu'il veut : moi j'absous Hélène ; elle a profité de la complaisance d'un mari bienveillant.

***S'arranger pour que les infidélités demeurent ignorées.*** Mais le fauve sanglier, dans toute la rage de sa colère, lorsque ses défenses foudroyantes font rouler dans la poussière les chiens acharnés ; la lionne, lorsqu'elle présente sa mamelle aux petits qu'elle allaite ; la petite vipère qu'un passant distrait a écrasée, sont moins cruels que n'est ardente de colère la femme qui a surpris une rivale dans le lit de son mari ; elle montre sur son visage les sentiments de son âme ; elle cherche un fer, des flammes, et, oubliant toute retenue, elle court, comme frappée par les cornes du dieu d'Aonie[43]. Le crime d'un époux, la violation de la loi conjugale, une épouse barbare, née aux bords du Phase[44], les vengea sur ses enfants. Une autre mère cruelle, c'est cette hirondelle que tu vois[45]. Regarde, elle a encore du sang sur sa poitrine[46]. C'est ainsi que se rompent des unions bien assorties, des unions solides : un homme prudent doit éviter ces accusations.

---

41. Fille du roi de Thrace Sithon, fiancée à Démophoon, fils de Thésée, qui, avant de partir pour Troie, retourna à Athènes.
42. Protésilas.
43. Bacchus, fils de Sémélé, qui habitait Thèbes, capitale de la Thessalie, l'antique Aonie. Ses cornes sont un symbole de force irrésistible.
44. Fleuve de Colchide, pays de Médée.
45. Allusion à la fable de Procné.
46. L'hirondelle a sur la poitrine des traces rouges produites par le sang d'Itys.

Ce n'est pas que, censeur sévère, je vous condamne à n'avoir qu'une amie. Aux dieux ne plaise ! C'est à peine si une femme mariée peut suivre cette conduite. Amusez-vous, mais soyez prudente ; que votre faute soit cachée et furtive ; il ne faut tirer aucune vanité de votre action coupable. Et ne fais pas de cadeau que l'autre puisse reconnaître ; n'aie point d'heure fixe pour ton infidélité, et si tu ne veux pas qu'une amie te surprenne dans une retraite qu'elle connaît, ne donne pas toujours tes rendez-vous au même endroit. Chaque fois que tu écriras, commence par bien examiner toi-même les tablettes ; combien de femmes y lisent plus qu'on ne leur écrit !

Offensée, Vénus prend justement les armes, lance trait pour trait et, ce dont elle vient d'avoir à se plaindre, elle s'arrange pour que tu t'en plaignes à ton tour. Tant que le fils d'Atrée[47] se contenta d'une seule femme, elle aussi fut chaste ; c'est la faute de son mari qui la rendit coupable. Elle avait appris que Chrysès, tenant à la main le laurier et les bandelettes sacrées, n'avait pu réussir à recouvrer sa fille[48]. Elle avait appris, Lyrnessienne, l'enlèvement qui causa ta douleur et prolongea la guerre par de honteux retards. Tout cela, elle l'avait entendu dire, mais la fille de Priam[49], elle l'avait vue de ses yeux, car le vainqueur, pour sa honte, était captif de sa captive. Aussi la fille de Tyndare[50] donna-t-elle au fils de Thyeste[51] une place dans son cœur et dans son lit, et punit-elle cruellement la faute de son époux.

***Quand nos infidélités sont connues, comment se défendre ?*** Si tes actes, quoique bien cachés, viennent à se découvrir, même découverts, nie-les jusqu'au bout. Ne sois ni soumis ni plus caressant qu'à l'ordinaire ; ce sont là de fortes marques d'un cœur coupable. Mais n'épargne pas tes reins ; la paix est à ce seul prix : c'est le lit qui doit prouver que tu n'as pas auparavant goûté les plaisirs de Vénus. Il y a des femmes qui conseillent de prendre de la sariette, plante malfaisante ; à mes yeux, c'est un poison ; ou bien l'on mêle du poivre à la graine de la piquante ortie, ou l'on broie du blond pyrèthre dans du vin vieux. Mais elle ne souffre pas ces moyens artificiels de provoquer ses joies, la déesse qui habite les collines ombreuses du mont Eryx[52]. Ce que tu pourras prendre, c'est l'oignon blanc que nous envoie la ville grecque[53] d'Alcathoüs ; c'est l'herbe amoureuse qui croît dans nos jardins ; ce sont des œufs, c'est le miel de l'Hymette, ce sont les amandes qu'enveloppent les écailles de la pomme de pin pointue.

---

**47.** Il s'agit d'Agamemnon.
**48.** Briséis, qui était de Lyrnesse, en Troade.
**49.** Cassandre.
**50.** Clytemnestre, épouse d'Agamemnon.
**51.** Égisthe.
**52.** En Sicile, où était un temple de Vénus Érycine.
**53.** Il s'agit de la ville grecque de Mégare (il y en avait une en Sicile), qui fut rebâtie par Alcathoüs.

***Dans certains cas provoquer la jalousie.*** Mais, savante Erato[54], pourquoi m'égarer vers ces arts magiques ? Mon char doit serrer la borne de plus près. Toi, à qui, tout à l'heure, je conseillais de cacher tes fautes, maintenant je te conseille de changer de route et de publier tes infidélités. Ne va pas m'accuser d'inconséquence ! Ce n'est pas toujours le même vent qui permet au vaisseau recourbé de transporter ses passagers, car, dans notre course, c'est tantôt Borée venu de Thrace, tantôt Eurus qui nous poussent ; nos voiles sont gonflées souvent par le Zéphyr, souvent par le Notus. Regarde le conducteur d'un char : tantôt il laisse flotter les rênes, tantôt d'une main habile il retient ses chevaux lancés à bride abattue.

Il y a des femmes auprès desquelles une obéissance craintive va contre le but, et dont l'amour languit, faute d'une rivale. Généralement la prospérité enivre l'esprit et il n'est pas facile, dans le bonheur, de montrer une âme égale. Voyez un feu presque éteint pour avoir consumé peu à peu ses aliments ; il a disparu sous la cendre blanche qui le recouvre ; mais, si l'on y ajoute du soufre, la flamme qui semblait éteinte se retrouve et donne la même lumière qu'auparavant. Ainsi quand le cœur languit dans l'indolente torpeur de la sécurité, il faut employer des aiguillons pénétrants pour réveiller l'amour. Arrange-toi pour que ta maîtresse ait des inquiétudes sur ton compte ; réchauffe l'ardeur de son cœur attiédi ; qu'elle pâlisse en apprenant ton infidélité.

Ô quatre fois heureux, infiniment heureux, celui dont la maîtresse souffre de se voir offensée, et qui, aussitôt que son oreille apprend une faute dont elle voudrait douter, s'évanouit ; malheureuse ! elle perd à la fois la couleur et la voix. Puissé-je être celui dont sa fureur arrache les cheveux ! Puissé-je être celui dont ses ongles déchirent les joues délicates, qu'elle ne peut voir sans pleurer, qu'elle regarde d'un œil farouche, sans lequel elle ne peut vivre, mais voudrait pouvoir vivre ! Si tu me demandes pendant combien de temps tu la laisseras se plaindre de son offense, je répondrai : qu'il soit court ; sinon un trop long retard permettrait à la colère de prendre des forces. Hâte-toi d'entourer de tes bras son cou éclatant, et appuie sur ta poitrine son visage baigné de larmes. À ses larmes, donne les baisers, à ses larmes donne les joies de Vénus. La paix se fera. C'est le seul moyen de dissiper sa colère. Lorsqu'elle se sera bien emportée, lorsqu'elle paraîtra une ennemie bien déclarée, demande lui de signer sur son lit un traité de paix. Elle s'adoucira. C'est là que, sans armes, habite la Concorde ; c'est en cette place, crois-moi, que naquit le pardon. Les colombes qui tout à l'heure se battaient unissent leur bec et leur roucoulement est un langage d'amour.

À son début, le monde fut une masse confuse et sans ordre, où ne se distinguaient pas les astres, la terre, la mer. Bientôt le ciel fut placé au-dessus des terres ; notre sol fut entouré d'eau et le chaos vide se répartit entre les

---

**54.** *Cf.* note 5, page 186.

divers éléments. La forêt devint le séjour des bêtes féroces, l'air des oiseaux ; vous, poissons, vous vous êtes cachés dans les eaux fluides. Alors les humains erraient solitaires dans les campagnes ; ils n'étaient que des muscles sans intelligence, qu'un corps grossier. La forêt était leur demeure, leur nourriture de l'herbe, leur couche des feuilles, et longtemps ils s'ignorèrent les uns les autres. C'est, dit-on, la volupté caressante qui adoucit ces âmes farouches. Une femme et un homme s'étaient arrêtés en un même lieu. Ce qu'ils avaient à faire, ils l'apprirent seuls, sans maître. Sans aucun traité savant, Vénus remplit son doux office. L'oiseau a une femelle à aimer. Le poisson femelle trouve au milieu des eaux avec qui goûter la joie de s'unir. La biche recherche le mâle de sa race. Le serpent est tout entier à sa femelle. La chienne, après l'accouplement, reste attachée au chien. La brebis reçoit le mâle avec plaisir ; le taureau trouve aussi la génisse avec plaisir ; la chèvre camuse admet l'assaut de son mâle repoussant ; la jument entre en folie et va chercher dans des lieux éloignés l'étalon que des fleuves séparent d'elle.

Donc en avant, et, pour calmer la colère de ton amie, emploie ces remèdes énergiques. Seuls ils peuvent calmer son ressentiment cuisant. Ces remèdes l'emportent sur les sucs de Machaon[55] ; après ta faute, ils te feront rentrer en grâce.

***Se connaître pour savoir se faire valoir.*** Voilà ce que je chantais, lorsque Apollon m'apparut tout à coup ; il toucha de ses doigts les cordes de sa lyre d'or. Dans ses mains était un laurier ; du laurier ceignait sa tête sacrée. Le dieu-prophète bien reconnaissable m'aborde et me dit : « Précepteur de l'amour facile, conduis donc tes disciples dans mes temples ; ils y verront une inscription que la renommée a portée jusqu'aux extrémités de l'univers et qui ordonne à chacun de se connaître[56]. Seul celui qui se connaîtra sera sage dans ses amours et proportionnera les entreprises à ses forces. Si la nature lui a donné de beaux traits, c'est eux qu'il doit faire regarder ; s'il a une belle peau, il dormira souvent l'épaule découverte ; celui qui plaît dans la conversation évitera un morne silence ; celui qui sait chanter chantera ; celui qui sait boire boira. Mais que les beaux parleurs ne se mettent pas à déclamer dans une conversation ordinaire, ni les poètes extravagants à lire leurs vers. » Tels furent les conseils de Phébus : obéissez aux conseils de Phébus ! La bouche sacrée de ce dieu ne profère que des paroles infaillibles[57]. Je reviens à des choses plus terre à terre. Quiconque sera sage dans ses amours triomphera et obtiendra ce qu'il désire en se conformant à notre traité.

***Les tristesses de l'amour.*** Le sillon ne rend pas toujours avec usure ce qu'on lui a confié, et le vent ne favorise pas toujours le vaisseau dans sa course hasardeuse. Peu de plaisirs et plus de chagrins, voilà le lot des amants : qu'ils

55. Fils d'Esculape et frère de Podalire. Est ici le représentant des grands guérisseurs.
56. Allusion au *gnôthi scauton* (« connais-toi toi-même »).
57. Parce que c'est le dieu des oracles.

préparent leur âme à de nombreuses épreuves. Les lièvres que nourrit le mont Athos[58], les abeilles que nourrit le mont Hybla[59], les baies que porte l'arbre de Pallas[60] au feuillage bleuté, les coquillages du rivage ne sont pas aussi nombreux que les tourments de l'amour. Les traits que nous recevons sont abondamment trempés de fiel. On te dira que ta maîtresse est sortie, au moment où peut-être tu l'aperçois ; pense qu'elle est sortie et que tes yeux te trompent en l'apercevant. Elle t'a promis sa nuit et sa porte t'est fermée : supporte avec patience d'étendre ton corps même par terre dans la saleté. Peut-être une menteuse servante ira-t-elle jusqu'à dire d'un air insolent : « Pourquoi cet homme assiège-t-il notre porte ? » Suppliant, adresse des paroles caressantes aux battants et à la cruelle servante, ôte les roses qui sont sur ta tête[61] et pose-les sur le seuil[62]. Lorsqu'elle te voudra, tu viendras ; lorsqu'elle t'évitera, tu t'en iras ; un homme bien élevé ne doit pas être importun. Voudrais-tu forcer ton amie à dire : « Il n'y a donc pas moyen de s'en défaire ! » Ses sentiments ne te seront pas toujours contraires. Et n'aie pas honte de supporter les injures de ton amie, ses coups, et d'aller jusqu'à baiser ses pieds délicats.

***Conduite à tenir envers un rival : Mars, Vénus et Vulcain.*** Mais pourquoi m'arrêter à des détails ? Mon esprit brûle d'aborder des sujets plus importants. Je vais chanter de grandes choses. Peuple, prête-moi toute ton attention. Périlleuse est mon entreprise, mais, sans péril, pas de mérite. C'est un travail difficile que te demande notre traité. Souffre avec patience un rival ; la victoire sera de ton côté ; tu seras vainqueur dans l'art que pratique le grand Jupiter. Ce sont là, crois-le bien, les paroles, non pas d'un homme, mais des chênes grecs[63] ; mon traité ne peut rien offrir de plus important. Ton amie fera quelque signe à un rival ; supporte-le. Elle lui écrira : ne touche pas aux tablettes. Qu'elle vienne d'où elle voudra ; qu'elle aille où il lui plaira. Cette complaisance, des maris la témoignent à leur épouse légitime, lorsque, toi aussi, tendre Sommeil, tu viens jouer ton rôle. En cet art, je l'avoue, je ne suis pas versé. Qu'y faire ? Je suis moi-même au-dessous de mes avis. Quoi ! en ma présence, on fera des signes à mon amie, et je le souffrirai, et la colère ne me portera pas à quelque excès ! Je me souviens qu'un jour son amant lui avait donné des baisers ; j'ai fait une scène parce qu'il avait donné ces baisers ; notre amour regorge de barbarie ! Et ce n'est pas une seule fois que ce défaut m'a nui. Plus habile est l'amant qui présente lui-même les autres. Le mieux est de tout ignorer. Laisse-la cacher ses infidélités et ne la force pas à composer son visage pour échapper à la rougeur de l'aveu. Raison de plus, jeunes gens, pour éviter de surprendre vos maîtresses. Qu'elles vous trompent, et qu'en vous trompant

58. Le mont Athos, sur la pointe orientale de la péninsule de Chalcidique.
59. En Sicile, non loin de Syracuse ; célèbre dans l'Antiquité par son miel.
60. L'olivier.
61. Il a une couronne sur la tête parce qu'il vient d'un banquet.
62. Au lieu de les poser sur le seuil, quelquefois on les accrochait à la porte.
63. Les chênes de Dodone, qui passaient pour rendre des oracles.

elles pensent vous avoir payé des mots ! C'est faire croître l'amour de deux amants, que de les surprendre ; dès que leur sort est commun, ils persistent l'un et l'autre dans ce qui causa leur perte.

On raconte une histoire bien connue du ciel tout entier, celle de Mars et de Vénus surpris en flagrant délit grâce à la ruse de Vulcain. Le dieu Mars, épris d'une folle passion pour Vénus, de terrible guerrier était devenu un soupirant. Et la déesse ne se montra ni farouche ni cruelle aux prières du dieu qui préside aux combats : aussi bien aucune déesse n'est plus tendre. Combien de fois, dit-on, la folâtre tourna en ridicule la boiterie de son mari et ses mains durcies par le feu ou par son métier ! En même temps, elle contrefit Vulcain en présence de Mars : cela lui allait bien et sa beauté était assaisonnée de mille grâces. Mais, au début, ils avaient coutume de bien cacher leurs rendez-vous d'amour : leur passion coupable était pleine de réserve et de pudeur. Une dénonciation du Soleil (qui pourrait échapper aux regards du Soleil ?) fit connaître à Vulcain la conduite de son épouse. Quel fâcheux exemple tu donnes, Soleil ! Demande plutôt une récompense à Vénus. À toi aussi, comme prix de ton silence, elle aurait eu quelque chose à donner. Vulcain, autour du lit et au-dessus place des filets imperceptibles ; les yeux ne voient pas son œuvre ; il feint de se rendre à Lemnos[64] ; les amants viennent au rendez-vous ; tous deux, nus, sont enveloppés par le filet. Vulcain convoque les dieux pour le spectacle que leur offrent les prisonniers ; on pense que Vénus eut peine à retenir ses larmes. Les amants ne peuvent se voiler le visage, ni même couvrir de leurs mains les parties qu'on ne doit pas laisser voir. Alors l'un des dieux dit en riant : « Si ces chaînes te gênent, Mars, le plus courageux des dieux, passe-les-moi. » C'est à peine si tes prières, Neptune, obtinrent de Vulcain qu'il délivrât les corps captifs. Mars se retire en Thrace[65], Vénus à Paphos[66]. Après ton bel exploit, Vulcain, ce qu'ils cachaient auparavant, ils le font plus ouvertement, car ils ont banni toute honte. Souvent toutefois tu avoues que ta conduite a été stupide et imprudente, et l'on dit que tu te repens de ton stratagème.

Interdisez-vous une telle conduite : Dioné[67] surprise en flagrant délit vous interdit ces pièges dont elle eut à souffrir. Ne disposez pas de filet autour d'un rival et n'interceptez pas des lettres écrites secrètement. Laissez-les prendre, s'ils jugent seulement à propos de les prendre, laissez-les prendre aux hommes dont l'eau et le feu[68] feront des maris au sens légal. Je le proclame pour la seconde fois[69]. On ne badine pas ici sur ce que la loi défend. À nos jeux n'est mêlée aucune robe de matrone.

---

**64.** Où il était particulièrement adoré.
**65.** Où il habitait.
**66.** Où elle recevait un culte spécial.
**67.** Proprement la mère de Vénus ; Vénus par extension.
**68.** Lorsque la nouvelle épouse entrait à la maison, on lui présentait le feu et l'eau.
**69.** Comparez chant I, vers 31 et suivants.

***Discrétion absolue en amour.*** Qui oserait révéler aux profanes les mystères de Cérès[70] et les augustes cérémonies qu'on trouve à Samothrace[71] ? C'est un mince mérite que de garder un secret ; en revanche c'est une grave faute que de divulguer ce qu'on doit taire. C'est avec justice que l'indiscret Tantale essaye vainement de cueillir les fruits des arbres et sèche de soif au milieu des eaux. Cythérée surtout veut le secret sur son culte, je vous en avertis, pour que nul ne s'y fasse initier, s'il est bavard. Les mystères de Vénus ne sont pas renfermés dans des coffres ; ils ne s'accompagnent pas de coups frénétiquement frappés sur des cymbales[72] ; chacun de nous y prend part, oui ; mais chacun veut le faire en secret. Vénus même, lorsqu'elle quitte ses vêtements, se penche en avant et couvre de sa main ses charmes secrets. Les animaux s'unissent n'importe où, à la vue de tous ; devant ce spectacle, même si elle l'a déjà vu, la jeune fille détourne souvent ses regards. Ce qu'il faut pour nos rendez-vous, c'est une chambre bien close, et généralement nous couvrons d'un voile ce qu'il est indécent de montrer, et nous recherchons, sinon les ténèbres, du moins une demi-obscurité et quelque chose de moins clair que le grand jour. Dans le temps même où la tuile ne défendait pas encore du soleil et de la pluie, où le chêne fournissait l'abri et la nourriture, c'était dans les antres et les bosquets, non pas au grand jour que l'on s'unissait pour le plaisir ; tant cet âge encore grossier respectait la pudeur ! Mais aujourd'hui nous affichons nos exploits de la nuit et nous payons très cher quoi ? Le seul plaisir de parler. Aussi bien en tous lieux on détaille les charmes de toutes les femmes, pour dire au premier venu : « Celle-là aussi, je l'ai eue », pour en avoir toujours une à montrer du doigt, pour que toutes celles que tu auras touchées deviennent le sujet de laides conversations. Il y a plus encore : certains inventent des aventures qu'ils désavoueraient si elles étaient vraies, et, à les entendre, ils ont couché avec toutes les femmes. S'il leur est impossible de prendre la personne, ils s'en prennent à son nom, lorsqu'ils le peuvent, et la réputation est ternie, bien que le corps n'ait jamais été touché. Va maintenant, gardien que nous détestons, ferme bien la porte sur ta maîtresse, mets cent verrous à la porte solide. Où trouver une protection sûre, puisqu'il y a des gens qui violent les réputations et qui désirent faire croire à un bonheur qu'ils n'ont pas eu ? Pour nous, nous ne racontons qu'avec retenue nos succès, même réels ; nos larcins amoureux restent protégés par le mystère d'un silence impénétrable.

***Louer même les défauts de la femme aimée.*** Ne va pas surtout reprocher à une femme ses défauts physiques : combien d'amants se sont bien trouvés d'avoir dissimulé sur ce point ! Celui qui portait au pied des ailes rapides ne reprocha jamais à Andromède la couleur de son teint[73]. On s'accordait à

70. Les mystères d'Éleusis.
71. Les mystères des Kabires.
72. Instrument usité dans le culte de Cybèle.
73. Il s'agit de Persée et d'Andromède, qui était éthiopienne.

trouver Andromaque d'une taille excessive : un seul homme la jugeait de taille moyenne, Hector. Ce que tu as du mal à supporter, il faut t'y accoutumer ; tu le supporteras facilement ; l'habitude atténue bien des choses, tandis que l'amour naissant remarque tout. Cette branche, nouvellement greffée sous la verte écorce, va prendre ; elle est encore délicate ; que la plus légère brise la secoue ; elle tombera. Bientôt, fortifiée par le temps, elle résistera même au vent, et, arbre robuste, donnera des fruits adoptifs. La fuite des jours suffit à supprimer toutes les tares physiques, et ce qui était une défectuosité cesse de l'être avec le temps. Lorsqu'elles n'en ont pas l'habitude, les narines ne peuvent supporter le cuir de taureau ; avec le temps elles sont domptées et ne s'aperçoivent plus de l'odeur.

Des mots peuvent pallier les défauts : on appellera brune celle qui a le sang plus noir que la poix d'Illyrie. Louche-t-elle ? Elle est semblable à Vénus. A-t-elle les yeux jaunes ? À Minerve. Elle sera svelte, celle à qui sa maigreur laisse à peine un souffle de vie. Appelons agiles les petites, et bien prises les énormes. Bref, déguisons le défaut sous la qualité qui en est le plus voisine[74].

***L'âge.*** Ne t'informe pas de son âge, ni du consul sous lequel elle est née (c'est affaire au rigide censeur), surtout si elle n'est plus dans la fleur de la jeunesse, que sa meilleure saison soit passée et qu'elle s'arrache déjà des cheveux gris.

Jeunes gens, cet âge ou même un âge plus avancé n'est pas inutile : oui, ce champ qu'on dédaigne portera des moissons ; oui, ce champ est bon à ensemencer. Tandis que les forces ou les années le permettent, affrontez les fatigues ; bientôt, de son pas silencieux, viendra la vieillesse qui vous courbera. Fendez la mer avec vos rames, ou la terre de votre charrue, ou bien chargez vos mains belliqueuses d'armes meurtrières, ou bien consacrez aux femmes votre vigueur virile et vos soins. Ce dernier parti est aussi un service militaire ; ce dernier parti rapporte aussi des richesses.

Ajoutez [qu'à cet âge] les femmes sont plus savantes en [l'amoureux] travail, et qu'elles possèdent l'expérience, qui seule fait les artistes. Par des soins elles compensent les outrages des ans ; elles font attention à ne pas paraître vieilles femmes ; suivant ta fantaisie, elles se prêteront, pour l'amour, à mille attitudes ; nul recueil de peintures n'a imaginé plus de poses diverses. Chez elle le plaisir naît sans provocation artificielle ; pour qu'il soit vraiment agréable, il faut que la femme et l'homme y prennent part également. Je hais les étreintes qui ne comblent pas les deux amants (voilà pourquoi je trouve moins d'attraits à aimer des garçons). Je hais la femme qui se livre parce qu'elle doit se livrer, et qui, n'éprouvant rien, songe à son tricot. Le plaisir qu'on m'accorde par devoir ne m'est pas agréable ; je ne veux pas de devoir chez une femme. Je veux entendre des paroles avouant la joie qu'elle éprouve ; qu'elle me demande d'aller moins vite et de me retenir. Que je voie les yeux vaincus d'une maîtresse qui se pâme et qui, abattue, ne veut plus, de longtemps, qu'on la touche.

**74.** Allusion au célèbre passage de Lucrèce (livre IV, vers 1160-1170).

Ces avantages, la nature ne les a pas accordés à la première jeunesse ; ils ne se rencontrent ordinairement que tout de suite après sept lustres révolus. Que les gens pressés boivent du vin nouveau ; pour moi, qu'une amphore remplie sous les consuls d'il y a longtemps me verse un vin fait par nos aïeux. Le platane ne peut résister à Phébus qu'après un long temps, et des prairies nouvellement fauchées blessent les pieds nus. Quoi ! tu pourrais préférer Hermione à Hélène[75], et Gorgé était mieux que sa mère[76] ? Dans tous les cas, si tu veux t'adresser à Vénus mûre, pour peu que tu persévères, tu en seras dignement récompensé.

***Pratique des choses de l'amour.*** Mais voici qu'un lit complice a reçu deux amants : arrête-toi, Muse, à la porte close de leur chambre. Tout seuls, sans ton concours, les mots viendront en foule, et, dans le lit, la main gauche ne restera pas inactive. Les doigts trouveront à s'occuper du côté où mystérieusement l'Amour plonge ses traits. C'est ainsi qu'à l'égard d'Andromaque en usait d'abord le très vaillant Hector, et ce n'est pas seulement dans les combats guerriers qu'il était bon. C'est ainsi que, lui aussi, à l'égard de sa captive de Lyrnesse[77] en usait le grand Achille, lorsque, fatigué de la guerre, il reposait sur une couche moelleuse. Ces mains, Briséis, tu souffrais qu'elles te touchent, et pourtant elles étaient toujours teintes du sang phrygien. Ou bien, voluptueuse, ce qui te plaisait, n'était-ce pas justement de sentir sur ton corps ces mains victorieuses ?

Crois-moi, il ne faut pas hâter le terme de la volupté, mais y arriver insensiblement après des retards qui la diffèrent. Quand tu auras trouvé les endroits que la femme aime à sentir caressés la pudeur ne doit pas t'empêcher de les caresser. Tu verras les yeux de ton amie briller d'un éclat tremblant, comme il arrive souvent aux rayons du soleil reflétés par une eau transparente. Puis viendront des plaintes, viendra un tendre murmure et de doux gémissements et les paroles qui conviennent à l'amour. Mais ne va pas, déployant plus de voiles que ton amie, la laisser en arrière, ou lui permettre de te devancer dans ta course. Hâtez-vous de conserve vers la borne ; c'est le comble de la volupté, lorsque, vaincus tous deux, femme et homme demeurent étendus sans force. Voilà la conduite là suivre, lorsque le loisir te laisse toute liberté, et que la crainte ne te contraint pas à hâter le larcin d'amour. Lorsqu'il y aurait danger à tarder, il est utile de te pencher de toute ta force sur les rames et de donner l'éperon à ton coursier lancé à toute allure.

***Conclusion et transition au livre III.*** Je touche au terme de mon ouvrage ; accordez-moi la palme, jeunesse reconnaissante, et sur ma chevelure parfumée posez une couronne de myrte[78]. Ce qu'était chez les Grecs Podalire pour l'art de guérir, le petit-fils d'Eaque pour la valeur, Nestor pour la prudence, ce qu'était

**75.** Sa mère.
**76.** Althée.
**77.** *Cf.* note 49, page 195.
**78.** La plante de Vénus.

Calchas pour les entrailles[79], le fils de Télamon[80] pour l'adresse aux armes, Automédon pour conduire les chars, je le suis, moi, comme expert en amour. Hommes, célébrez votre poète ; décernez-moi des louanges ; que mon nom soit chanté dans le monde entier. Je vous ai fourni des armes ; Vulcain en avait fourni à Achille ; que mes présents vous donnent la victoire, comme ils la lui ont donnée. Mais que tous ceux qui, grâce au glaive reçu de moi, triompheront d'une Amazone, inscrivent sur les dépouilles : « Ovide était mon maître. »

Mais voici que les tendres jeunes filles me demandent des préceptes : vous serez dans un instant le sujet de mon livre.

79. C'est-à-dire pour l'art de la divination.
80. Ajax.

## Livre III

*Objet de ce livre.* J'ai donné des armes aux Grecs contre les Amazones : il me reste maintenant, Penthésilée[1], à donner aussi des armes à toi et à tes escadrons. Marchez au combat à armes égales ; que la victoire demeure à ceux que favoriseront la bienfaisante Dioné[2] et l'enfant qui survole l'univers entier. Il n'était pas juste que vous vous mesuriez, nues, à des ennemis armés : pour vous aussi, hommes, il serait honteux de vaincre dans ces conditions.

Peut-être, dans le nombre, un homme viendra-t-il me dire : « Pourquoi fournir aux serpents un nouveau venin et ouvrir le bercail à la louve enragée ? » Gardez-vous d'étendre à toutes les femmes l'accusation qui pèse sur quelques-unes ; que chacune d'elles soit jugée selon ses œuvres. Le plus jeune des Atrides et l'aîné peuvent diriger une lourde accusation, l'un contre Hélène, l'autre contre la sœur d'Hélène ; le crime d'Eryphile, fille de Talaos, a précipité aux rives du Styx le fils d'Oïklès vivant et sur ses chevaux vivants. Mais Pénélope resta fidèle durant les deux lustres où son époux erra sur les mers et les deux lustres où il fit la guerre. Pense au petit-fils de Phylakos, et à celle qui, dit-on, l'accompagna et mourut avant son temps. La Pagaséenne racheta la vie de son mari, le fils de Phérès, et, au lieu de l'époux, c'est la femme qui fut portée au tombeau de cet époux. « Reçois-moi, Capanée ; nos cendres seront mêlées », dit Iphias, et elle s'élança au milieu du bûcher[3].

La vertu, elle aussi, est femme par sa parure et son nom ; est-il étonnant qu'elle plaise à son sexe ? Toutefois ce n'est pas à de pareilles âmes que l'on me demande d'adresser mon traité ; à ma barque conviennent des voiles plus petites. Je n'enseigne que des amours légères. Je vais apprendre aux femmes comment elles se font aimer.

La femme ne sait pas écarter les feux et les flèches cruelles de l'Amour ; je constate que ces traits sont moins redoutables aux hommes. Les hommes trompent souvent, les femmes, sexe délicat, peu souvent, et, en cherchant bien, il n'y a guère de perfidies à leur reprocher. La femme née au bord du Phase[4], déjà mère, fut trompée et renvoyée par Jason : le fils d'Eson reçut dans ses bras une nouvelle épouse. Il ne tint pas à toi, Thésée, qu'Ariane, abandonnée seule en des lieux qu'elle ne connaissait pas, ne servit de pâture aux oiseaux marins. Cherche pourquoi une route est appelée « Neuf Routes » ; la réponse c'est que les bois ont pleuré Phyllis, en laissant tomber leur chevelure sur son

1. Reine des Amazones.
2. La mère de Vénus, par extension Vénus.
3. Tous ces exemples sont empruntés à la Fable : la sœur d'Hélène est Clytemnestre ; le fils d'Oïklès, Amphiaraos ; le petit-fils de Phylakos, Protésilas ; le fils de Phérès, Admète, époux d'Alceste la Thessalienne (Pagase est un port de Thessalie) ; Capanée, un des sept chefs devant Thèbes, foudroyé par Jupiter.
4. Médée.

tombeau[5]. Ton hôte a la réputation d'un homme pieux ; cependant, Elissa, c'est de lui que te vinrent l'épée et la cause de ta mort[6]. Ce qui a causé votre perte, je vais vous le dire : vous ne saviez pas aimer. L'art vous manquait et c'est l'art qui fait durer l'amour. Maintenant elles ne sauraient pas davantage, mais la déesse de Cythère me prescrivit de donner mes leçons et se dressa en personne devant mes yeux : « Qu'ont donc fait les malheureuses femmes ? On les livre, troupeau sans armes, aux hommes bien armés. Ceux-là, deux livres les ont rendus maîtres dans l'art d'aimer ; il faut que mon sexe, à son tour, soit instruit par tes leçons. Celui qui avait commencé par verser l'opprobre sur l'épouse née à Thérapné[7] chanta ensuite ses louanges dans un poème plus heureux. Si je te connais bien, toi qui as aimé les femmes, ne leur fais pas de tort. Ta récompense de ce service, tu pourras la réclamer ta vie durant. » Elle dit, et du myrte qui la couronnait lorsqu'elle s'était dressée devant moi, elle me donna une feuille et quelques grains. En les recevant, je sentis encore sa divinité : l'air fut plus brillant et plus pur et la charge de travail ne pesa plus du tout sur mon cœur.

Tandis que Vénus m'inspire, cherchez ici des leçons, ô femmes ! Je parle des femmes que la pudeur, les lois et leur condition autorisent à puiser ici. Dès à présent, songez à la vieillesse qui viendra : ainsi vous ne laisserez passer aucun moment sans en profiter. Pendant que vous le pouvez, et que vous êtes encore au printemps de la vie, amusez-vous ; les années s'en vont comme une eau qui s'écoule ; ni l'onde qui a passé ne remontera jusqu'à sa source ; ni l'heure qui a passé ne peut revenir. Il faut profiter de son âge ; il fuit d'un pied rapide, cet âge, et tout heureux qu'il soit, il est moins heureux que celui qui l'a précédé. À la place où vont ces broussailles flétries, j'ai vu fleurir des violettes ; ce buisson épineux m'a fourni jadis d'agréables couronnes. Un temps viendra où, toi qui laisses aujourd'hui les amoureux dehors, vieille et abandonnée tu seras seule la nuit sur ta couche froide. Ta porte ne sera pas brisée dans une querelle nocturne, et, le matin, tu n'en trouveras pas le seuil jonché de roses. Si rapidement, hélas ! la peau se relâche et forme des rides, pendant que disparaît la belle carnation d'un gracieux visage ; ces cheveux blancs dont tu jures que tu les avais déjà lorsque tu étais jeune fille, brusquement, couvriront toute ta tête. Les serpents, en quittant leur mince peau, se dépouillent de leur vieillesse, et le cerf n'est pas plus vieux quand son bois tombe ; mais nous c'est sans recours que disparaissent nos avantages : cueillez la fleur, car, si elle n'est pas cueillie, elle se flétrira et tombera d'elle-même. De plus les enfantements font vieillir plus vite : des moissons répétées vieillissent un champ.

Lune, tu n'as pas à rougir d'Endymion ni du Latmos, et Céphale n'est pas une conquête honteuse pour la déesse aux doigts de rose, et Vénus, sans parler

5. Phyllis avait été neuf fois au-devant de Démophoon.
6. Allusion à la légende de Didon et d'Énée.
7. Allusion à la palinodie de Stésichore, à propos d'Hélène, née à Thérapné, ville du Péloponèse.

d'Adonis, qu'elle ne cesse de pleurer, d'où lui sont venus Enée et Harmonie, ses enfants ? Suivez, mortelles, l'exemple des déesses et ne refusez pas aux désirs de vos amants les joies que vous pouvez leur donner.

En admettant qu'ils vous trompent, que perdez-vous ? Tout ce que vous avez vous reste. Mille hommes peuvent avoir vos charmes à leur disposition ; ils ne leur enlèvent rien. À l'usage le fer s'use et la pierre s'amincit ; mais la chose dont je parle résiste à tout et n'a pas à craindre le moindre dommage. Qui refuserait de laisser prendre de la lumière à la lumière ? Qui économiserait de l'océan profond l'immensité des eaux ? Et cependant il y aurait une femme pour répondre à un homme : « Pas moyen. » Quoi ? Que perds-tu ? L'eau que tu prends pour te laver. D'ailleurs ma voix ne vous conseille pas de vous livrer à tout venant, mais vous demande de ne pas redouter une perte imaginaire : vous ne perdez rien en vous donnant.

Plus tard il me faudra le souffle d'un vent plus puissant ; tant que je suis dans le port, qu'une brise légère me pousse en avant !

***Les soins de la personne.*** Je commence par les soins de la personne : ce sont les vignes soignées qui donnent Liber[8] en abondance ; sur un sol cultivé se dressent de hautes moissons. La beauté est un présent de la divinité ; mais combien peuvent s'enorgueillir de leur beauté ! La plupart de vous n'ont pas reçu ce présent. Des soins donneront un joli visage ; un joli visage négligé se perdra, fût-il semblable à celui de la déesse d'Idalie[9]. Si les femmes, autrefois, n'ont pas donné tous ces soins à leur corps, c'est que, autrefois, leurs maris non plus ne prenaient pas tous ces soins. Si la tunique qui couvrait Andromaque était de toile grossière, faut-il s'en étonner ? Son époux n'était qu'un rude soldat. Voit-on la femme d'Ajax se présenter richement parée à un époux, dont le bouclier était formé de sept peaux de bœuf ? Jadis régnait une simplicité grossière ; maintenant Rome est resplendissante d'or et possède les immenses richesses du monde qu'elle a dompté. Vois le Capitole d'aujourd'hui et celui d'autrefois ; on dirait qu'il était consacré à un autre Jupiter. Aujourd'hui la Curie est vraiment digne d'une si noble assemblée : elle était de chaume, quand le roi Tatius exerçait le pouvoir. Le Palatin, qui resplendit maintenant[10], sous la protection d'Apollon et de nos chefs, qu'était-ce alors ? Un pâturage pour des bœufs de labour. Que d'autres donnent leurs sympathies au passé ! Moi je me félicite de n'être venu au monde que maintenant. Ce temps est tout fait pour mes mœurs. Est-ce parce que, de nos jours, on arrache de la terre l'or malléable, qu'on fait venir de divers rivages des coquillages choisis, que nous voyons décroître les montagnes à force d'en extraire du marbre, et que nos môles mettent en fuite les flots bleus ? Non, c'est que l'on a soin de soi, et notre temps ne connaît plus cette rusticité qui survécut longtemps à nos

8. Liber, dieu italique de la vigne.
9. Vénus, adorée spécialement dans cette ville de Crète.
10. Le Palatin avait toujours été sous la protection d'Apollon.

premiers aïeux. Mais n'allez pas non plus charger vos oreilles de ces pierres de grand prix, que le noir Indien[11] recueille dans l'eau verte, et ne vous montrez pas alourdies par des vêtements tout cousus d'or. Ce faste, par lequel vous voulez nous séduire, souvent nous met en fuite.

***La coiffure.*** C'est l'élégance qui nous charme. Que votre coiffure ne soit pas en désordre. Les mains de la coiffeuse donnent la beauté ou la refusent. Il est plusieurs manières d'arranger vos cheveux ; une femme doit choisir celle qui lui sied le mieux, et, avant tout, consulter son miroir. Un visage allongé demande des cheveux séparés sur le front et sans aucun ornement : telle était la coiffure de Laodamie. Les relever en un petit chignon au-dessus du front, de manière à dégager les oreilles, voilà ce que veut une figure ronde. Telle jeune femme laissera flotter ses cheveux sur ses épaules, semblable à toi, Phébus harmonieux, lorsque ta main saisit ta lyre. Qu'une autre les noue par derrière, comme le fait habituellement Diane, lorsque, la tunique courte et relevée, elle poursuit le gibier effrayé. Des cheveux bouffants et libres conviennent à l'une, l'autre resserrera strictement ses boucles. Il faut à celle-là l'ornement d'un peigne de Cyllène[12] ; celle-ci veut des ondulations semblables aux flots de la mer. Mais on ne dénombrera pas plus les glands d'un chêne touffu, les abeilles de l'Hybla[13], le gibier des Alpes, que moi je ne puis fixer le nombre des genres de coiffure. Chaque jour ajoute un arrangement nouveau. Une coiffure négligée sied également à plus d'une, que l'on croirait souvent coiffée de la veille et qui vient de se recoiffer. L'art ne fait qu'imiter le hasard. Telle, dans la ville prise d'assaut, Iole s'offrit aux regards d'Hercule, qui dit aussitôt : « C'est elle que j'aime ». Ainsi étais-tu, fille de Gnose[14], abandonnée, lorsque Bacchus t'enleva sur son char, aux cris « Evohé », que poussaient les Satyres.

Combien la nature est secourable à vos charmes, puisque vous avez mille moyens d'en réparer les outrages ! Nous, les hommes, nous nous déplumons fâcheusement et nos cheveux, emportés par l'âge, tombent comme les feuilles de l'arbre que secoue l'Aquilon. La femme, elle, teint ses cheveux blancs avec des herbes de Germanie et leur procure artificiellement une nuance plus séante que la couleur naturelle. La femme, elle, s'avance parée d'une très épaisse chevelure qu'elle a achetée, et, à prix d'argent, les cheveux d'une autre deviennent les siens. Et elle ne rougit pas d'en faire ouvertement l'achat : on les vend sous les yeux d'Hercule et du chœur des Muses[15].

***Le vêtement.*** Que dirai-je du vêtement ? Et par là je n'entends ni la passementerie d'or, ni toi, laine, rougie dans la pourpre de Tyr. Alors qu'on trouve tant de couleurs d'un prix moins élevé, quelle folie de porter sur soi

**11.** Il s'agit en réalité des Éthiopiens.
**12.** Cyllène est une ville d'Arcadie : c'est avec la carapace d'une tortue de Cyllène, qu'Hermès fit pour la première fois une lyre.
**13.** Montagne de Sicile.
**14.** Ariane. Son père Minos habitait Gnose.
**15.** Allusion à un temple situé au champ de Mars.

toute sa fortune ! Voici la couleur de l'air, lorsque l'air est sans nuages et que le tiède vent d'ouest n'amène pas la pluie. En voici une semblable à ta laine, toi qui, dit-on, permis autrefois à Phrixos et à Hellé d'échapper aux artifices d'Ino[16]. Celle-ci imite l'eau de mer et c'est l'eau de mer qui lui a donné son nom[17] ; je croirais volontiers que c'est la robe des Nymphes. Celle-là reproduit le safran (c'est d'un vêtement de safran que se couvre la déesse qui répand la rosée, lorsqu'elle attelle ses chevaux), une autre les myrtes de Paphos, une troisième l'améthyste violette ou les roses pâlissantes ou la grue de Thrace. Nous avons aussi celle des glands que tu aimes, Amaryllis[18], celle des amandes ; la cire a donné son nom à une étoffe. Autant la terre à son renouveau produit de fleurs, lorsque la tiédeur du printemps fait sortir les bourgeons de la vigne et chasse l'hiver qui engourdit tout, autant de teintes, ou plus encore, dont s'imprègne la laine. Entre elles choisis avec soin ! Car toutes ne conviennent pas à toutes les femmes. Le noir va bien à un teint de neige ; à Briséis, le noir allait bien, et, lorsqu'elle fut enlevée, c'est justement de noir qu'elle était vêtue. Le blanc va bien aux brunes : une robe blanche te rendait plus séduisante, fille de Céphée[19], et telle était la couleur de tes vêtements lorsque tu descendis dans l'île de Sériphos.

***Autres moyens d'être belle.*** J'ai été sur le point de vous avertir qu'un bouc farouche ne devait pas loger sous vos aisselles et que vos jambes ne devaient pas être hérissées de poils rudes. Mais mes leçons ne s'adressent pas aux filles qui vivent sur les rochers du Caucase ou qui boivent tes eaux, Caïque de Mysie. Ce serait comme vous recommander de ne point laisser, par négligence, noircir vos dents et de vous laver, chaque matin, le visage à votre table de toilette.

Vous savez aussi vous donner un teint éclatant en appliquant du fard ; celle dont le sang ne fait pas rougir naturellement la peau la fait rougir artificiellement. Vous savez remplir artificiellement l'intervalle qui sépare les sourcils et le cosmétique voile le teint naturel de vos joues. Et vous ne rougissez pas de marquer le tour des yeux avec de la cendre fine ou avec le safran qui naît sur tes rives, limpide Cydnus.

Sur les moyens de vous embellir j'ai composé un traité[20] ; il est court, mais c'est une œuvre importante par le soin que j'y ai donné. Vous pourrez y chercher également des secours contre les outrages faits à votre figure : rien de ce qui vous intéresse ne laisse mon art indifférent.

***Ne pas se laisser voir à la toilette.*** Mais que votre amant ne vous surprenne pas avec vos boîtes étalées sur la table : l'art n'embellit la figure que s'il ne se montre pas. Qui pourrait, sans dégoût, voir la lie de vin qui enduit tout votre

**16.** Elle avait voulu faire périr Phrixos et Hellé, enfants d'un premier lit de son mari. Un bélier, envoyé par leur mère, les sauva.
**17.** Il s'agit de l'étoffe appelée cumatile, du grec *cuma* : « mer ».
**18.** *Cf.* note 38, page 192.
**19.** Andromède.
**20.** Le *Medicamina faciei femineæ*, dont nous avons une centaine de vers.

visage, couler, entraînée par son poids, sur votre sein tiède ? Quelle odeur que celle du fard à base de suint, quoiqu'on fasse venir d'Athènes ce suc extrait de la toison non lavée des brebis ! Je ne vous conseillerais pas davantage d'employer devant d'autres personnes le mélange de moelles de biche, et de vous nettoyer les dents devant d'autres personnes. Ces apprêts vous donneront des charmes, mais le spectacle en est désagréable ; que de choses dégoûtent pendant qu'on les fait et plaisent quand elles sont faites ! Voyez aujourd'hui ces statues, signées du laborieux Myron : elles ne furent un jour qu'un bloc informe, qu'une grossière masse de métal. Pour faire un anneau, il faut commencer par battre l'or ; les vêtements que vous portez ont été une laine malpropre. Ce marbre, lorsqu'on le travaillait, était une pierre rugueuse ; mais aujourd'hui, statue célèbre, il est Vénus nue, exprimant l'eau de ses cheveux humides[21]. De même toi, pendant que tu cultives ta beauté, nous pourrions croire que tu dors : tu paraîtras avec plus d'avantage, quand tu y auras mis la dernière main. Pourquoi saurais-je à quoi est due la blancheur éclatante de ton visage ? Ferme la porte de ta chambre à coucher. Pourquoi montrer un ouvrage imparfait ? Il y a bien des choses qu'il convient que l'homme ignore. Presque tous les dehors nous choqueraient, si nous voyions ce qu'il y a dessous. Les décors dorés qui ornent la scène, examine-les ; quelle mince feuille de métal sur du bois ! Mais on ne permet au public d'en approcher que lorsqu'ils sont terminés ; de même c'est en l'absence des hommes qu'il faut vous faire une beauté.

Cependant je ne vous défends pas de faire peigner vos cheveux en leur présence, pour qu'ils les voient flotter sur vos épaules. Mais surtout gardez-vous alors de toute mauvaise humeur et ne vous faites pas, à plusieurs reprises, recoiffer et décoiffer. Que la coiffeuse n'ait rien à craindre de vous : je hais les femmes qui lui déchirent la figure avec leurs ongles ou qui prennent une épingle à cheveux et la lui enfoncent dans le bras. Elle dévoue aux yeux infernaux la tête de sa maîtresse, tête qu'elle tient entre ses mains ; en même temps, couverte de sang, elle laisse tomber ses larmes sur cette odieuse chevelure. La femme qui n'a pas à se louer de sa chevelure doit mettre une sentinelle à sa porte ou se faire toujours coiffer dans le temple de la Bonne Déesse[22]. On avait annoncé à une belle mon arrivée inattendue : dans son trouble elle mit sa perruque de travers. Que nos ennemis [seuls] connaissent un motif aussi honteux de rougir ! Que les filles du Parthe éprouvent cet opprobre ! C'est chose hideuse qu'un bœuf sans cornes, qu'un champ sans verdure, qu'un buisson sans feuillage et qu'une tête sans cheveux.

***Moyens de remédier aux défectuosités physiques.*** Ce n'est pas vous qui êtes venues recevoir mes leçons, Sémélé[23] ou Léda, ou toi, Sidonienne, qu'un faux

21. La Vénus Anadyomène.
22. Où les hommes n'étaient pas admis.
23. Jupiter avait aimé Sémélé, Léda et Europe : cette dernière est appelée Sidonienne, parce qu'elle était la fille d'un roi de Phénicie et que Sidon était la ville la plus ancienne de ce pays.

taureau transporta au-delà des mers, ou Hélène, que tu réclames avec raison, Ménélas, et qu'avec raison aussi tu gardes, Troyen qui l'as enlevée. Celles qui viennent recevoir mes leçons, c'est la foule, mélange de jolies et de laides, et il y a plus de laideurs que de beautés ! Les belles ne réclament pas le secours de mon traité et ses préceptes ; elles ont à elles leur beauté qui n'a pas besoin de l'art pour exercer sa puissance. Lorsque la mer est calme, le pilote se repose en toute sécurité ; se gonfle-t-elle, il ne quitte plus ses moyens de secours[24].

Cependant il est rare qu'une figure soit sans défaut : cachez ces défauts, et, autant que possible, dissimulez vos imperfections physiques. Si tu es petite, assieds-toi, de peur que, debout, on ne te croie assise, et étends ta menue personne sur le lit ; même là, couchée, pour qu'on ne puisse juger de ta taille, jette sur toi une robe qui cache tes pieds. Trop mince, habille-toi de vêtements en tissu qui étoffe ; qu'un large manteau pende de tes épaules. As-tu le teint pâle ? Porte des vêtements rayés de couleurs éclatantes. Trop brun ? Emprunte le secours des blancs tissus de Pharos[25]. Un pied difforme doit toujours se cacher dans une chaussure blanche en cuir fin ; qu'une jambe sèche ne se montre jamais sans lacets. De minces coussinets conviennent aux épaules saillantes ; qu'un corset ceigne une poitrine plate. Accompagnez vos paroles de gestes rares et menus, si vos doigts sont gros et vos ongles peu polis. Celle qui a l'haleine forte doit ne jamais parler à jeun, et se tenir toujours à distance de l'homme auquel elle s'adresse. Si tes dents sont noires, trop longues ou mal rangées, tu te feras beaucoup de tort en riant.

***Autres artifices.*** Qui le croirait ? Les femmes apprennent même à rire et elles acquièrent ainsi un charme de plus. Ouvrez modérément la bouche : que les coins de votre bouche soient peu écartés par le rire et que le bord des lèvres ne laisse pas voir le haut des dents. Que le ventre ne se fatigue pas en un rire perpétuel, mais que ce rire sonne léger et digne d'une femme ! Il est des femmes dont les éclats de rire leur tordent la bouche d'une façon déplaisante ; une autre rit aux éclats et elle a l'air de pleurer. Le rire d'une troisième sonne rauque et désagréable ; tel le braiment d'une vieille ânesse qui tourne la meule rugueuse.

Jusqu'où l'art ne s'étend-il pas ? Les femmes apprennent à pleurer comme il faut ; elles versent des larmes quand et comme elles veulent.

Et que dire de celles qui altèrent la prononciation correcte d'une lettre, et qui forcent leur langue à bégayer sur un son ? C'est un charme en elles que le défaut de mal articuler certains mots : elles apprennent à pouvoir parler moins bien qu'elles ne le pouvaient.

Tous ces artifices sont utiles : donnez-y votre attention. Apprenez à marcher comme il sied à une femme. Il y a dans la démarche aussi une part de charme qui n'est pas à dédaigner : elle attire ou fait fuir un homme qui ne vous connaît

24. Ovide veut dire qu'il ne quitte plus le gouvernail.
25. C'est-à-dire fabriqués en Égypte. Ils étaient réputés dans l'Antiquité.

pas. L'une, par un mouvement de hanches étudié, fait flotter sa robe au gré des vents et porte majestueusement le pied en avant. Cette autre, semblable à la femme rougeaude d'un Ombrien[26], marche en écartant les jambes et en faisant des pas énormes. Mais en cela, comme en bien d'autres choses, il est une mesure à garder. De ces démarches, l'une sent la campagne, l'autre est plus relâchée qu'il ne convient.

De toute façon laissez à découvert, du côté gauche, l'extrémité de l'épaule et le haut du bras. Cela sied surtout à une peau blanche comme neige : cette vue me donne envie de couvrir de baisers tout ce que je vois de l'épaule.

***La voix.*** Les Sirènes étaient des monstres marins, dont la voix mélodieuse arrêtait les vaisseaux dans leur course, si rapide fût-elle. Le fils de Sisyphe[27], en les entendant, fut sur le point de rompre les liens qui l'attachaient ; car ses compagnons avaient l'oreille bouchée de cire. C'est un charme qu'une voix mélodieuse : que les jeunes filles apprennent à chanter (à défaut de beauté, beaucoup de femmes ont eu leur voix comme entremetteuse) et qu'elles répètent tantôt les airs entendus dans nos théâtres de marbre, tantôt des chants du Nil avec leur rythme. Les femmes qui suivront mes conseils ne doivent pas ignorer l'art de tenir le plectre de la main droite et la cithare de la main gauche. Orphée, le chantre du mont Rhodope[28], sut émouvoir par les sons de sa lyre les rochers, les bêtes féroces, les lacs du Tartare et le chien à la triple tête. À tes chants, très juste vengeur de ta mère[29], les pierres vinrent docilement former des murailles neuves. Quoique muet, un poisson fût, dit-on, sensible à des chants et aux accents de la lyre, si l'on en croit l'histoire bien connue d'Arion. Apprends également à parcourir légèrement de tes deux mains, le nable[30], cet instrument joyeux : il convient aux doux ébats.

***Connaître les poésies élégiaques.*** Connaissez les poésies de Callimaque, celles du poète de Cos[31] et celles du vieillard de Téos[32], ami du vin. Connaissez également Sapho (est-il rien de plus voluptueux que ses vers ?) et le poète qui nous représente un père dupé par les artifices du fourbe Géta[33]. Vous pouvez avoir lu aussi les vers du tendre Properce, quelque chose de Gallus, ou tes œuvres, Tibulle, et la célèbre toison aux poils d'or, chantée par Varron[34], toison si fatale, Phrixus[35], à ta sœur, et les voyages d'Enée fugitif, l'origine de la

---

26. Les mœurs des Ombriens étaient restées grossières.
27. Ulysse, dont la mère avait subi les violences de Sisyphe.
28. Montagne de Thrace, pays d'où Orphée était originaire.
29. Amphion et son frère jumeau Zethos vengèrent leur mère Antiope des outrages de Lykos, leur oncle paternel.
30. Instrument à cordes d'origine phénicienne. Il avait dix ou douze cordes, que l'on touchait avec les deux mains.
31. Philétas, maître de Théocrite.
32. Anacréon.
33. Ovide pense sans doute à Ménandre.
34. Il s'agit de Varron d'Atax.
35. *Cf.* note 16, page 208.

haute Rome, chef-d'œuvre le plus éclatant qu'ait produit le Latium. Peut-être mon nom aussi sera-t-il mêlé au leur ; peut-être mes œuvres ne seront-elles pas englouties sous les eaux du Léthé, et quelqu'un dira-t-il : « si tu es vraiment une femme cultivée, lis ces vers où notre maître instruit les deux sexes[36], ou bien dans les trois livres, qu'il met sous l'invocation des Amours, choisis quelque poésie que tu liras d'une voix souple et tendre, ou bien déclame avec art l'une de ses lettres[37] : c'est un genre inconnu avant lui et qu'il a créé ». Que ce soit ta volonté, Phébus, et la vôtre, divinités sacrées qui protégez les poètes, Bacchus puissant dieu cornu[38], et vous, troupe des neuf Muses.

***Pratiquer la danse et les jeux.*** Je veux, cela on n'en doute pas, qu'une femme sache danser pour que, si on le demande, elle puisse, au sortir d'un festin, agiter les bras gracieusement. Les danseurs de ballet font au théâtre les délices des spectateurs, tant leurs mouvements ont de charme pour nous ! J'ai honte de donner des conseils de si mince importance : la femme doit connaître la valeur des osselets, et aussi votre signification, dès que l'on lance ; elle doit savoir tantôt lancer les trois cubes, tantôt décider à propos et avec habileté le point auquel il faut s'en tenir et celui qu'il faut demander[39]. Qu'elle livre avec prudence et méthode les combats des échecs : un pion contre deux ennemis succombe ; le roi, en échec, continue à combattre sans la reine, et, jaloux[40], est souvent obligé de revenir sur ses pas. Il y a un jeu, divisé par des lignes minces en autant de parties qu'il y a de mois dans l'année qui fuit si vite[41]. La table à jouer reçoit de chaque côté trois pions, et la victoire est à qui les amène le premier à l'autre extrémité[42].

Pratique mille jeux ; il est honteux qu'une femme ne sache pas jouer ; à la faveur du jeu souvent naît l'amour. Mais c'est la moindre des choses que de savoir bien lancer les dés : il est plus important d'être maître de soi. En jouant nous cessons d'être sur nos gardes ; la passion dévoile notre caractère et le jeu laisse voir notre âme à nu. On en arrive insensiblement à la colère, qui enlaidit, à la passion du gain, aux querelles, aux batailles, à l'amer ressentiment. On se fait des reproches ; des cris ébranlent l'air ; chacun invoque les dieux et les associe à sa colère. Plus de confiance entre les joueurs. Quels vœux ne forme-t-on pas pour gagner ! Souvent même j'ai vu les visages se mouiller de larmes. Puisse Jupiter vous préserver de défauts avilissants, femmes qui voulez plaire !

***Ne pas laisser ses charmes sous le boisseau.*** Tels sont, femmes, les jeux que votre nature délicate vous permet ; un champ plus vaste s'ouvre devant les hommes. Ils ont la balle rapide, le javelot, le disque, les armes et les évolutions

---

**36.** L'*Ars Amatoria* lui-même.
**37.** *Les Héroïdes.*
**38.** Les cornes sont un symbole de force.
**39.** Il fallait sans doute se rapprocher d'un point déterminé.
**40.** Parce que la reine est au pouvoir de l'adversaire.
**41.** C'est le ludus duodecim scriptorum.
**42.** Jeu différent du précédent, qui se jouait avec quinze pions.

du manège. À vous le Champ-de-Mars ne convient pas, à vous non plus l'onde virginale glacée[43], et le fleuve de Toscane[44] ne vous porte pas dans ses eaux paisibles. En revanche il vous est permis et il vous est utile de vous promener à l'ombre du Portique de Pompée, lorsque, au ciel les chevaux de la Vierge ont la tête brûlante[45]. Visitez sur le Palatin le temple de Phébus couronné de lauriers – c'est lui qui coula au fond de la mer les vaisseaux de Paraetonium[46], – ou les monuments qu'ont élevés la sœur et la femme de l'empereur, et de concert avec eux, son gendre, la tête ceinte de la couronne navale[47]. Visitez les autels où brûle l'encens offert à la génisse de Memphis[48]. Visitez les trois théâtres[49], si favorables pour se montrer. Allez voir l'arène encore marquée de sang tiède et la borne autour de laquelle doivent tourner les chars aux roues brûlantes.

Ce qui reste caché demeure inconnu ; ce qui est inconnu n'inspire aucun désir. On ne tire aucun parti d'un joli visage quand personne ne peut en juger. Par tes chants tu pourrais surpasser Thamyras et Amébée ; ta lyre, si les accents en demeurent inconnus, ne te procurera pas beaucoup d'avantages. Si le peintre de Cos, Apelle, n'avait pas exposé sa Vénus, elle serait encore plongée dans les eaux de la mer. Quelle est la seule ambition des poètes, ces chantres sacrés, sinon la gloire ? Ce souhait est le but dernier de nos travaux. Jadis les poètes étaient chers aux dieux et aux rois ; et les chœurs d'autrefois étaient comblés de récompenses ; aux poètes s'attachaient une majesté religieuse, de la vénération et souvent on leur donnait d'abondantes richesses. Ennius, né dans les montagnes de Calabre, fut jugé digne d'être enseveli près de toi, grand Scipion. Aujourd'hui le lierre poétique rampe sans prestige ; les travaux et les veilles consacrées aux doctes Muses reçoivent le nom d'oisiveté. Malgré cela nous aimons veiller dans l'espoir de la gloire. Qui connaîtrait Homère, si l'Iliade, cette œuvre immortelle, était restée ignorée ? Qui connaîtrait Danaé, si toujours enfermée dans sa tour, elle y était restée ignorée jusqu'à ce qu'elle fût devenue une vieille femme ?

La foule vous est utile, jeunes beautés. Portez souvent vos pas errants hors de chez vous. C'est vers une troupe de brebis que va la louve pour trouver une proie à saisir ; c'est vers une compagnie d'oiseaux que se jette en volant l'oiseau de Jupiter. Une belle femme doit aussi se montrer en public : dans le nombre elle trouvera peut-être quelqu'un qu'elle séduira. Que dans tous les endroits, avide de plaire, elle passe quelque temps, et qu'elle s'applique de toute son attention à faire valoir sa beauté. Le hasard joue partout son rôle :

**43.** L'Aqua Virgo qui amenait à Rome des eaux captées à l'est de la ville.
**44.** Le Tibre.
**45.** En août, quand le soleil est dans le signe de la Vierge.
**46.** Ville maritime de Libye. Allusion à la bataille d'Actium.
**47.** Allusion aux portiques de Livie, d'Octavie et des Argonautes, ce dernier bâti par Agrippa en souvenir de ses victoires navales sur Antoine (Actium) et sur Sextus Pompée.
**48.** Isis.
**49.** Les théâtres de Balbus, de Marcellus et de Pompée.

laisse toujours pendre l'hameçon, dans l'eau où tu crois le moins trouver de poisson, il y en aura. Souvent les chiens parcourent inutilement en tous sens les montagnes boisées, et, sans qu'on lui donne la chasse, le cerf vient se jeter dans les filets. La dernière chose que pouvait espérer Andromède, attachée sur son rocher, n'était-ce pas de voir ses larmes séduire quelqu'un ? C'est souvent aux funérailles d'un homme qu'on trouve un ami. Marcher les cheveux épars et donner libre cours à ses larmes sied bien à une femme.

***Évitez certaines catégories d'hommes.*** Mais évitez les hommes qui font étalage de leur élégance et de leur beauté et dont chaque cheveu a sa place assignée. Ce qu'ils vous disent, ils l'ont dit à mille autres : leur amour vagabond ne se fixe nulle part. Que peut faire une femme contre un homme plus licencieux qu'elle et qui a peut-être plus d'amants ? Vous aurez peine à me croire, croyez-moi tout de même. Troie subsisterait encore, si elle avait écouté les conseils de Priam, son roi[50]. Parmi ces hommes, il en est qui s'insinuent sous les dehors d'un amour mensonger, et qui, par cette voie, ne cherchent qu'un gain honteux. Ne vous laissez pas séduire par leurs cheveux tout brillants d'essence de nard, ou par le mince lacet de soulier méticuleusement disposé, ni tromper par leur toge du tissu le plus fin ou par les bagues qui chargent leurs doigts. Peut-être le plus élégant de la bande est-il un voleur et tout l'amour qui le consume s'adresse-t-il à tes robes. « Rends-moi mon bien », crient souvent les femmes ainsi dépouillées ; « rends-moi mon bien », reprend en écho tout le forum. De ton temple tout resplendissant d'or, tu vois ces débats sans être émue, ô Vénus, toi et les Appiades[51], tes voisines. Et il y a encore des séducteurs dont les noms sont notoirement décriés : aux femmes qui se laissent prendre par eux il n'est pas rare qu'on étende la fâcheuse réputation de leur amant.

Apprenez par les malheurs d'autrui à craindre le vôtre : que votre porte ne s'ouvre jamais à un suborneur. Gardez-vous, descendantes de Cécrops[52], de croire aux serments de Thésée ; ceux qu'il vous fera en prenant les dieux à témoin, il les a déjà faits. Et toi, Démophoon, héritier de Thésée et de sa perfidie, après avoir trompé Phyllis, tu ne peux plus inspirer confiance. Si vos amants vous font de belles promesses, que vos paroles leur retournent autant de promesses : s'ils donnent, donnez-leur à votre tour les faveurs convenues. Une femme est capable d'éteindre les feux éternels de Vesta, d'enlever de ton temple, ô fille d'Inachus[53], les objets sacrés, et de présenter à son époux de l'aconit mêlé à de la ciguë broyée, si, après avoir reçu des présents, elle refuse les joies de l'amour.

***Les lettres d'amour.*** Mais je veux serrer la borne de plus près ; Muse, retiens les rênes de tes coursiers, de peur qu'ils ne s'emportent et ne te renversent. Des

---

50. Ovide semble suivre ici une tradition différente de celle qui est généralement adoptée.
51. *Cf.* note 12, page 169.
52. Athéniennes.
53. Io, qui fut ensuite identifiée avec Isis.

mots tracés sur des tablettes de sapin viendront sonder le gué ; une adroite suivante recevra le billet ; lis-le avec attention ; les termes employés suffiront à te faire connaître si les vœux exprimés ne sont pas sincères ou s'ils partent d'un cœur épris. Attends un peu avant de répondre. L'attente aiguillonne toujours l'amour, si elle ne dure pas trop longtemps. Ne te montre pas trop facile aux demandes d'un soupirant, mais ne repousse pas durement sa requête. Fais en sorte qu'il craigne et qu'il espère en même temps, et qu'à chaque réponse son espoir soit mieux assuré et sa crainte moins forte. Les termes qu'emploient les femmes doivent être élégants, mais d'usage courant et sans recherche : rien ne plaît davantage que le ton ordinaire de la conversation. Que de fois un amoureux hésitant a trouvé dans une lettre une ardeur nouvelle ! Que de fois un langage barbare a fait tort à la plus rare beauté !

Mais puisque, sans porter la bandelette sacrée de l'épouse, vous avez comme des maris et voulez les tromper, ayez une servante ou un esclave dont la main discrète porte vos tablettes, et ne confiez pas ce gage de votre amour à un jeune esclave nouveau. Sans doute c'est être perfide que de conserver de tels gages, mais on possède une arme aussi puissante que les foudres de l'Etna. J'ai vu des jeunes femmes que la crainte d'une indiscrétion faisait pâlir, et qui, malheureuses, devaient supporter éternellement cet esclavage. On peut, selon moi, opposer la fourberie à la fourberie, et la loi permet de repousser les armes par les armes ; que la même main s'accoutume à varier son écriture de plusieurs manières (ah ! périssent ceux qui m'obligent à donner de tels avis !), et il n'est pas prudent de répondre sur les mêmes tablettes avant d'avoir bien gratté la cire, pour qu'elles ne gardent pas trace d'une double écriture. Lorsque vous écrivez à votre amant, ayez toujours l'air de vous adresser à une femme ; dans vos billets, dites « elle » où il faut « il ».

***L'expression du visage.*** Si de ces petits objets il est permis de ramener mon esprit à des objets plus importants, s'il est permis de voguer à pleines voiles sur une mer qui se creuse, il importe, pour ne pas se gâter les traits, de réprimer la violence des passions. La paix radieuse convient aux hommes, la colère farouche aux bêtes féroces. Dans la colère le visage se gonfle, un afflux de sang noircit les veines, les yeux s'allument d'un éclat plus violent que le feu des Gorgones[54]. « Loin d'ici, flûte ; tu ne vaux pas la peine que je te garde », dit Pallas en voyant ses traits dans l'eau[55]. Vous aussi, au milieu d'un accès de colère si vous regardiez votre miroir, c'est à peine si chacune de vous pourrait reconnaître ses traits. Il ne faut pas moins éviter un air d'arrogance qui vous serait dommageable ; c'est la douceur du regard qui doit provoquer l'amour. Croyez-en mon expérience, nous haïssons un air par trop méprisant. Souvent, sans parler, un visage porte en lui des germes de haine. Regarde celui qui te regarde. À un sourire engageant, réponds par un sourire engageant. Si l'on te

54. On sait que l'éclat de leurs regards était tel qu'il changeait en rocher ceux qui les fixaient.
55. Les traits défigurés par les mouvements de lèvres nécessaires pour jouer de la flûte.

fait un signe de tête, fais de ton côté un signe d'intelligence. C'est ainsi que, après s'être exercé avec des flèches émoussées, l'Enfant [Amour] tire de son carquois des flèches acérées. Nous haïssons aussi la tristesse. Qu'Ajax chérisse Tecmesse ! Pour nous, peuple enjoué, c'est une femme gaie qui nous séduit. Non, jamais, Andromaque, jamais, Tecmesse, je ne demanderais à l'une de vous d'être ma maîtresse. J'ai même peine à croire, bien que vos enfants me forcent à le croire, que vous ayez partagé la couche de vos maris. Comment une femme plongée dans la tristesse a-t-elle dit à Ajax : « Ô ma vie », et autres paroles qui sont ordinairement agréables aux hommes.

***Demande à chacun ce qu'il peut donner.*** Qui nous défend d'appliquer à des arts frivoles des exemples pris à un art plus important et de prononcer sans hésiter le nom de général ? Un bon général confie à l'un le cep de vigne du centurion, à un autre des cavaliers, à un troisième la garde des enseignes. Vous aussi, femmes, examinez à quel usage chacun de nous est propre et assignez à chacun l'emploi qui lui convient. L'homme riche fera des présents ; le jurisconsulte aidera de ses conseils ; l'avocat à la parole facile ira souvent plaider la cause de sa cliente ; nous qui faisons des vers, nous nous bornerons à envoyer des vers. Notre chœur, mieux que tous, sait aimer ; nous faisons retentir au loin l'éloge de la beauté qui nous a charmés. Le nom de Némésis[56] est célèbre ; celui de Cynthie est célèbre. L'Étoile du soir et les terres de l'Orient connaissent Lycoris[57], et souvent l'on demande qui est Corinne, que j'ai chantée[58]. Ajoute que les poètes, troupe sacrée, ont une âme qui ne connaît pas la perfidie et que notre art nous façonne à son image. Nous ne sommes tourmentés ni par l'ambition, ni par l'amour du gain ; dédaignant le forum, nous ne recherchons qu'un lit et le demi-jour[59]. Mais nous nous attachons facilement, nous brûlons d'un feu long et violent et nous savons aimer avec loyauté, trop de loyauté. Sans doute notre caractère est adouci par notre art paisible et notre manière d'être s'accorde à nos occupations. Aux poètes d'Aonie[60], soyez accueillantes, jeunes femmes, un souffle divin les anime, les Piérides[61] les favorisent, un dieu est en nous et nous avons commerce avec le ciel : ce sont les demeures éthérées qui nous envoient notre inspiration. Attendre de l'argent des doctes poètes est un crime ; hélas ! c'est un crime qu'aucune belle ne craint de commettre. Du moins sachez dissimuler et ne montrez pas au premier abord votre rapacité : à la vue du piège un nouvel amant reculera.

---

**56.** Chantées, la première par Tibulle, la seconde par Properce.
**57.** La bien-aimée de Gallus.
**58.** Dans *Les Amours*.
**59.** Il s'agit du lit de repos pour travailler et du silence du cabinet. Mais les mots ont un double sens.
**60.** Parce que l'Hélicon, séjour des Muses, est en Aonie (Boétie).
**61.** Le mont Piérus était consacré aux Muses.

***Ne pas traiter de la même façon un novice et un homme plus expérimenté.*** Mais un écuyer emploiera un mors tout différent avec un cheval qui connaît la bride depuis peu de temps et avec un cheval bien dressé. De même, pour séduire un cœur assagi par les années et une verte jeunesse, vous ne suivrez pas la même voie. Ce novice, qui fréquente pour la première fois le camp de l'amour, proie toute fraîche, que tu as admise dans ta chambre à coucher, ne doit connaître que toi, doit être toujours à tes côtés : c'est une moisson qu'il faut entourer de hautes palissades. Crains les rivales : tu seras sûre de la victoire, tant que tu seras seule près de lui ; comme le pouvoir des rois, celui de Vénus souffre malaisément le partage. L'autre, le vieux soldat, aimera insensiblement et sagement ; il endurera bien des choses qu'un conscrit ne supporterait pas. Ce n'est pas lui qui enfoncera la porte, ou, terrible, y portera la flamme ; ce n'est pas lui dont les ongles iront meurtrir la joue délicate de sa maîtresse, ce n'est pas lui qui déchirera sa tunique ou la tunique d'une femme, et, pour lui, un cheveu arraché ne sera pas une cause de larmes. Ces excès sont d'un jeune homme, dans la chaleur de l'âge et de l'amour. L'autre supportera d'une âme patiente les cruelles blessures. Les feux dont il brûlera seront lents, hélas ! comme il arrive à la paille humide, ou encore au bois qui vient d'être coupé sur les montagnes. Plus sûr est cet amour, l'autre est bref et plus fécond ; les fruits qui ne durent pas, dépêchez-vous de les cueillir.

***Comment agir pour être aimée longtemps.*** Je vais tout livrer à l'ennemi[62] (aussi bien lui avons-nous ouvert les portes), et dans ma trahison perfide, je serai de bonne foi. Des faveurs accordées facilement auront du mal à nourrir longtemps l'amour : à ses douces joies il faut mêler quelques refus. Laissez votre amant à la porte ; qu'il l'appelle porte cruelle et qu'il ait à employer beaucoup et la prière et la menace. Nous ne supportons pas ce qui est fade : un breuvage amer réveille notre appétit. Souvent une barque est renversée et engloutie par des vents favorables. Voici la raison qui empêche les femmes légitimes d'être aimées ; c'est que leurs maris les voient quand ils veulent. Mets une porte, un portier qui te dise durement « on n'entre pas », et toi aussi, laissé dehors, tu seras pris par l'amour !

Quittez désormais les glaives émoussés, pour en prendre de bien aiguisés. Et je ne doute pas de voir se tourner contre moi les traits que je fournis. Quand il tombe dans tes filets où il vient, lui aussi, de se faire prendre, que ton amant se flatte d'être seul admis dans ta chambre à coucher, bientôt donne-lui le sentiment qu'il a un rival et que de ton lit les faveurs sont partagées. Sans ces stratagèmes, l'amour vieillit. Quand le coursier généreux, une fois les barrières ouvertes, déploie-t-il toute son ardeur ? C'est lorsqu'il a des rivaux à dépasser ou à suivre. Si bien éteints que soient nos feux, la jalousie les ranime. Moi, je l'avoue, pour aimer, il me faut un affront. Mais ne fais pas connaître trop clairement à ton amoureux ce qui cause son tourment ; laisse-le s'inquiéter

**62.** La femme.

et se figurer qu'il y en a plus qu'il n'en saura. Un aiguillon pour son amour, ce sera la sombre surveillance d'un esclave supposé et la jalousie importune d'un amant trop sévère. Sans danger, le plaisir est aussi moins vif. Es-tu plus libre que Thaïs ? Feins d'avoir peur. Il te serait plus facile de faire passer ton ami par la porte ; fais-le néanmoins passer par la fenêtre et que ton visage exprime l'effroi. Qu'une servante rusée se précipite en disant : « Nous sommes perdus ! » Toi, cache n'importe où ton jeune homme tremblant. Mais, parmi ces craintes, il faut aussi qu'il goûte parfois sans trouble les plaisirs de Vénus, de peur que tes nuits ne lui semblent achetées trop cher à ce prix.

***Comment éluder la surveillance.*** Comment on peut éluder la surveillance d'un amant subtil ou celle d'un gardien vigilant, j'allais le passer sous silence. Que la femme mariée craigne son mari ; que la surveillance de la femme mariée soit bien assurée ; ainsi le veulent les convenances, ainsi l'exigent les lois ; notre chef et la pudeur. Mais que toi, l'on te soumette à la même surveillance, toi que la baguette vient d'affranchir, qui pourrait l'admettre ? Pour apprendre à tromper, agrège-toi à mon culte.

Les surveillants seraient-ils aussi nombreux que les yeux d'Argus[63], si tu en as la ferme volonté, tu leur en donneras à garder. Comment un gardien pourrait-il t'empêcher d'écrire, quand tu es tout à fait seule pour ta toilette, quand la lettre, une fois rédigée, peut être portée par une complice, qui la dissimulera sur sa tiède poitrine, sous le large corsage, quand elle peut cacher le billet bien serré contre le mollet et porter le doux message sous le pied bien chaussé ? Si le gardien se méfie de ces ruses, que ta complice offre son dos et porte les mots écrits sur sa peau. Un moyen assuré de tromper les yeux, c'est, pour écrire, d'employer du lait frais ; il suffit, pour lire les caractères, de les saupoudrer de charbon pulvérisé ; il sera trompeur aussi, le caractère qui sera tracé à l'aide du suc d'une fine tige de lin : la tablette, qui semblera intacte, portera des caractères cachés. Acrisius surveilla lui-même sa fille[64] avec un soin attentif : pourtant elle eut des amours coupables qui firent de lui un grand-père. Que peut le gardien d'une femme, quand il y a dans Rome tant de théâtres, quand elle assiste volontiers aux courses de chars ; quand elle écoute assidûment les sistres de la génisse de Pharos[65] ; quand elle va dans des lieux interdits à ses gardiens, puisque la bonne Déesse exclut de son temple les regards des hommes, exception faite pour ceux qu'il lui plaît d'admettre ; quand le surveillant garde à la porte les vêtements de la femme, pendant que les bains cachent de furtifs ébats ; quand, toutes les fois qu'il est nécessaire, une amie se dit malade, et, quoique malade, cède son lit ; quand la fausse clef, par son seul nom[66], indique ce que nous avons à faire ; quand, pour pénétrer chez

63. Le géant Argus aux cent yeux, chargé par Junon de veiller sur Io.
64. Sa fille Danaé, dont le fils fut Persée.
65. Il s'agit des fêtes d'Isis. De Pharos, pour « égyptienne ».
66. Adultera clavis : la fausse clé.

une belle, nous avons d'autres voies que la porte ? Pour tromper la surveillance d'un gardien, on peut employer encore la liqueur de Lyaeus[67], fût-elle récoltée sur les coteaux d'Espagne. Il est aussi des breuvages qui procurent un profond sommeil, ferment les yeux, malgré qu'ils en aient, et font peser sur eux la nuit de Léthé. Un heureux stratagème aussi, c'est qu'une complice occupe votre odieux gardien par des plaisirs qui paralysent sa surveillance et se donne à lui pour le retenir longtemps. Mais pourquoi tous ces détours, tous ces menus préceptes, quand le moindre présent suffit à corrompre le gardien ? Les présents, crois-moi, séduisent les hommes et les dieux : Jupiter lui-même se laisse fléchir par les offrandes. De même que l'homme intelligent, l'imbécile se plaît à recevoir des présents, et lui aussi, lorsqu'il en aura reçu, sera muet. Mais il suffit de payer une seule fois le gardien pour longtemps ; lorsqu'il vous aura prêté la main une fois, il vous la prêtera souvent.

***Se défier des amies.*** J'ai regretté, je m'en souviens, qu'il fallût se méfier de ses amis[68] : ce regret ne s'adresse pas seulement aux hommes. Si tu es trop confiante, d'autres femmes goûteront à ta place les plaisirs d'amour, et le lièvre que tu auras levé sera pris par d'autres. Même cette amie qui, dévouée, prête son lit et sa chambre[69], tu peux m'en croire, elle s'est donnée à moi plus d'une fois. N'employez pas non plus une servante trop jolie : souvent elle a pris auprès de moi la place de sa maîtresse.

***Laisser croire aux amants qu'ils sont aimés.*** Où me laissé-je emporter, insensé que je suis ? Pourquoi marcher à l'ennemi la poitrine découverte ? Pourquoi me dénoncer moi-même ? L'oiseau n'enseigne pas à l'oiseleur les moyens de le prendre ; la biche n'apprend pas à courir aux chiens qui se jetteront sur elle. Que m'importe mon intérêt ? Je poursuivrai loyalement mon entreprise et donnerai aux femmes de Lemnos[70] des armes pour me tuer. Faites en sorte (et c'est facile) que nous nous croyions aimés : la passion se persuade aisément ce qu'elle désire. La femme n'a qu'à jeter sur son ami un regard plus amoureux, à pousser de profonds soupirs, à demander pourquoi il vient si tard. Ajoutez-y des larmes, la colère d'une feinte jalousie, et déchirez-lui le visage de vos ongles. Il sera bien vite persuadé ; il sera le premier à s'attendrir sur vous ; il dira : « Elle m'aime à la folie », surtout s'il est élégant et qu'il s'admire dans son miroir, il se croira capable de toucher le cœur d'une déesse. Mais dans tous les cas, ne te laisse pas troubler sans mesure par une offense, et ne perds pas la tête en apprenant que tu as une rivale !

***Ne pas croire trop vite à l'existence d'une rivale. Céphale et Procris.*** Et ne le crois pas trop promptement ! Quels dangers dans une crédulité trop prompte ! Procris vous en fournit un exemple probant.

**67.** Lyaeus, le dieu du vin.
**68.** Livre I, vers 739-754.
**69.** *Cf.* plus haut, vers 641-642.
**70.** Pour les femmes en général. Elles avaient, une nuit, égorgé tous les hommes, sans épargner leurs maris.

Près des coteaux riants de l'Hymette émaillé de fleurs, est une fontaine sacrée ; un mol gazon vert couvre le sol. Des arbres peu élevés y forment un bocage ; l'arbousier y abrite l'herbe ; le romarin, le laurier, le myrte sombre parfument l'air ; on y trouve aussi en abondance le buis au feuillage touffu, le frêle tamaris, l'humble cytise et le pin domestique[71]. Aux douces haleines des zéphyrs et d'une brise salutaire, tous ces feuillages et le sommet des herbes frémissent légèrement.

Céphale aimait le repos : quittant serviteurs et chiens, le jeune homme fatigué venait souvent s'asseoir en ce lieu. « Pour calmer mes feux, avait-il coutume de chanter, viens sur mon sein, brise inconstante. » Quelqu'un entendit ces paroles, les retint, et avec un zèle condamnable les fit parvenir aux oreilles de sa craintive épouse. Lorsque Procris apprit le nom de cette « Brise » qu'elle prit pour une rivale, elle s'évanouit, devenue brusquement muette de douleur. Elle pâlit, comme pâlissent les feuilles tardives qui, après que les raisins ont été cueillis de la vigne, ont été saisies par les premiers froids, ou comme les pommes de Cydon[72] déjà mûres, qui font plier les branches sous leur poids, ou comme les cornouilles, lorsqu'elles sont encore insuffisamment bonnes à manger. Quand le sentiment lui revint, elle déchire sur sa poitrine ses légers vêtements, et de ses ongles meurtrit ses joues, qui ne méritent pas ce traitement. Puis soudain, les cheveux épars, folle de rage, elle court sur les chemins, comme une femme excitée par le thyrse de Bacchus. Quand elle est arrivée, elle laisse ses compagnes dans le vallon ; elle-même, se dissimulant, étouffant le bruit de ses pas, pénètre hardiment dans le bois. Quel était ton dessein, Procris, en te cachant avec tant d'imprudence ? Quelle ardeur animait ton cœur égaré ? Tu pensais sans doute que cette Brise, cette Brise inconnue, allait venir, et que tes yeux seraient témoins de l'adultère. Tantôt tu regrettes d'être venue, car tu voudrais ne pas les surprendre, tantôt cela te plaît : ton amour ne sait à quoi se décider, il agite ton cœur en tous sens. Pour exciter la crédulité, il y a le lieu, le nom, le délateur, et cette tendance de l'esprit à croire toujours ce qu'il redoute.

Dès qu'elle vit les traces d'un corps sur l'herbe foulée, son sein se soulève éperdu, son cœur tressaille. Déjà le jour, arrivé à l'heure de midi, avait raccourci les ombres ; le lever et le coucher du soleil étaient également éloignés. Voici revenir dans la forêt Céphale, descendant du dieu du Cyllène[73] ; il arrose son visage brûlant de l'eau de la source. Anxieuse, Procris, tu te tiens cachée : lui s'étend sur l'herbe accoutumée et dit : « Doux Zéphyrs, et toi, brise, venez. » La malheureuse Procris reconnaît avec joie l'erreur causée par une équivoque, elle reprend ses sens et son visage sa couleur naturelle. Elle se lève ; la femme

71. Par opposition au pin sylvestre.

72. Les coings ; la ville de Cydon était en Crète.

73. Mercure, dont Céphale était fils, était adoré spécialement sur le mont Cyllène, en Arcadie.

veut s'élancer dans les bras de son époux, et, par ce mouvement, elle remue le feuillage qui lui barre la route. Céphale croit avoir vu du gibier ; avec la vivacité d'un jeune homme il saisit son arc ; déjà le trait est dans sa main droite. Que fais-tu, malheureux ? Ce n'est pas du gibier, retiens ta flèche. Le trait a transpercé ta femme. « Hélas ! s'écrie-t-elle, tu as percé un cœur qui t'aime. Cette partie de moi est toujours blessée par Céphale. Je meurs avant mon heure, mais je n'ai point connu l'affront d'une rivale. Aussi tu seras plus légère pour moi, terre, quand je serai déposée en ton sein. Déjà cette brise dont le nom causa mon erreur, emporte mon souffle. J'expire. Oh ! ferme-moi les yeux de ta main chérie. » Lui, accablé de douleur, soutient dans ses bras le corps expirant de celle qui possède son cœur ; ses larmes arrosent la cruelle blessure. Mais c'en est fait, et, le souffle de l'imprudente, s'échappant par degrés de sa poitrine, est recueilli sur sa bouche par son infortuné mari.

***Manière de se comporter dans les festins.*** Mais revenons à notre sujet : il faut m'expliquer sans détours, pour que ma barque fatiguée arrive à bon port. Tu attends impatiemment que je te conduise dans les festins et tu veux mon avis sur ce sujet également. Arrive tard et que ta beauté ne fasse son entrée qu'à la lumière des lampes : l'attente augmentera ton prix ; pas de meilleure entremetteuse que l'attente. Serais-tu laide, tu paraîtras belle à des yeux troublés par le vin, et la nuit suffira à jeter un voile sur tes imperfections. Prends les mets[74] du bout des doigts (c'est beaucoup que la grâce en mangeant) ; ne barbouille pas tout ton visage d'une main mal essuyée. Ne mange pas chez toi avant de venir dîner, mais à table, arrête-toi avant d'être rassasiée et reste un peu en deçà de ton appétit. Si le fils de Priam voyait Hélène dévorer gloutonnement, de dégoût il dirait : « Quelle sotte conquête j'ai faite là ! » Boire est plus à propos et siérait mieux aux femmes ; le fils de Vénus et Bacchus s'accordent assez bien. Encore faut-il que ta tête puisse le supporter, que ton intelligence et ta démarche n'en soient pas troublées, que tes yeux ne voient pas double. Quel spectacle honteux qu'une femme étendue par terre, gorgée de vin ! Elle mérite que le premier venu la prenne. Elle ne peut non plus, à table, s'abandonner au sommeil sans courir de risques : le sommeil permet ordinairement bien des choses qui offensent la pudeur.

***Au lit.*** Je rougis des enseignements qu'il me reste à donner, mais la bonne Dioné[75] me dit : « Ce dont on a honte, c'est justement notre affaire ». Que chaque femme se connaisse bien ; d'après votre physique, choisissez telle ou telle attitude ; la même posture ne convient pas à toutes. La femme dont la figure est particulièrement jolie, s'étendra sur le dos. C'est de dos que devront se montrer celles qui sont satisfaites de leur dos. Lucine a-t-elle laissé des rides

**74.** L'usage des fourchettes était inconnu à l'époque d'Ovide. Celles que l'on a trouvées sont postérieures au Ier siècle et, d'ailleurs, paraissent avoir été employées non à table, mais à la cuisine.

**75.** La mère de Vénus, et, plus souvent, Vénus même.

sur ton ventre ? Fais, toi aussi, comme le Parthe, qui combat en tournant le dos. Milanion portait sur ses épaules les jambes d'Atalante[76] ; si les vôtres sont belles, il faut les faire voir de la même façon. La femme petite prendra la posture du cavalier ; comme elle était fort longue, jamais la Thébaine[77], l'épouse d'Hector, ne se mit sur son mari comme sur un cheval. Elle se présentera à genoux sur le lit, la tête un peu cambrée en arrière, la femme qui doit se faire admirer par toute la ligne du flanc. Si vos cuisses ont le charme de la jeunesse et que votre poitrine soit également sans défaut, l'homme sera debout, et vous-même étendue sur le lit perpendiculairement à lui. N'ayez pas honte de dénouer votre chevelure, comme les Bacchantes[78], et tournez la tête en laissant flotter vos cheveux. Il y a mille manières de goûter les plaisirs de Vénus ; la plus simple et la moins fatigante est d'être à demi couchée sur le côté droit.

Mais ni les trépieds de Phébus, ni Ammon à la tête de taureau ne seront pour vous des oracles plus sûrs que ma Muse ; si quelque chose mérite confiance, suivez les conseils de ce traité, fruit d'une longue expérience ; nos vers ne tromperont pas votre confiance. Que la femme sente le plaisir de Vénus l'abattre jusqu'au plus profond de son être, et que la jouissance soit égale pour son amant et pour elle ! Que les propos d'amour et les doux murmures ne s'interrompent jamais et que des mots lascifs trouvent place parmi vos ébats. Même toi, à qui la nature a refusé les sensations de l'amoureux plaisir, feins, par des inflexions mensongères, de goûter les douces joies. (Combien il faut plaindre la femme chez laquelle reste insensible cet organe, qui doit procurer des jouissances à la femme comme à l'homme !) Mais que cette feinte ne se laisse pas déceler ! Que tes mouvements et l'expression même de tes yeux réussissent à nous tromper ! Que la volupté, que les mots, que la respiration haletante en donnent bien l'illusion ! Je rougis de poursuivre : cet organe a ses moyens d'expression secrets. Après ces joies de Vénus, demander à son amant un cadeau, c'est bien vouloir que les prières n'aient aucun poids. J'oubliais : ne laisse pas la lumière pénétrer par toutes les fenêtres dans ta chambre à coucher ; bien des parties de votre corps gagnent à n'être pas vues au grand jour.

***Conclusion.*** Mon badinage touche à sa fin : il est temps de descendre du char, sous le joug duquel les cygnes ont placé leur col[79]. Comme autrefois les hommes[80] que maintenant les femmes, mes élèves, écrivent sur leurs trophées : « Ovide était notre maître. »

---

**76.** *Cf.* livre II, vers 185 et suivants.
**77.** Andromaque était originaire de Thèbes en Mysie.
**78.** Sens le plus vraisemblable, mais qui n'est pas absolument sûr.
**79.** Vénus est souvent représentée en poésie sur un char attelé de cygnes : Ovide, poète érotique, est censé y avoir pris place aux côtés de la déesse.
**80.** Voir fin du livre II.

Achevé d'imprimer en août 2010 par Normandie Roto Impression s.a.s., 61250 Lonrai
N° d'imprimeur : 10-2646 - Dépôt légal : 93482-7 / 03 - Août 2010 - *Imprimé en France*